C·H·Beck
PAPERBACK

Wollen Sie diese Peinlichkeit wieder *geradebiegen* oder *gerade biegen*? Müssen Sie jetzt *Schadenersatz* oder *Schadensersatz* zahlen? Und hätten Sie solche Fehler bei einem Schriftsteller *wie ihm* – oder *wie er*? – erwartet?

Bei allem *guten* oder *gutem* Willen: Jeder von uns kommt mal ins Straucheln, wenn es um richtiges und gutes Deutsch geht. Klaus Mackowiak erläutert die Zweifelsfälle, denen man im Schreiballtag am häufigsten begegnet, und klärt sie pragmatisch, verständlich und ohne allzu viel Fachjargon. Sein Buch weist damit auf ungezwungene Weise den Weg zu fehlerfreiem Deutsch und ist auch für versierte Schreiber eine nützliche Hilfe – zu ihrer *vollen* oder vielleicht auch *vollsten* Zufriedenheit.

Klaus Mackowiak beantwortet seit vielen Jahren als Duden-Sprachberater Fragen zu grammatischen, orthografischen und stilistischen Unklarheiten. Darüber hinaus arbeitet er als freier Lektor und führt betriebsinterne Weiterbildungen durch. Bei C.H.Beck sind von ihm erschienen: *Grammatik ohne Grauen* (1999) und *Die häufigsten Stilfehler im Deutschen und wie man sie vermeidet* (2011).

Klaus Mackowiak

Die 101 häufigsten Fehler im Deutschen

und wie man sie vermeidet

C.H.Beck

1. Auflage in der Beck'schen Reihe. 2004
2., überarbeitete Auflage. 2005
3., aktualisierte, neu bearbeitete und
erweiterte Auflage. 2008
Sonderausgabe. 2009
4., aktualisierte Auflage in C.H.Beck Paperback. 2020

5., aktualisierte Auflage. 2022

www.chbeck.de
Satz: Fotosatz Amann, Memmingen
Druck und Bindung: Druckerei C.H.Beck, Nördlingen
Umschlaggestaltung: geviert.com, Nastassja Abel
Umschlagabbildung: Illustration zu Johann Wolfgang Goethes
«Die Leiden des jungen Werthers» (Ausschnitt),
Stich nach Jean Michel Moreau d. J., © Bridgeman Images
Printed in Germany
ISBN 978 3 406 79255 7

klimaneutral produziert
www.chbeck.de/nachhaltig

Inhalt

Groß- oder Kleinschreibung

Getrennt- oder Zusammen-, Groß- oder Kleinschreibung und Bindestrich kombiniert

Zeichensetzung

Komma

Einleitung

Die Erfahrung in der telefonischen Sprachberatung zeigt, dass es immer wieder die gleichen Probleme sind, die den versierten Schreiber zum Hörer greifen lassen. Wenn man also die 101 häufigsten Zweifelsfälle zusammenstellt, dürfte man über 95 Prozent der Anfragen abgedeckt haben. Und beantwortet man diese Fragen dann noch, müssten ja über 95 Prozent der Probleme des Schreiballtags gelöst sein. So die Idee dieses Buches.

Eine Art Hitparade der «beliebtesten» Fehler – wie stellt man die eigentlich auf? Am besten ganz unverkrampft. Unverkrampft mag heißen, dass man sowohl statistisches Zahlenmaterial zur Fehlerhäufigkeit einfließen lässt als auch subjektive Erfahrungswerte aus der Sprachberatung. Allein Zahlenmaterial zugrunde zu legen hätte nämlich erhebliche Nachteile. Zum einen ist die Datenlage für den Bereich Grammatik ziemlich dürftig. Zum anderen ist, was den engeren Bereich Rechtschreibung und Zeichensetzung angeht, die Methode der Erhebung nicht so ideal: Meist handelt es sich da um Fehlerstatistiken, die anhand von Probediktaten erhoben wurden. Aber Probediktate formulieren heißt auch, Sollbruchstellen vorzugeben, die dann natürlich unrepräsentativ häufig als Fehler erscheinen werden. Daher wurden hier solche Fehlerstatistiken grundsätzlich nicht herangezogen.

Stattdessen bietet es sich an, von Statistiken über die Anfragen auszugehen, die an die einschlägigen Sprachberatungsstellen gerichtet werden. Anfragestatistiken haben den Vorteil, dass wirklich nur als relevant empfundene Probleme erfasst werden. Anfragestatistiken haben aber auch zwei erhebliche Nachteile: Es gibt kaum welche, und es werden nur die Probleme abgebildet, die von der nachfragenden Klientel als wichtig angesehen werden. Was das Erste angeht, so ist man über das wenige Vorhandene hinaus auf eigene «Strichlisten» angewiesen und muss zudem durch Erfahrung auffüllen. Was das Zweite betrifft, so ist der Nachteil vielleicht kein so großer. Man kann sagen, dass Sprachberatung vor allem von erfahrenen Schreibern in Anspruch genommen wird, von Menschen, die meist im beruflichen Umfeld viel schreiben. Das sind in der Regel Menschen mit hoher Schreibkompetenz. Anfragestatistiken und Anfrageerfahrungen bilden dann also vornehmlich deren Schreibprobleme ab, und die sind gewiss schon etwas ausgesuchterer Natur. Da aber zu vermuten ist, dass die Kunden der telefonischen Sprachberatung und die Interessenten für ein Buch dieser Art eine große Schnittmenge besitzen, ist der vermeintliche Nachteil eher ein Vorteil. Damit wäre auch die Zielgruppe dieses Buches umrissen: Es ist für den versierten Schreiber im Schreiballtag gedacht (nicht etwa für den Schrifterwerb in der Schule).

Wenn Fragen der Ausgangspunkt für die – hoffentlich – passenden Antworten sind, kann man natürlich keinen systematischen Aufbau erwarten. Es werden jeweils Einzelfälle bearbeitet und im jeweiligen Kapitel abgehandelt. Vorausgesetzt wird eine rudimentäre grammatische Terminologie. Sollte aber der eine oder andere grammatische Fachausdruck nicht geläufig sein, hilft ein ausführliches Glossar weiter.

In einem Punkt haben wir die eingangs beschriebene Idee dieses Buches nicht ganz konsequent verfolgt: Fragen zur Orthografie und Zeichensetzung gehören natürlich zu den am häufigsten gestellten. Wir haben sie nicht in die Rangliste eingeordnet, sondern unter 101 zusammengefasst.

Der vorangestellte Asterisk (**Herzlich Willkommen!*) kennzeichnet nicht korrekte Schreibweisen.

Ganz besonders danke ich Franziska Münzberg, die den Text akribisch durchgesehen und mich immer wieder auf neuere Forschungen zur Grammatik der deutschen Sprache aufmerksam gemacht hat.

1. Die Nutzung der Strömung *als eine kostenlose Antriebskraft / einer kostenlosen Antriebskraft* war nicht ungeschickt

Kongruenz bei Konjunktionalphrasen mit *als* oder *wie*

In der Konjunktionalphrase mit *als* verhaspelt sich nicht allein der Schreiber gern. Auch dem Leser bereitet es mitunter Kopfzerbrechen, eine solche Konstruktion aufzudröseln, selbst wenn sie korrekt gebildet ist. Vor allem, wenn diese *als*-Konstruktion noch Präpositional- oder/und Genitivattribute enthält, wird's schwierig. Wenn die Textverständlichkeit gewährleistet sein soll – und wo sollte das nicht der Fall sein? –, wird man solche Konstruktionen zurückhaltend einsetzen. Wie aber macht man es unabhängig von der Textverständlichkeit erst einmal grundsätzlich richtig?

Die Konjunktionalphrase mit *als* steht in der Regel in Kasuskongruenz zum Bezugswort. Dies gilt immer für den ***Nominativ***, ***Dativ*** oder ***Akkusativ***.

Nominativ: *Richard Wagner als der Gesamtkünstler, Schwan und Musik als die störenden Elemente, ich als Grammatiker, wir als die Verlierertypen*

Dativ: *dem Tontechniker als einem Fachmann, von dir als feinsinnigem Opernfan, den Zuschauern als mehr oder weniger unschuldigen Opfern*

Akkusativ: *einen Lorbeerkranz als gebührenden Lohn, ihn als geborenen Repetitor, ohne eine Tüte Lakritz als schlechten Ersatz, für die Kinder als die Chormitglieder*

Statt Dativ oder Akkusativ den Nominativ zu verwenden (**von dir als feinsinniger Opernfan, *ohne eine Tüte Lakritz als schlechter Ersatz*) ist nicht korrekt.

Bezieht sich die Konjunktionalphrase mit *als* auf einen ***Genitiv***, sind verschiedene Fälle zu unterscheiden:

Wird die Konjunktionalphrase mit *als* ***mit einem Artikel eingeleitet***, dann steht sie – sozusagen ganz normal – wie das Bezugswort im Genitiv: *Die Nutzung der Strömung als einer kostenlosen Antriebskraft war nicht ungeschickt. Die Premiere der Schauspielerin als einer neuen Größe im deutschen Film überzeugte Fans wie Kritiker gleichermaßen.*

Wenn allerdings die *als*-Gruppe (auch) als Attribut auf das übergeordnete Substantiv zu beziehen ist, verwendet man meist den Nominativ, gelegentlich auch noch den Genitiv:

Die Nutzung der Strömung als eine kostenlose Antriebskraft war nicht ungeschickt. (= Die Strömung wurde genutzt als eine kostenlose Antriebskraft. Das war nicht ungeschickt.) / *Die Nutzung der Strömung als einer kostenlosen Antriebskraft war nicht ungeschickt.* (= Die Strömung als eine kostenlose Antriebskraft wurde genutzt. Das war nicht ungeschickt.)

Wird die Konjunktionalphrase mit *als* ***ohne Artikel*** an ein Bezugswort im Genitiv angeschlossen, sind wiederum zwei Unterfälle zu unterscheiden:

1. Tritt das Substantiv nach *als* ohne Adjektiv auf, erscheint sie im Nominativ: *Die Aggressivität des Rüden als Kampfhund war spürbar. Die Kontrolle des Deltas als Drogenanbaugebiet war nicht mehr gewährleistet.*
2. Wird das Substantiv nach *als* von einem Adjektiv begleitet, ist bisweilen auch der Genitiv vertretbar: *Die Aggressivität des Rüden als wilder Kampfhund / wilden Kampfhundes war spürbar. Die Kontrolle des Deltas als hart umkämpftes Drogenanbaugebiet / hart umkämpften Drogenanbaugebietes war nicht mehr gewährleistet.*

Wird statt des Genitivattributs ein possessives Artikelwort verwendet, steht immer der Nominativ: *die Aggressivität des Rüden als wilder Kampfhund / wilden Kampfhundes → seine Aggressivität als wilder Kampfhund, die Kontrolle des Deltas als hart umkämpftes Drogenanbaugebiet / hart umkämpften Drogenanbaugebietes → seine Kontrolle als hart umkämpftes Drogenanbaugebiet*

Verwendet man statt des Genitivattributs ein Präpositionalgefüge mit *von*, steht die *als*-Phrase in der Regel im Dativ: *die Aggressivität von Rex als wildem / einem wilden / dem wilden Kampfhund, die Kontrolle von Medellin als hart umkämpftem / einem hart umkämpften / dem hart umkämpften Drogenanbaugebiet*

Kann man die *als*-Gruppe nicht nur auf das *von*-Gefüge, sondern auch auf das übergeordnete Substantiv beziehen, ist wie beim Genitivattribut auch der Nominativ möglich: *die Bewahrung von Mittelgebirgen als Rückzugsräumen für bedrohte Arten* (= die Mittelgebirge als Rückzugsräume für bedrohte Arten werden bewahrt), *die Bewahrung von Mittelgebirgen als Rückzugsräume für bedrohte*

Arten (= die Mittelgebirge werden bewahrt als Rückzugsräume für bedrohte Arten)

Achtung! Bisweilen ist bei Satzgliedern, die mit vergleichendem *wie* oder *als* eingeleitet werden, nicht klar auszumachen, ob sie als Konjunktionalphrasen oder als verkürzte (elliptische) Vergleichssätze anzusehen sind. Daher wird in diesen Fällen oft nicht die Kasuskongruenz als angemessen betrachtet, sondern der Nominativ: *So behandelt sie nur Künstler wie ihr* (es seid) / *euch. Bei einer Führungskraft wie Sie* (eine sind) / *Ihnen darf man das schon erwarten. Habt ihr je Beeindruckenderes gesehen als dieser Keltenschatz* (es ist) / *diesen Keltenschatz? Wir ahnten nichts Gutes, aber doch auch nichts Übleres als der Tod* (es sein könnte) / *den Tod.*

Anmerkung: Bei *als*-Gruppen mit längeren oder mehreren Genitiv- und Präpositionalattributen ist die Konjunktionalphrase mit *als* unter Gesichtspunkten der Textverständlichkeit allerdings grundsätzlich nicht zu empfehlen. Auch an sprachlicher Eleganz ist diese Konstruktion leicht zu überbieten.

2. Drei verschiedene Verfahren werden unterschieden:
- **Aufspritzkämmung**
- **komplexe In-situ-Applikation**
- **die Dichtungsmasse wird halbautomatisch am Band eingebracht**

Textverständlichkeit, Grammatik, Groß- oder Kleinschreibung und Satzzeichen bei Spiegelstrichaufzählungen

Aufzählungen mit Spiegelstrich sind oft durchaus geeignet, dem Leser einen guten Überblick über komplexe Themen zu verschaffen.

Die vielen Möglichkeiten, grammatisch Unterschiedliches aufzuzählen, machen eine korrekte Zeichensetzung und Groß- und Kleinschreibung äußerst schwierig. Um dies zu klären, unterscheiden wir die wichtigsten Fälle.

Die Einleitungszeile(n) und die Aufzählungsglieder bilden einen zusammenhängenden Satz

Ob man nach dem einleitenden Teil einen Doppelpunkt setzt oder nicht, ist freigestellt.

1. Sind die Aufzählungsglieder weder Nebensätze noch Infinitivgruppen mit *zu*, sondern Nominalgruppen, gilt:

- Beginnt ein Aufzählungsglied mit einem Wort, das normalerweise kleingeschrieben wird, kann man groß- oder kleinschreiben (allerdings nicht von Zeile zu Zeile wechselnd)
- Bei Kleinschreibung kann man nach den einzelnen Aufzählungsgliedern ein Komma setzen und hinter das letzte einen Punkt; oder man schreibt die Aufzählungsglieder ganz ohne abschließende Satzzeichen
- Bei Großschreibung werden keine abschließenden Satzzeichen gesetzt

Empfohlen sei folgende Variante:

Unsere Zoohandlungsfiliale in Tangermünde bietet an[:]

- *faule Hunde*
- *fliegende Fische*
- *gelassene Schildkröten*
- *schräge Vögel*

Falls man Kommas verwendet, ist zu beachten, dass eine nebenordnende Konjunktion wie *und, sowie, oder, bzw.* usw. ein Aufzählungskomma storniert:

Unsere Zoohandlungsfiliale in Tangermünde bietet an[:]

- *faule Hunde,*
- *fliegende Fische,*
- *gelassene Schildkröten*
- *und schräge Vögel.*

2. Sind die Aufzählungsglieder Nebensätze, gilt:

- Eine allen Aufzählungsgliedern gemeinsame Subjunktion kann entweder mit in die Einleitungszeile geschrieben werden oder das jeweilige Aufzählungsglied einleiten
- Unterscheiden sich die Subjunktionen, stehen sie jeweils am Anfang der einzelnen Aufzählungsglieder
- Hinter die Einleitungszeile wird kein Komma gesetzt (allerdings

wird ein Komma vor die einleitende Subjunktion gesetzt, wenn diese mit in den Einleitungssatz genommen wird)

- Beginnt ein Aufzählungsglied mit einem Wort, das normalerweise kleingeschrieben wird, empfehlen wir kleinzuschreiben (aber selbst hier wäre wegen der frei stehenden Zeilen auch Großschreibung zu vertreten)
- Man kann hinter die einzelnen Aufzählungsglieder Kommas setzen und hinter das letzte dann einen Punkt; oder man schreibt die Aufzählungsglieder ganz ohne abschließende Satzzeichen

Empfohlen seien folgende Varianten:

Wir nehmen an der Rursee-Regatta teil, weil[:]

- *wir an unser Renommee denken*
- *andere Hochschulen auch dabei sind*
- *der neu entstandene Nationalpark zu erkunden ist*

Wir nehmen an der Rursee-Regatta teil[:]

- *weil wir an unser Renommee denken*
- *weil andere Hochschulen auch dabei sind*
- *weil der neu entstandene Nationalpark zu erkunden ist*

Wir nehmen an der Rursee-Regatta teil[:]

- *damit unser Renommee aufpoliert wird*
- *weil andere Hochschulen auch dabei sind*
- *weil der neu entstandene Nationalpark zu erkunden ist*

Auch hier ist zu beachten, dass eine nebenordnende Konjunktion wie *und*, *sowie* usw. ein eventuell verwendetes Aufzählungskomma storniert:

Wir nehmen an der Rursee-Regatta teil[:]

- *damit unser Renommee aufpoliert wird,*
- *weil andere Hochschulen auch dabei sind*
- *und weil der neu entstandene Nationalpark zu erkunden ist.*

3. Sind die Aufzählungsglieder Infinitivgruppen mit *zu*, gilt:

- Beginnt ein Aufzählungsglied mit einem Wort, das normalerweise kleingeschrieben wird, muss es auf jeden Fall kleingeschrieben werden
- Man kann hinter die einzelnen Aufzählungsglieder Kommas setzen (nebenordnende Konjunktionen stornieren natürlich auch hier das Komma) und hinter das letzte einen Punkt; oder man schreibt die Aufzählungsglieder ganz ohne abschließende Satzzeichen

Empfohlen sei folgende Variante:
Sie haben die Möglichkeit[:]
- *sich traditionell mit einem Bewerbungsschreiben an uns zu wenden*
- *sich über das Internet zu bewerben*
- *unser Rekrutierungsbüro aufzusuchen*
- *oder weiterhin auf Ihrem heimischen Sofa die Kartoffelchipsindustrie am Leben zu erhalten*

4. Sind die Aufzählungsglieder gemischt (was ganz und gar nicht zu empfehlen ist), gilt:
- Beginnt ein Aufzählungsglied mit einem Wort, das normalerweise kleingeschrieben wird, empfehlen wir kleinzuschreiben (aber selbst hier wäre wegen der frei stehenden Zeilen auch Großschreibung vertretbar)
- Hinter die einzelnen Aufzählungsglieder kann man ein Komma setzen und hinter das letzte einen Punkt (eine nebenordnende Konjunktion storniert auch hier das Komma); oder man schreibt die Aufzählungsglieder ganz ohne abschließende Satzzeichen

Empfohlen sei diese Variante:
Wir werden definitiv bis Ende dieses Jahres an die Börse gehen[:]
- *um Kapital für Neuinvestitionen zu beschaffen*
- *weil wir für die Kapitalbeschaffung keine geeignetere Möglichkeit sehen*
- *um der Sicherung von Standort und Arbeitsplätzen willen*

5. Ganz haarig wird es, wenn man innerhalb einzelner Aufzählungsglieder auch noch *weitere kommentierende Sätze* verwendet. Meist fördert das nicht die Übersichtlichkeit. Solange diese Sätze nach Komma, Semikolon oder Klammer dem vorangehenden Aufzählungsglied folgen, ändert das nichts an den bisherigen Regelungen. Soll es aber partout ein Punkt innerhalb eines Aufzählungsgliedes sein (vermeiden lässt sich der allerdings immer ...), kann man den Spiegelstrich mit einigem Mut als Auslassungszeichen deuten, das für den Einleitungssatz steht. Dann wäre folgende Variante denkbar (aber eigentlich nicht nötig):

Wir werden definitiv bis Ende dieses Jahres an die Börse gehen[:]
- *um Kapital für Neuinvestitionen zu beschaffen. Denn ohne Kapital lassen sich Ski-Internate nicht finanzieren*
- *weil wir für die Kapitalbeschaffung keine geeignetere Möglichkeit sehen. Die Vorschläge des Knorx-Konsortiums haben sich als nicht tragfähig erwiesen*
- *um der Sicherung von Standort und Arbeitsplätzen willen*

Die Einleitungszeile(n) und Aufzählungsglieder bilden keinen zusammenhängenden Satz

Ob man nach dem einleitenden Teil einen Doppelpunkt setzt oder nicht, ist freigestellt.

1. Sind die Aufzählungsglieder keine Hauptsätze, sondern Nominalgruppen, gilt:

- Wenn man keinen Doppelpunkt setzt, die einleitende Zeile also quasi als Überschrift auftritt, empfehlen wir, das erste Wort jedes Aufzählungsgliedes großzuschreiben (Kleinschreibung ist aber auch vertretbar)
- Setzt man einen Doppelpunkt, empfehlen wir, das erste Wort jedes Aufzählungsgliedes – außer substantivisch verwendete Wörter natürlich – kleinzuschreiben (Großschreibung ist aber auch vertretbar)
- Die Aufzählungsglieder erhalten am Ende jeweils kein Satzzeichen

Folgen hoher Ablösesummen für Profi-Fußballer
- *Hohes Investitionsrisiko*
- *Mittelbar gekaufte Titel*
- *Wachsende Chancenungleichheit unter Vereinen unterschiedlicher finanzieller Ausstattung*

Folgen hoher Ablösesummen für Profi-Fußballer:
- *hohes Investitionsrisiko*
- *mittelbar gekaufte Titel*
- *wachsende Chancenungleichheit unter Vereinen unterschiedlicher finanzieller Ausstattung*

2. Sind die Aufzählungsglieder Hauptsätze, gilt:
- Das erste Wort jedes Aufzählungsgliedes wird großgeschrieben
- Man kann die einzelnen Aufzählungsglieder jeweils mit einem Punkt abschließen, oder man verwendet keine Satzzeichen

Folgen hoher Ablösesummen für Profi-Fußballer[:]
- *Die Investitionen sind einem hohen Risiko ausgesetzt*
- *Die Clubs mit dem meisten Geld bekommen die besten Spieler*
- *Das Geld schießt Tore und verzerrt den sportlichen Wettbewerb*
- *Die Spieler betrachten sich mehr als freie Unternehmer denn als Sportler*

Folgen hoher Ablösesummen für Profi-Fußballer[:]
- *Die Investitionen sind einem hohen Risiko ausgesetzt.*
- *Die Clubs mit dem meisten Geld bekommen die besten Spieler.*
- *Das Geld schießt Tore und verzerrt den sportlichen Wettbewerb.*
- *Die Spieler betrachten sich mehr als freie Unternehmer denn als Sportler.*

3. Sind die Aufzählungsglieder gemischt, gilt:
- Das erste Wort jedes Aufzählungsgliedes kann jeweils groß-, aber auch jeweils kleingeschrieben werden (falls es nicht ein substantivisches Wort ist); wir empfehlen Großschreibung
- Man setzt hinter die Aufzählungsglieder kein Satzzeichen

Folgen hoher Ablösesummen für Profi-Fußballer[:]
- *Die Investitionen sind einem hohen Risiko ausgesetzt*
- *Mittelbar gekaufte Titel*
- *Wachsende Chancenungleichheit unter Vereinen unterschiedlicher finanzieller Ausstattung*
- *Die Spieler betrachten sich mehr als freie Unternehmer denn als Sportler*

4. Enthalten die Aufzählungsglieder weitere, kommentierende Sätze, wird es kompliziert.
   Die Aufzählungsglieder (vor eventuellen kommentierenden Sätzen) sind durchgehend ***Nominalgruppen***:

Folgen hoher Ablösesummen für Profi-Fußballer
- *Hohes Investitionsrisiko*
- *Mittelbar gekaufte Titel. Geld schießt Tore*
- *Wachsende Chancenungleichheit unter Vereinen unterschiedlicher finanzieller Ausstattung*

Folgen hoher Ablösesummen für Profi-Fußballer:
- *hohes Investitionsrisiko*
- *mittelbar gekaufte Titel. Geld schießt Tore*
- *wachsende Chancenungleichheit unter Vereinen unterschiedlicher finanzieller Ausstattung*

Die Aufzählungsglieder sind durchgehend ***Hauptsätze***:
Folgen hoher Ablösesummen für Profi-Fußballer[:]
- *Die Investitionen sind einem hohen Risiko ausgesetzt. Risiken sind Formschwäche und Verletzung des erworbenen Spielers*
- *Die Clubs mit dem meisten Geld bekommen die besten Spieler*
- *Das Geld schießt Tore und verzerrt den sportlichen Wettbewerb*
- *Die Spieler betrachten sich mehr als freie Unternehmer denn als Sportler*

Folgen hoher Ablösesummen für Profi-Fußballer[:]
- *Die Investitionen sind einem hohen Risiko ausgesetzt. Risiken sind Formschwäche und Verletzung des erworbenen Spielers.*
- *Die Clubs mit dem meisten Geld bekommen die besten Spieler.*
- *Das Geld schießt Tore und verzerrt den sportlichen Wettbewerb.*
- *Die Spieler betrachten sich mehr als freie Unternehmer denn als Sportler.*

Die Aufzählungsglieder sind ***gemischt***:
Folgen hoher Ablösesummen für Profi-Fußballer
- *Die Investitionen sind einem hohen Risiko ausgesetzt*
- *Mittelbar gekaufte Titel. Geld schießt Tore*
- *Wachsende Chancenungleichheit unter Vereinen unterschiedlicher finanzieller Ausstattung*
- *Die Spieler betrachten sich mehr als freie Unternehmer denn als Sportler*

Folgen hoher Ablösesummen für Profi-Fußballer
- *die Investitionen sind einem hohen Risiko ausgesetzt*
- *mittelbar gekaufte Titel. Geld schießt Tore*
- *wachsende Chancenungleichheit unter Vereinen unterschiedlicher finanzieller Ausstattung*
- *die Spieler betrachten sich mehr als freie Unternehmer denn als Sportler*

Anmerkung: Damit diese Art der Aufzählung aber nicht ihren großen Vorteil verliert: die Übersichtlichkeit, sollte man

- die einzelnen Aufzählungspunkte möglichst kurz halten (ein bis allenfalls drei Zeilen)
- die einzelnen Aufzählungsglieder ähnlich lang gestalten
- die einzelnen Aufzählungspunkte grammatisch gleich konstruieren (nur Substantivgruppen oder nur Infinitivgruppen oder nur Nebensätze oder nur Hauptsätze …)
- keine komplizierten Satzgefüge verwenden
- mit der Aufzählung nicht mehr als eine halbe Seite füllen (eher weniger)
- mit der Aufzählung möglichst nicht über den Seitenumbruch hinausgehen (was sich – wie in diesem Kapitel – leider nicht immer realisieren lässt)

3. Mitarbeiter/-innen / Mitarbeiter(innen) / Mitarbeiter*innen des Stadtplanungsamtes

Sparschreibungen in geschlechtergerechter Sprache

Um sexistische Diskriminierungen in der Sprache zu vermeiden, werden Titel, Berufs-, Funktionsbezeichnungen u. a. meist in einer weiblichen und einer männlichen Form aufgeführt: *Professorin Dr. Roberta Lisum / Professor Dr. Robert Lisum, der Titel einer Magistra / der Titel eines Magister Artium* u. a. Werden größere Gruppen angesprochen, wird diese Movierung auch auf den Plural ausgedehnt: *Schüler und Schülerinnen, Hundezüchterinnen und Hundezüchter* usw. Da die Doppelnennung oft als umständlich empfunden wird, greift man zu Sparschreibungen. Hier kommen zwei Varianten infrage. Man kann mit Schrägstrich plus Auslassungsstrich abkürzen: *Schüler/-innen, Hundezüchter/-innen* usw. Das funktioniert nicht immer, bisweilen muss man auf die zweite Variante, die Klammerschreibweise (die allerdings oft abgelehnt wird), ausweichen: *die Klient(inn)en, die Kund(inn)en, die Student(inn)en, die Vandal(inn)en* usw. In einigen Fällen kommt man freilich um die ausführliche Version nicht herum: *der Arzt / die Ärztin, der Kunde / die Kundin, der Vandale / die Vandalin, die Chefs/Chefinnen* usw.

Um alle über das binäre Geschlechtersystem hinausgehenden sozialen Geschlechter und Geschlechtsidentitäten sprachlich zu berücksichtigen, wird als Sparschreibung gelegentlich das Gendersternchen (auch: Genderstern, Asterisk) verwendet: *Sportler**innen*, *Umweltaktivist**in*, *Investor**in* etc., aber auch Doppelpunkt oder Unterstrich. (In Einklang mit der amtlichen Orthografie stehen diese Lösungen allerdings nicht.)

Anmerkung: Eine durchgehende grammatische Gleichbehandlung aller Gender stößt auch jenseits der Sparschreibungen hier und da auf Schwierigkeiten. So gelingen etwa Rückbezüge manchmal nicht befriedigend: *Ilse Aichinger war die erste österreichische Autorin, die diesen bedeutenden Preis erhielt.* Unklar bleibt: War sie die erste der Autorinnen oder die erste der Autorinnen und Autoren?

Und wie sieht es mit der grammatischen Konsequenz bei Ableitungen aus? Würde so etwas akzeptiert wie: *göttinlich, teuflinisch, freundinlich, kämpferinisch bzw. gött***inlich, teufl***inisch, freund***-inlich, kämpfer***inisch*? Hier würde man eher umschreiben.

Bei pronominalen oder possessiven Bezugnahmen, die alle Gender umfassen, könnte man sich vielleicht behelfen mit so etwas wie er*sie, seiner*ihrer oder Ähnlichem: *Die Assistentin will, dass der***die Kandidat***in jeweils seine***ihre Eigenarten einbringt.* Will man sich aber auf eine konkrete Person beziehen, die sich weder als männlich noch als weiblich versteht, kommt man in Schwierigkeiten, da entsprechende Artikel, Pronomen bzw. Possessiva (zumindest im Deutschen) fehlen: *Die Assistentin will, dass [?] Kandidat[?] jetzt [?] Eigenarten einbringt. Hier konnte [?] mit [?] umfangreichem Fachwissen reüssieren.*

Gelegentlich wird versucht, Probleme durch genderneutrale Ausdrücke zu umgehen, etwa durch Partizipien: *Studierende, Mitarbeitende*, durch so etwas wie *Fach-, Reinigungskraft (statt Fachfrau/-mann, Putzfrau/-mann)* oder *Belegschaft* (statt *Mitarbeiter/-innen*) oder durch andere kreative Formulierungen.

4. Einkommenssteuer/Einkommensteuer

Fugen-s

Bei Wortzusammensetzungen und -ableitungen taucht an der Verbindungsstelle oft ein Fugen-*[e]s* auf: *Verbindungsstelle, Volkslauf, Hundstage, Siegeszug, Armutszeugnis, jünglingshaft* u. a. Seinen Ursprung hat das Fugen-s in einem erstarrten Genitiv. So ist *Siegeszug* interpretierbar als: Zug des Sieges, *Volkslauf* als Lauf des Volk[e]s. Allerdings verdanken sich viele Fugen-*s*-Konstruktionen schlicht Analogiebildungen; das heißt, es wird ein Fugen-*s* oft auch da eingesetzt, wo das Substantiv den Genitiv gar nicht auf -*s* bildet: *Verbindungsstelle, Armutszeugnis* trotz «Stelle der Verbindung», «Zeugnis der Armut».

Wann ein Fugen-*s* zu setzen ist und wann nicht, lässt sich nicht als allgemeingültige Regel formulieren. Über die Üblichkeiten informieren die einschlägigen Wörterbücher. Gelegentlich schwankt auch der Gebrauch: *Schadenersatz/Schadensersatz, Einkommensteuer/Einkommenssteuer* u. a.

Für bestimmte Arten von Zusammensetzungen lassen sich jedoch Faustregeln angeben:

Zusammensetzungen mit Fugen-*s*

Ein Fugen-*s* wird meist (!) verwendet in Zusammensetzungen mit

- den Bestimmungswörtern *Armut, Bahnhof, Bischof, Friedhof, Geschichte, Hilfe, Leumund, Liebe, Maulwurf*, etwa in: *Armutszeugnis, Bahnhofshalle, Liebesgabe, Hilfsarbeiter, Geschichtsbuch*; Ausnahmen z. B.: *hilflos, hilfreich, liebebedürftig, liebeleer, liebevoll, lieblos, liebreich, Liebreiz, Geschichtenerzähler, Geschichtenmacher* (mit *-en-*, wenn *Geschichte* in der Bedeutung von «Erzählung», «Extratour» verwendet wird)
- einer Verbableitung auf *-en* als Bestimmungswort: *anerkennenswert, lesenswert, Schlafenszeit*
- substantivischen femininen Bestimmungswörtern, die über das Suffix *-t* von Partikelverben zu Substantiven geworden sind: *Abfahrtszeit, Ansichtskarte, Vorsichtsmaßnahme*; Ausnahmen etwa *Abfahrt[s]gleis* u. v. a. (Unter den hier gemeinten Partikelverben

versteht man Verben, die mit präpositionalen Einheiten und anderen Partikeln beginnen und bei denen diese Einheiten auch die Betonung tragen. So sind *ausgleichen* und *umfahren* (= über den Haufen fahren) solche Partikelverben, da die Betonung auf *aus-* bzw. *um-* liegt. Dagegen gehören *durchleiden* und *umfahren* (= um etwas herumfahren) zu den Präfixverben, da die Betonung jeweils auf dem Verbstamm liegt.)

- Bestimmungswörtern auf die Suffixe *-tum, -ing, -ling, -heit, -keit, -schaft, -ung, -ion, -tät, -sal, -at, -um*: *Eigentumsvorbehalt, Frühlingserwachen, Wahrheitsfanatiker, Heiterkeitserfolg, Botschaftsmitarbeiter, hoffnungsvoll, portionsweise* (Ausnahmen sind die Zusammensetzungen mit *Kommunion-*), *Majestätsbeleidigung, Notariatsangestellte, museumsreif*. (Achtung: Es geht hier nur um Suffixe, nicht um die bloße Buchstabenfolge; daher gehören Wörter wie *Ion, Million, Prion, Tat, Pirat, Baum, Rum* usw. nicht in diese Gruppe und können durchaus ohne Fugen-*s* mit anderen Wörtern verbunden sein: *Ionenaustauscher, Tatmensch, Piratenbraut, Rumtopf* usw.)

Zusammensetzungen ohne Fugen-*s*

Es wird meist (!) kein Fugen-*s* verwendet in Zusammensetzungen mit

- einsilbigen femininen Bestimmungswörtern: *Nahtstelle, Prachtkerl, Nachtwächter, Jagdhund, Spurbreite, spurlos* (es können aber andere Fugenzeichen auftreten, z. B.: *-en* wie in *Fahrtenmesser, Spurenelement*)
- zweisilbigen femininen Bestimmungswörtern auf *-e*: *Kältebrücke, säurefest, mühelos* (oft treten aber andere Fugenzeichen auf, etwa das Fugen-*n*: *Beulenpest, Größenwahn, eulenhaft*)
- femininen Bestimmungswörtern auf die Suffixe *-ur* und *-ik*: *Literaturgeschichte, Naturschutz, Mathematikbuch, kritiklos* (oft treten aber andere Fugenzeichen auf, etwa das Fugen-*n*: *Armaturenbrett, Figurentheater*)
- Bestimmungswörtern auf die Suffixe *-er* und *-el*: *Malermeister, Marterpfahl, Hobelspäne, Schnabeltasse, knüppeldick, rappelvoll, windelweich* (Ausnahmen z. B.: Altertümliches wie *Reiters-/Wandersmann* und Zusammensetzungen mit *Henker-*: *Henkersmahlzeit*)

- Bestimmungswörtern auf *-sch*, *-[t]z*, *-s*, *-ß*, *-st*: *Fischsuppe, tischfertig, Platzhirsch, blitzschnell, Losglück, Maßanzug, Wurstware*

Einige Besonderheiten

Schauen wir uns noch einige Besonderheiten bei der Verwendung des Fugen-s an:

- Zusammensetzungen mit *-steuer* als Grundwort
  Die Steuerbehörden haben für ihren Verwendungsbereich in folgenden Zusammensetzungen das Fugen-*s* abgeschafft: *Einkommen-, Grunderwerb-, Körperschaft-, Vermögen-, Versicherungsteuer* u.a. Allgemein üblicher ist hier aber der Gebrauch des Fugen-*s*: *Einkommenssteuer, Vermögenssteuer* usw.
- Zusammensetzungen mit *-straße* als Grundwort
  Nach oben Ausgeführtem wäre in die folgenden Zusammensetzungen mit *-straße* eigentlich jeweils ein Fugen-*s* einzusetzen; wegen des *s*-Anlautes von *-straße* lässt sich aber auch die Schreibung ohne Fugen-*s* vertreten: *Bahnhof[s]straße, Freiheit[s]straße*.
- Zusammensetzungen aus Substantiv und Partizip
  Hier wird das Fugen-*s* häufig ausgelassen, was wohl auch damit zusammenhängt, dass das zugrunde liegende Verb ein Akkusativobjekt regiert. Wen stillt x? Das Blut. Also: *blutstillend*. Ebenso: *verfassunggebend, herzerquickend*; *Vertragschließender, Gewerbetreibender* (Ausnahmen z.B.: *kriegsentscheidend, staatserhaltend*).
- Zusammensetzungen aus mehr als zwei Bestandteilen
  Nicht sehr regelmäßig, aber doch häufig wird in mehrteiligen Zusammensetzungen in die Hauptfuge ein Fugen-*s* gesetzt, auch wenn in einer zweiteiligen Zusammensetzung kein Fugen-*s* stünde: *Friedhofstor*, aber: *Hoftor*, *Mitternachtsstunde*, aber: *Nachtstunde*. Stets ohne Fugen-*s* aber: *Fußballschuhe*, *Kindbettfieber* u.a.
- Bindestrich
  Einen Bindestrich setzt man bei Zusammensetzungen mit Fugen-*s* gewöhnlich nicht. Man setzt ihn jedoch, wenn es gilt, Missverständnisse zu vermeiden: *Preis-Leistungs-Verhältnis*, oder wenn die Zusammensetzung eine Abkürzung enthält: *Entsorgungs-AG, Überzeugungs-FKKler*. Wenn man unbedingt will, kann man den Bindestrich auch der Übersichtlichkeit wegen setzen: *Heimstättensanierungs-Projektgruppe*.

Anmerkung: Einerseits ist das Ob oder Ob-nicht des Fugen-*s* eine recht komplexe Angelegenheit, und vielfach geht es mit genauso wie ohne. Andererseits zeigt die Erfahrung, dass meist dann Unsicherheit über die Verwendung des Fugen-*s* herrscht, wenn man es sowohl setzen als auch weglassen kann – also man ohnehin nichts falsch machen würde, egal, wie man sich nun entschiede. Die hohe Trefferwahrscheinlichkeit scheint nahezulegen, dass man sich hier oft zu viele Gedanken macht.

5. Am Freitag, dem 14. August 2020[,] um 20.13 Uhr trat die Junta geschlossen zurück / Am Freitag, den 14. August 2020 um 20.13 Uhr trat die Junta geschlossen zurück

Datumsangabe: Formales, Kongruenz und Kommasetzung

Vorab: Sowohl *am Freitag, dem 14. August 2020* als auch *am Freitag, den 14. August 2020* gilt als korrekt. Wir empfehlen die erste Variante. Allerdings unterscheiden sich die Empfehlungen zur Zeichensetzung ein wenig.

Werden die Glieder einer zweigliedrigen Zeitangabe aus Wochentag/Datum und Uhrzeit jeweils mit einer Präposition eingeleitet oder auch nur das zweite Glied, wird kein Komma gesetzt: *Die Aufnahmeleiterin hatte am 15. Mai 2020 um 14.37 Uhr diesen folgenschweren Nervenzusammenbruch erlitten. Unser Unternehmen wird [am] Donnerstag ab 12 Uhr diese Consulting-Leistung anbieten.*

Wird das zweite Glied ohne Präposition angeschlossen, ist zwischen Wochentag/Datum und Uhrzeit ein Komma zu setzen. Hinter der Uhrzeit ist es freigestellt: *Nächsten Freitag, 16.30 Uhr[,] ist meine Leidenszeit endgültig vorüber.*

Bei zweigliedrigen Zeitangaben aus Wochentag und Datum, die beide im Akkusativ stehen, ist das Komma nach dem Datum freigestellt: *Letzten Sonntag, den 29. Februar 2008[,] hatte ein sehr guter Freund Geburtstag. Übernächsten Freitag, den 16.5.2008[,] beginnt das schöne Leben.*

Bei zweigliedrigen Zeitangaben aus Wochentag und Datum, die beide im Dativ, Genitiv oder Nominativ stehen, wird das Datum meist in das paarige Komma eingeschlossen: *Am Dienstag, dem 30. September 2003, wurde dieses legendäre Champions-League-Spiel geboten. Dieser Dienstag, der 30.9.2003, hatte es in sich. Die Folgen dieses Dienstages, des 30.9.2003, sind noch nicht abzusehen.* Allerdings kann auch hier das Komma hinter dem Datum entfallen: *Am Dienstag, dem 30. September 2003[,] wurde dieses legendäre Champions-League-Spiel geboten. Dieser Dienstag, der 30.9.2003[,] hatte es in sich. Die Folgen dieses Dienstages, des 30.9.2003[,] sind noch nicht abzusehen.*

Bei zweigliedrigen Zeitangaben, bei denen einem Wochentag im Dativ ein Datum im Akkusativ angeschlossen wird, setzt man besser kein Komma hinter das Datum, falsch wäre es aber nicht: *Die Zahlung sollte bis zum Dienstag, den 13. Juli[,] auf unserem Konto eingegangen sein.*

Bei dreigliedrigen Zeitangaben aus Wochentag, Datum und Uhrzeit steht vor der Uhrzeit auch dann ein Komma, wenn sie mit einer Präposition auftritt. Das Komma nach der Uhrzeit ist freigestellt: *Am Mittwoch, dem 23.10.1929, um 10.00 Uhr[,] ahnten noch nicht alle Börsianer Böses. Am Donnerstag, den 24.10.1929, um 9.30 Uhr[,] schwante wenigen einiges.*

Übrigens wird die reine Datumsangabe nach DIN 5008 üblicherweise wie folgt wiedergegeben: *4. August 2021, 4. Aug. 2021, 04.08.2021* oder *04.08.21*. Nach den Empfehlungen der International Organization for Standardization (ISO) wird in der Reihenfolge Jahr, Monat, Tag durch Mittestrich gegliedert: *2021-08-04* oder *21-08-04*.

Soll im Brief noch der Ort zum Datum treten, sind folgende Formen üblich: *Stendal, 1. Februar 2008* oder *Stendal, 1. Febr. 2008* oder *Stendal, 01.02.2008* oder *Stendal, am 01.02.08* oder *Stendal, im Februar 2008*.

Bei der internationalen Datumsangabe wird meist kein Ort angegeben: *2021-07-19*.

Anmerkung: Wir empfehlen, auf jeden Fall das Datum in das paarige Komma zu setzen, wenn Wochentag und Datum im gleichen Fall stehen: *Bis zum Donnerstag, dem 26. März 2020, sollten Sie sich noch neutral verhalten*. Die internationalen Datumsangaben sind in Deutschland kaum üblich.

6. Hotelzimmer mit *fiesem, abstoßendem* Ungeziefer

Starke oder schwache Deklination bei aufeinanderfolgenden Adjektiven

Ob es nun *mit fiesem, abstoßendem Ungeziefer* heißt oder *mit fiesem, abstoßenden Ungeziefer*, hat damit zu tun, wann man ein Adjektiv stark, wann man es schwach und wann man es gemischt dekliniert: Was heißt das?

Wenn ein Adjektiv sich auf ein Substantiv bezieht (Attribut ist), nimmt es den gleichen Kasus (Fall), den gleichen Numerus (Zahlform) und das gleiche Genus (Geschlecht) an wie das Substantiv, auf das es sich bezieht. Wie dann die Formen des Adjektivs genau aussehen, hängt davon ab, ob vor dem Adjektiv ein Artikelwort steht oder nicht.

Ohne Artikelwort kommt dem Adjektiv (aufgrund der geringen Kasusdifferenzierung des Substantivs) die Aufgabe zu, den Kasus anzuzeigen: Es wird stark dekliniert.

Starke Deklination

	Maskulinum	Femininum	Neutrum
	Singular		
Nominativ	*französischer Wein*	*liebe Not*	*fieses Kerbtier*
Genitiv	*französischen Wein[e]s*	*lieber Not*	*fiesen Kerbtier[e]s*
Dativ	*französischem Wein*	*lieber Not*	*fiesem Kerbtier*
Akkusativ	*französischen Wein*	*liebe Not*	*fieses Kerbtier*
	Plural		
Nominativ	*französische Weine*	*liebe Nöte*	*fiese Kerbtiere*
Genitiv	*französischer Weine*	*lieber Nöte*	*fieser Kerbtiere*
Dativ	*französischen Weinen*	*lieben Nöten*	*fiesen Kerbtieren*
Akkusativ	*französische Weine*	*liebe Nöte*	*fiese Kerbtiere*

Wenn vor dem Adjektiv ein bestimmter Artikel oder ein anderes Artikelwort mit Endung steht, so übernehmen Letztere die Aufgabe, den Kasus anzuzeigen, und das Adjektiv wird (nur) schwach dekliniert.

Schwache Deklination

	Maskulinum	Femininum	Neutrum
	Singular		
Nominativ	*der französische Wein*	*die liebe Not*	*das fiese Kerbtier*
Genitiv	*des französischen Wein[e]s*	*der lieben Not*	*des fiesen Kerbtier[e]s*
Dativ	*dem französischen Wein*	*der lieben Not*	*dem fiesen Kerbtier*
Akkusativ	*den französischen Wein*	*die liebe Not*	*das fiese Kerbtier*
	Plural		
Nominativ	*die französischen Weine*	*die lieben Nöte*	*die fiesen Kerbtiere*
Genitiv	*der französischen Weine*	*der lieben Nöte*	*der fiesen Kerbtiere*
Dativ	*den französischen Weinen*	*den lieben Nöten*	*den fiesen Kerbtieren*
Akkusativ	*die französischen Weine*	*die lieben Nöte*	*die fiesen Kerbtiere*

Der unbestimmte Artikel und eine Reihe von anderen Artikelwörtern (*kein, mein, unser* etc.) sind im Nominativ Singular Maskulinum und Neutrum sowie im Akkusativ Singular Neutrum endungslos. Daher übernimmt in diesen Kasus das Adjektiv die Kasusbestimmung, und es entsteht eine gemischte Deklination.

Gemischte Deklination

	Maskulinum	Femininum	Neutrum
	Singular		
Nominativ	*sein französischer Wein*	*seine liebe Not*	*sein fieses Kerbtier*
Genitiv	*seines französischen Wein[e]s*	*seiner lieben Not*	*seines fiesen Kerbtier[e]s*
Dativ	*seinem französischen Wein*	*seiner lieben Not*	*seinem fiesen Kerbtier*
Akkusativ	*seinen französischen Wein*	*seine liebe Not*	*sein fieses Kerbtier*
	Plural		
Nominativ	*seine französischen Weine*	*seine lieben Nöte*	*seine fiesen Kerbtiere*
Genitiv	*seiner französischen Weine*	*seiner lieben Nöte*	*seiner fiesen Kerbtiere*
Dativ	*seinen französischen Weinen*	*seinen lieben Nöten*	*seinen fiesen Kerbtieren*
Akkusativ	*seine französischen Weine*	*seine lieben Nöte*	*seine fiesen Kerbtiere*

Wird ein Substantiv im Dativ Singular Maskulinum oder Neutrum durch zwei oder mehrere Adjektive bestimmt, ohne dass ein Artikelwort vorangeht, werden diese überwiegend parallel gebeugt, wenn sie gleichrangig sind (d. h., wenn sie mit *und, oder* etc. verbunden sind oder zwischen ihnen ein Komma steht): *mit fiesem und abstoßendem Ungeziefer; dummem, ungehobeltem Geschwätz.* Fehlen Komma und Konjunktion, wird das zweite Adjektiv (und die folgenden) eher schwach gebeugt: *von herrlichem französischen Käse, aus abgetakeltem alten Schiff.*

Anmerkung: Generell mehr parallel gebeugt wird in der Schweiz, auch ohne Konjunktion oder Komma zwischen den Adjektiven: *bei fehlendem präzisem Nachweis.*

7. Auszahlung am 15. *jedes/jeden* Monats, also auch am 15. *dieses* Monats

Starke oder schwache Deklination der Artikelwörter *dieser, diese, dieses* und *jeder, jede, jedes*

Zunächst das Einfache: Man beugt *dieser, diese, dieses* in der Regel stark. Daher heißt es im Genitiv Singular: *mit einem Automobil dieses Typs, das Erfolgserlebnis dieses Mädchens, im November dieses Jahres.* Bei einigen wenigen Substantiven wird *dieses* allerdings immer häufiger schwach dekliniert: *im November diesen Jahres*, was aber – noch – nicht durchgehend akzeptiert ist.

Etwas komplizierter sieht die Sache beim Pronomen *jeder, jede, jedes* aus. Steht es im Genitiv Singular vor einem maskulinen oder neutralen Substantiv, das stark gebeugt wird, sind drei Fälle zu unterscheiden:

- Das Artikelwort steht allein vor dem Substantiv.
  Dann wird sowohl die starke Endung *-es* wie auch die schwache *-en* akzeptiert: *mit einem Automobil jedes/jeden Typs, im November jedes/jeden Jahres.*
- Das Artikelwort wird zusammen mit dem unbestimmten Artikel eingesetzt.
  Dann wird *jeder, jede, jedes* stets schwach gebeugt: *mit einem Automobil eines jeden Typs, im November eines jeden Jahres.*
- Das Artikelwort wird ohne Artikel, aber zusammen mit einem ihm folgenden Adjektiv verwendet.
  Dann wird *jeder, jede, jedes* stets stark gebeugt: *mit einem Automobil jedes beliebigen Typs, im November jedes olympischen Jahres.*

8. Rüge *wegen Baumängeln, trotz Unkenrufen*

Rektion von Präpositionen (Dativ statt Genitiv)

Präpositionen regieren gewöhnlich einen bestimmten Fall, manchmal mehrere Fälle. Nur: Welche(n)? Die verschiedenen Grammatiken sind sich da durchaus nicht einig. Vor allem nicht, wenn es darum geht, ob eine Präposition den Genitiv fordert oder den Dativ oder ob beide möglich sind. Präpositionen, die den Genitiv fordern, sollen hier behandelt werden. Unstrittig regieren u. a. folgende Präpositionen den Genitiv: *abzüglich, einschließlich, kraft, innerhalb, längs, mangels, mittels, trotz, während, wegen, statt, zuzüglich*. Also heißt es z. B.: *kraft gültigen Vertrages, mangels rheinischen Frohsinns, zuzüglich des ermäßigten Mehrwertsteuerbetrages.* Aber selbst bei diesen Präpositionen folgt nicht in jedem Fall der Genitiv. Es gibt Ausnahmen:

- Wird ein allein stehendes Substantiv im Singular angeschlossen, dessen Genitiv auf -[*e*]*s* endet, wird die Kasusendung meist weggelassen: *laut Vertrag, zuzüglich Mehrwertsteuerbetrag.*
- Ist der Genitiv Plural nicht klar vom Nominativ oder Akkusativ zu unterscheiden (weil etwa kein Begleitwort wie z. B. ein Artikel den Fall deutlich macht), weicht man auf den Dativ aus. Genitiv bei: *mangels hinreichend entwickelter Triebe, wegen unvorhergesehener Nöte, statt vieler Worte*. Aber Dativ bei: *mangels Trieben, wegen Nöten, statt Worten.*
- Gelegentlich schwankt der Gebrauch. Geht einem stark gebeugten Substantiv im Genitiv Singular ein Genitivattribut voran, das ebenfalls ein stark gebeugtes Substantiv im Singular ist, weicht man gern auf den Dativ aus. Statt: *trotz Heides dringenden Antrages* heißt es dann: *trotz Heides dringendem Antrag*. Folgt allerdings solch ein Genitivattribut seinem Bezugssubstantiv, weicht man nicht ganz so regelmäßig auf den Dativ aus. Vor allem tut man das nach Präpositionen wie *längs, statt* und *trotz*, die umgangssprachlich neben dem Genitiv auch den Dativ regieren. So ist neben: *längs des Grabens des Zwischenmeeres, trotz des Rauches des Großfeuers* auch richtig: *längs dem Graben des Zwischenmeeres, trotz dem Rauch des Großfeuers*. Auf *innerhalb, mittels, während* und *wegen* folgt in solchen Fällen stets der Genitiv: *innerhalb dieses Entwurfes des Star-Designers, mittels eines*

Verfahrens des Anstaltspfarrers, während jedes Abgangs des Possenreißers, wegen eines Missverständnisses des Abtes.

Anmerkung: Präpositionalgruppen innerhalb von Genitiv- oder Präpositionalattributen mindern die Textverständlichkeit. Also lieber nicht: *wegen der unnachgiebigen Ablehnung aller noch im Konferenzraum befindlichen Vorstandsmitglieder*, sondern: *weil alle Vorstandsmitglieder, die sich noch im Konferenzraum befanden, unnachgiebig ablehnten …*

9. Kinder im Alter *von bis zu 12 Jahren*

Rektion bei *bis zu*

Präpositionen verlangen an sich nicht viel. Sie verlangen einen bestimmten Fall. Das tut auch die Fügung *bis zu*. Hier steht der Dativ, den die Präposition *zu* verlangt: *An den Ferienspielen können Kinder bis zu 12 Jahren teilnehmen. Schwärme bis zu 1 000 000 Exemplaren sind nicht selten.*

Gelegentlich wird in solchen Fällen die Präposition *zu* weggelassen. Dann geht die Rektion auf *bis* über, das nun als Präposition auftritt und nicht mehr als Adverb. Die Präposition *bis* regiert hier aber den Akkusativ: *An den Ferienspielen können Kinder bis 12 Jahre teilnehmen. Schwärme bis 1 000 000 Exemplare sind nicht selten.*

Häufig sind auch Sätze wie: *Es können bis zu 80 Kinder teilnehmen. In solchen Schwärmen zählen wir oft bis zu 1 000 000 Exemplare*. Hier tritt die gesamte Fügung *bis zu* adverbial auf (siehe oben *bis*), beeinflusst also nicht den Fall der folgenden Substantivgruppe. Daher könnte man in solchen Sätzen *bis zu* weglassen, ohne dass die Sätze ungrammatisch würden: *Es können 80 Kinder teilnehmen. In solchen Schwärmen zählen wir oft 1 000 000 Exemplare.*

Bisweilen tritt eine «echte» Präposition (z. B. *mit, von*) vor die adverbiale Fügung *bis zu*. Als Präposition regiert diese den Fall der folgenden Substantivgruppe: *Schwärme von bis zu 1 000 000 Exemplaren sind nicht selten*. Die Präposition *von* fordert hier den Dativ. Die adverbiale Fügung *bis zu* könnte man wiederum weglassen, ohne dass der Satz ungrammatisch würde.

10. Versteigerung der dümmsten *PCs* der Welt

Deklination von Abkürzungen

Müssen Abkürzungen dekliniert werden oder ist die Deklination sozusagen mit abgekürzt? Um diese Frage zu beantworten, unterscheiden wir zwischen Abkürzungen, die als solche auch gesprochen werden: *PKW, FH, ABS* usw., und Abkürzungen, die als solche nicht gesprochen werden: *Jh., Mw.-St., Prof.* usw.

Abkürzungen, die als solche auch gesprochen werden

Abkürzungen, die als solche auch gesprochen werden, erhalten in der Regel keinen Abkürzungspunkt: *PC, Lkw, GmbH, AG, BGB, ETH, RWTH, TH* usw. Sie bedürfen auch nicht unbedingt klärender Deklinationsendungen, zumal dann nicht, wenn der Kasus aus dem Zusammenhang deutlich wird: *des Lkw* (kaum: *des Lkws*), *des PC* (kaum: *des PCs*).

Auch der Plural ist in der Abkürzung mit enthalten und muss nicht eigens gekennzeichnet werden: *die Lkw, die PC*. Meist wird der Plural jedoch zusätzlich durch die Endung *-s* angezeigt, und zwar auch dann, wenn die entsprechende Vollform im Plural gar nicht auf *-s* endet: *die Lkws, die PCs* (trotz: *die Lastkraftwagen, die Personal Computer*). Bei Abkürzungen von Feminina empfiehlt es sich, generell das Plural-*s* zu verwenden, um eine Verwechslung mit dem Singular zu vermeiden: *die GmbHs, die AGs, die THs*.

Abkürzungen, die als solche nicht gesprochen werden

Abkürzungen, die als solche nur geschrieben, nicht jedoch gesprochen werden, erhalten in der Regel einen Abkürzungspunkt: *Dr., i. A., Dipl.-Ing., z. B.* usw. Deklinationsendungen sind hier nicht üblich. Nur in wenigen Fällen finden sich dennoch Endungen. Dabei ist zu unterscheiden:

- Wenn die Abkürzung undekliniert mit dem letzten Buchstaben der Vollform endet (etwa *Hr.* auf *-r* wie *Herr* oder *Bd.* auf *-d* wie *Band*), wird die Endung unmittelbar angehängt: *Hrn.* (= Herrn), *Bde.* (= Bände).

- Ist das nicht der Fall, wird die Deklinationsendung hinter den Abkürzungspunkt gesetzt: *durch die Jh.e* (= Jahrhunderte), *M.s* (= Musils) *Mann ohne Eigenschaften* (kein Apostroph vor dem Genitiv-*s*!).

Durchaus möglich ist es auch, weibliche Formen in Abkürzungen wiederzugeben: *Verf.in* (= Verfasserin), *Prof.in* (= Professorin). Allerdings stehen Abkürzungen wie *Verf.*, *Prof.*, *Dipl.-Ing.* usw. im Allgemeinen sowohl für die männliche als auch für die weibliche Form.

Für die Darstellung des Plurals findet man gelegentlich auch Buchstabenverdopplung: *Mss.* (= Manuskripte), *Jgg.* (= Jahrgänge), *ff.* (= folgende).

Anmerkung: Nicht korrekt ist es, einen Apostroph vor das Genitiv-*s* oder vor das Plural-*s* von Abkürzungen zu setzen. Denn der Apostroph zeigt in der Regel Auslassungen an. Hier ist aber gar nichts ausgelassen. Also nie: des **PC's*, die **TH's* o. Ä.

11. Dann hat ihr schon die Million *gewinkt/gewunken*

Starke oder schwache Konjugation von *winken*

Wenn es um die Million geht, mag es vielen Zeitgenossen ziemlich egal sein, ob die nun *gewinkt* oder *gewunken* hat. Aber sprachlich ist die Doppelform schon ganz bemerkenswert. Denn einerseits zählt *winken* durchaus zu den regelmäßigen (auch: schwachen) Verben, die bei gleichbleibendem Stammvokal die Vergangenheit (das Präteritum) mit *-t-* bilden und im Partizip II die Endung *-t* aufweisen:

wirken: wirke – wirkte – gewirkt
winken: winke – winkte – gewinkt

Andererseits wird heute auch die den Stammvokal wechselnde starke Partizipform *gewunken* verwendet. Das entspricht in etwa dem Partizip-II-Muster bei stark konjugierten Verben wie:

sinken: sinke – sank – gesunken
trinken: trinke – trank – getrunken

Das ist ungewöhnlich, weil beim Verb *winken* das Präteritum nach wie vor schwach gebildet wird: *winkte*. Beide Partizipformen sind mittlerweile auch in der Schriftsprache üblich und als standardsprachlich einzustufen. Die Form *gewunken* ist sogar schon etwas häufiger.

Anmerkung: Allerdings stellt die schwache Konjugation von *winken* durchaus keine Ausnahme unter den intransitiven Verben auf *-inken* dar:
blinken: blinke – blinkte – geblinkt
hinken: hinke – hinkte – gehinkt

Warum aber bisher offensichtlich immer noch nichts im Morgennebel **geblunken* hat, worauf dann ein verstörter Gnom über die Lichtung **gehunken* ist, weiß man nicht.

12. Die Cellistin hat *drei/3* oder *vier/4* Geschwister, die alle über *2* m groß sind

Wann schreibt man Zahlen aus, wann als Ziffern?

Unter professionell Schreibenden geistert immer noch ein wenig die alte Buchdruckerregel herum, dass natürliche Zahlen bis 12/zwölf nicht als Ziffer wiederzugeben, sondern unbedingt auszuschreiben seien. Das ist in dieser Strenge heute nicht mehr üblich. Wenn der Zahlcharakter sehr im Vordergrund steht oder die Exaktheit der Zahl, schreibt man eher in Ziffern: *Neu auch, dass dieser Motor nun mit 3 Zylindern ausgestattet ist.*

Ist das nicht der Fall, neigt man meist zur Schreibung in Worten: *Arno und seine zwei Schwestern versuchen, sich die sieben Weltwunder in Erinnerung zu rufen. Zwei Schwalben machen noch keinen Elfmeter.*

Regelmäßig in Ziffern schreibt man Zahlen vor abgekürzten Einheiten oder vor Zeichen, das gilt auch für die Zahlen bis 12: *4 kg, 3 km, 11 kcal, 7 EUR, 7 €, 5 %* usw.

Verwendet man statt der Abkürzung oder statt des Zeichens das Wort, ist sowohl die Ziffer als auch das ausgeschriebene Zahlwort üblich: *7 Euro / sieben Euro, 5 Prozent / fünf Prozent* usw.

Aber auch Zahlen über 12/zwölf können durchaus ausgeschrieben werden, wenn sie nicht zu unübersichtlich sind: *Vierzigtausend Bürger können doch irren. Die Öffentlichkeitsarbeiter freuten sich über den zweimillionsten Klick.*

Meist werden größere Zahlen nur dann ausgeschrieben, wenn sie ein- oder zweisilbig sind: *Du hast immer tausend Gründe für den größten Mist parat. Man müsste noch mal zwanzig sein.*

13. Abwicklung von *outgesourcten* Aufgaben

Wortbildung und Formen von eingedeutschten Verben

Die Aufgabe, Inhalte sprachlich auszudrücken, wurde in den letzten Jahren mehr und mehr outgesourct, das heißt dem Englischen übertragen. Dabei wird immer weniger eingedeutscht. Bei den Verben allerdings ist man zu englisch-deutschen Mischformen gezwungen, um den Forderungen des Satzes (Syntax) und der Formbildung (Morphologie) nachkommen zu können. Folgende Anpassungen an die deutsche Morphologie werden dabei in der Regel als notwendig empfunden:

Infinitiv

Der englische Infinitiv wird durch die deutsche Infinitivendung *-[e]n* erweitert: *beamen, checken, dealen, downloaden, sponsern, managen, outen, outsourcen, updaten* usw. Bisweilen wird auch noch weitergehend angepasst, etwa mit Buchstabenumstellungen: *recyceln* statt *to recycle, handeln* statt *to handle.*

Personalendungen

Die Infinitivanpassung ermöglicht, dass diesen Verben nun ganz regelmäßig die entsprechenden deutschen Personalendungen angefügt werden: *ich sponsere/sponserte, du sponserst/sponsertest, er/sie/es sponsert/sponserte, wir sponsern/sponserten, ihr sponsert/sponsertet, sie sponsern/sponserten.*

Bei einem Zischlaut vor der Infinitivendung fällt wie auch sonst im Deutschen das *-s* der 2. Person Singular weg: *du sourct.*

Bei Verben auf *-eln* wie *recyceln* oder *canceln* fällt ebenso wie sonst im Deutschen das *-e* vor dem *-l* weg, wenn diesem *-l* wiederum ein *-e* folgt: *ich recycle, du recycelst, er/sie/es recycelt, wir recyceln, ihr recycelt, sie recyceln.*

Partizip II

Verben, die nicht zusammengesetzt sind. Bei Verben, die nicht aus Vorsilbe/Zusatz und Verb zusammengesetzt sind, wird das Partizip

II nach dem Muster regelmäßiger (schwacher) Verben mit der Vorsilbe *ge-* und der Endung *-t* gebildet: *gebeamt, gecheckt, gedealt, gehandelt, gemanagt, gemailt* (bzw. *geemailt*), *geoutet, gesurft* usw.

Feste und unfeste Zusammensetzungen. Feste Zusammensetzungen aus Vorsilbe und Verb bilden das Partizip II regelmäßig, aber ohne *ge-*: *debuggt, designt, recycelt, relaxt* usw. Sie bleiben stets ungetrennt: *du debuggst, ich designe, ihr recyceltet, wir relaxten.*

Unfeste Zusammensetzungen aus Verbzusatz und Verb bilden das Partizip II regelmäßig auf *-t* mit zwischen Zusatz und Verb eingeschobenem *ge-*: *upgedatet, outgesourct.*

Mit dem nicht verbalen Teil ist das eigentliche Verb bei den unfest zusammengesetzten außer im Partizip II nur noch im Infinitiv, im Partizip I sowie im Nebensatz mit einleitendem Wort (Relativpronomen, Subjunktion) fest verbunden: *outsourcen, outzusourcen, outsourcend*; *weil wir das immer outsourcen.*

Ansonsten sind die Teile in der Regel getrennt: *Diese Aufgaben sourcen die Stadtwerke am besten out. Ich gradete das Ganze einfach up*. Die finiten Formen verwendet man allerdings nicht so sehr gern. Man weicht da eher aus auf die Hybridbildung mit deutschem Verbzusatz: *Diese Aufgaben sourcen die Stadtwerke am besten aus* oder auf die deutsche Übersetzung: *Ich lud das Ganze einfach herunter.*

Anmerkung: Es gibt Ausnahmen, die teils wie feste Zusammensetzungen funktionieren: *Update die Tinca-vulgaris-Dateien doch mal*, teils wie unfeste: *Erledigt, ich habe die Tinca-vulgaris-Dateien downgeloadet/gedownloadet und dann upgedatet.*

14. Unmengen *langweiliger Gesichter / langweilige Gesichter* und *ein gutes Glas Wein / ein Glas guter Wein*

Genitivattribut oder substantivisches Attribut im gleichen Kasus, Bezug des Adjektivs auf Maß oder Stoff

Weder Unmengen langweilige Gesichter noch Unmengen langweiliger Gesichter heben für gewöhnlich die allgemeine Stimmung. Grammatisch geht beides. Heute wird überwiegend die Apposition bevorzugt, das heißt, die Mengenangabe und das darauffolgende Substantiv stehen im gleichen Fall: *Unmengen langweilige Gesichter*. Der Gebrauch des Genitivattributs wie in *Unmengen langweiliger Gesichter* gilt als gehoben. In Ausdrücken wie *ein Glas guten Weines* wirkt es sogar gespreizt.

Jedoch ist weder gegen *ein Glas guten Wein* noch gegen *ein gutes Glas Wein* etwas einzuwenden. Denn wenn eine Maßangabe und die Stoffbezeichnung eine Einheit bilden wie *Glas Wein*, kann das Adjektiv sowohl vor dieser Einheit stehen als auch vor dem Stoff. Das ist immer dann der Fall, wenn man das Adjektiv auf Maßangabe oder Stoff gleichermaßen beziehen kann, ohne dass die Bedeutung sich dadurch ändert: *ein dampfendes Glas Grog / ein Glas dampfender Grog, ein neues Paar Pumps / ein Paar neue Pumps*. Es geht hingegen nicht, wenn die Bedeutung unter der Verschiebung leidet. So mag bei *einem frischen Glas Milch* das Glas zwar frisch sein – über die Milch ist aber damit noch nichts ausgesagt.

Anmerkung: Noch einmal zurück zum *guten Glas Wein* bzw. zum *Glas guten Wein[es]*: Dass ein Sprachpurist natürlich auch zwischen der Güte des Weines und der Güte des Glases unterscheiden könnte, soll nicht geleugnet werden.

15. Vereinzelung und Isolierung großer Teile der Bevölkerung *bedroht/bedrohen* unsere moderne Informationsgesellschaft

Numeruskongruenz bei mehrteiligem Subjekt

Vereinzelung und Isolierung haben ja etwas stark Singularisches. Aber auch, wenn sie zusammen auftreten? Normalerweise steht das Verb im Plural, wenn sich das Subjekt des Satzes aus mehreren nebengeordneten Teilen zusammensetzt. Das gilt im Prinzip auch für Substantivierungen auf *-ung*: *Vereinzelung und Isolierung bedrohen unsere moderne Informationsgesellschaft*. Und auch: *Die Vereinzelung und die Isolierung bedrohen unsere moderne Informationsgesellschaft*.

Aber gerade solche abstrakten Substantivierungen fasst man gern als ein einheitliches, wenn auch zusammengesetztes Subjekt auf. Dann kann das Verb auch im Singular auftreten, vor allem, wenn

- bei den Substantivierungen ein Artikel eingespart wird: *Die Vereinzelung und Isolierung bedroht/bedrohen unsere moderne Informationsgesellschaft.*
- die Substantivierungen ein gemeinsames Attribut teilen: ***Zunehmende*** *Vereinzelung und Isolierung bedroht/bedrohen unsere moderne Informationsgesellschaft. Vereinzelung und Isolierung* ***großer Teile der Bevölkerung*** *bedroht/bedrohen unsere moderne Informationsgesellschaft.*
- die Substantivierungen Zusammensetzungen mit gleichem, beim ersten Teil eingespartem Grundwort sind: *Die Schall- und Wärmedämmung muss/müssen in Zusammenhang mit dem Feuchtigkeitsschutz betrachtet werden.*

Aber auch in anderen Fällen kann das Verb im Singular stehen, obwohl das Subjekt sich aus mehreren nebengeordneten Teilen zusammensetzt, z. B. wenn

- das Verb vor dem Subjekt erscheint: *Dann kam/kamen der Lottogewinn und die große Liebe. Gerettet wurde/wurden der Mann und das Pferd. Machen/Macht das die Fachbereichsleiterin und der neue Kursleiter?*
- ein zusätzliches *damit, somit, mithin* o. Ä. den zweiten Teil des Subjekts eng an den ersten bindet oder gar als dessen echte Teilmenge ausweist: *Das ganze Bienenvolk und somit auch die Königin ist/sind von dieser Krankheit dahingerafft worden. Aufgrund dieser Fristsetzung fiel/fielen der ganze Vereinsbereich und mithin auch der SC Ahorn Tangermünde e. V. völlig aus der Förderung heraus.*
- die Teile des Subjekts eine formelhafte Einheit bilden: *Wohl und Wehe ist/sind eng mit dem wirtschaftlichen Erfolg der Zeche verbunden. Dick und Durstig traf/trafen sich mal wieder am Ballermann. Zeit und Geld steht/stehen im Überfluss zur Verfügung.*
- die Teile des Subjekts durch eine nachfolgende Apposition zusammengefasst werden: *Stan und Ollie, das Erfolgsgespann jener Zeit, sorgte/sorgten nicht nur in Amerika für volle Kinokassen. Steht/Stehen Menden & Marxer, der Grabungsspezialist, vor dem endgültigen Aus?*
- die Teile des Subjekts einfache Infinitive sind: *Warten und Starren hilft/helfen da auch nicht weiter.* Aber es steht eher der Plural, wenn die Infinitive ein Artikelwort oder Adjektiv bei sich haben: *Langes Warten und angestrengtes Starren helfen/(hilft) da auch*

nicht weiter. Das Schreiben und das Lesen verursachen/ (verursacht) mir regelmäßig Unwohlsein.

- die singularischen Teile des Subjekts mit einem der Artikelwörter *kein, jeder* oder *mancher* versehen sind: *Mancher Lehrbeauftragte und manche Privatdozentin würde/würden solch eine Regelung durchaus begrüßen. Kein Anfang, keine Entstehung und auch keine Geburt wird/werden darin gesehen. Jeder Mann und jede Frau ist/sind aufgerufen mitzuhelfen.* Sind diese Wörter (oder auch die Pronomen: *nichts, niemand*) selbst als Pronomen Kern des Subjekts, verwendet man überwiegend den Singular: *Nichts und niemand konnte Karla von ihrem Entschluss abbringen. Auch hier wollte mal wieder jeder und jede mitreden.*
- die singularischen Teile des Subjekts mit *weder ... noch* verbunden sind. Wenn das Subjekt vor dem Verb steht, ist der Plural üblicher, wenn das Subjekt dem Verb nachfolgt, dagegen der Singular: *Weder die analytische Philosophie noch der logische Empirismus nahmen/(nahm) das Problem ernsthaft in den Blick. Aufgrund dieser Immunisierungsstrategie konnte/(konnten) sich weder die Mbono-Route noch der Weg über das Virunga-Karisimbi-Massiv als falsch erweisen.*
- die singularischen Teile des Subjekts mit *[so]wie* verbunden sind. Wenn das Subjekt vor dem Verb steht, ist der Plural üblicher, wenn das Subjekt dem Verb nachfolgt, dagegen der Singular: *Das langjährige Aufgehen im Sex-and-Drugs-and-Rock-'n'-Roll-Lebensgefühl sowie die massive Ignorierung des Älterwerdens haben wesentlich zu Annas Problemen beigetragen. Das langjährige Aufgehen im Sex-and-Drugs-and-Rock-'n'-Roll-Lebensgefühl hat wesentlich zu Annas Problemen beigetragen sowie die massive Ignorierung des Älterwerdens. Zu Annas Problemen wesentlich beigetragen hat/(haben) das langjährige Aufgehen im Sex-and-Drugs-and-Rock-'n'-Roll-Lebensgefühl sowie die massive Ignorierung des Älterwerdens.*
- die singularischen Teile des Subjekts mit *sowohl ... als / wie auch ...* verbunden sind. Üblicher ist der Plural, doch gelegentlich steht auch der Singular: *Sowohl Eifer als auch Begabung brächten/brächte hier mit Sicherheit den Erfolg, wenn nur eines von beiden vorhanden wäre. Sowohl Katjas gepflegter Größenwahn wie auch Hannos unterwürfige Schleimerei helfen/hilft hier*

nur mäßig. Sowohl die Niederlage wie auch die Art und Weise der Niederlage lassen/lässt wenig Hoffnung.

Stets im Singular steht das Verb, wenn

- ein singularischer Teil den/die anderen umfasst: *Hannah und ihre ganze Klasse war begeistert. Ihre Klassenkameraden und eigentlich die ganze Schule lobte die Aufführung in den höchsten Tönen.*
- das mehrteilige Subjekt ein zitierter Werktitel ist: *Hasenclevers «Städte, Nächte und Menschen» wurde neu herausgegeben. «Pünktchen und Anton» wird vom Star des Theaters der Altmark vorgelesen.*
- die singularischen Teile des Subjekts mit ausschließendem *oder* bzw. mit *entweder... oder* verbunden sind: *Den Magen füllen wird hinterher Sekt oder Selters. Entweder der ehrgeizige Prokurist oder der enttäuschte Frühstücksdirektor ist für die Unterschlagung verantwortlich.* (Steht aber das Subjekt vor dem Verb, ist bei ausschließendem *oder* auch der Plural nicht unüblich: *Sekt oder Selters wird/werden hinterher den Magen füllen.* Wenn ein Teil des Subjekts im Plural steht, richtet sich das Verb nach dem näher bei ihm stehenden Teil: *Das halbe Volk oder 40 Millionen Bürger sind davon betroffen. 40 Millionen Bürger oder das halbe Volk ist davon betroffen.*)

16. Vorteile *weiter gehender / weit gehenderer / weitergehender* Lösungen

Steigerung von Zusammensetzungen aus Adjektiv und Partizip/Adjektiv

Nicht selten ist ja die **nächstgelegenste* Lösung auch die falsche. Denn eins erst einmal vorweg: In Zusammensetzungen aus Adjektiv und Partizip ist die Steigerung beider Bestandteile nicht nur übertrieben, sondern falsch. Also wende man sich lieber der *am nächsten gelegenen Pommesbude* zu oder *der nächstgelegenen.*

In einigen Fällen ist nur die Steigerung des ersten Teils möglich: *in größtmöglicher Ausführung, die am höchsten gelegene / höchstgelegene Stadt Europas, die am höchsten dotierte / höchstdotierte Stelle, die am tiefsten liegenden / tiefstliegenden Stadtteile Kölns, etwas tiefer schürfende Gedanken.*

In den meisten Fällen kann man wahlweise entweder den ersten oder den zweiten Bestandteil steigern (nie aber beide): *das zarter besaitete / zartbesaitetere Gemüt, das am zartesten besaitete / zartbesaitetste Gemüt* usw. Man beachte den Sonderfall: *die weiter gehende / weitergehende (!) / weitgehendere Lösung.*

17. Anschrift und Anrede von Amts- und Titelträgern

Frau
Prof. Dr. rer. nat. Wiebke Mölens
RWTH Aachen
Pauwelstraße 423
52074 Aachen

Sehr geehrte Frau Professor/Professorin
Sehr geehrte Frau Dr. Mölens

Grundsätzlich werden Titel, Berufs- und Amtsbezeichnungen in der Anschrift hinter *Frau* bzw. *Herrn* geschrieben:

Frau Oberbürgermeisterin
Wiebke Mölens
Paulastraße 1 a
52070 Aachen

Die Berufsbezeichnung wird aber auch häufig in einer besonderen Zeile nachgestellt. Das gilt ebenso für Titel:

Frau
Wiebke Mölens
Oberbürgermeisterin
Paulastraße 1 a
52070 Aachen

Akademische Grade dagegen stehen vor dem Namen:

Frau
Dipl.-Ing. Wiebke Mölens
Mies-van-der-Rohe-Schlucht 4711
52066 Aachen

Die Bezeichnung Professor wird abgekürzt vor den Namen gesetzt, ausgeschrieben in eine eigene Zeile:

Frau	*Frau Professorin*
Prof. Dr. Wiebke Mölens	*Dr. Wiebke Mölens*
RWTH Aachen	*RWTH Aachen*
Pauwelstraße 423	*Pauwelstraße 423*
52074 Aachen	*52074 Aachen*

In der Anrede ist zu unterscheiden, ob eher der/die Amts- bzw. Titelträger/-in gemeint ist oder eher die Person. Im ersten Fall wird die Amtsbezeichnung bzw. der Titel (meist ohne den Personennamen) verwendet:

Sehr geehrte Frau Oberbürgermeisterin, …
Sehr geehrte Frau Bundeskanzlerin, …

Ist eher die Person gemeint, wird der Familienname ohne Amtsbezeichnung oder Titel verwendet, *Dr.* wird jedoch – so vorhanden – stets dazugesetzt:

Sehr geehrte Frau Mölens, …
Sehr geehrte Frau Dr. Mölens, …

Anmerkung: Hat sich jemand die Mühe gemacht, mehrere Doktortitel einzuheimsen, werden diese ohne Komma vor dem Namen aufgezählt: *Frau Dr.-Ing. Dr. phil. Wiebke Mölens*. Sind es noch mehr geworden, darf man das Ganze mit *Dr. mult.* (= doctor multiplex = vielfacher Doktor) abkürzen. Statt umständlich: *Frau Dr.-Ing. Dr. rer. oec. Dr. phil. Dr. med. Wiebke Mölens* heißt es schlicht: *Dr. mult. Wiebke Mölens.*

18. Schick mir doch *ein/eine E-Mail* mit Informationen über *das/den Event* und die verschiedenen *Status* der *Event-Manager*

Genus und Deklination von Fremdwörtern

Natürlich kann man auch *e-mailen*, statt sich den Kopf darüber zu zerbrechen, ob man *eine* oder *ein E-Mail* zu versenden gedenkt. Doch interessieren tät es einen trotzdem, das Genus (Geschlecht) von E-Mail. Allein: Bei Fremdwörtern herrscht da oft keine Eindeutigkeit. Manchmal braucht es seine Zeit, bis sich ein bestimmter Gebrauch durchsetzt. Bis dahin können zwei Genera für ein Wort im Umlauf sein, und es bleibt einem nichts anderes übrig, als in einem Wörterbuch nachzuschlagen. Da findet man dann z. B.: *die/das Mail* (*das* eher in Süddeutschland und Österreich), *das/der Event, das/der Default, der/die Place de la Concorde, das/der Curry.*

Eigenwillig zeigt sich auch der Genitiv des Fremdworts, zumindest bei den stark deklinierten Maskulina und Neutra: Meist weist er ein Genitiv-*s* auf: *des Managements, eines Events, des Leasings, des Defaults, des Cashflows, eines Providers, eines High Potentials, des Thinktanks, des Currys* usw.

Bei etlichen Fremdwörtern (oft bei weniger gebräuchlichen oder ungewöhnlich gebildeten) kann das Genitiv-*s* weggelassen werden: *des Carsharing[s], des Know-how[s], eines Crossmarketing[s], eines Break-even-Point[s]* usw.

Bei komplizierteren Fügungen aus mehreren Wörtern setzt man grundsätzlich kein Genitiv-*s*: *des Learning by Doing* (*Learning on the Job*), *des State of the Art* (auch: des *State-of-the-Art*) usw.

Bei Fremdwörtern auf *-s[s]*, *-ß*, *-x* oder *-st* entfällt das Genitiv-*s*: *des E-Business, des Nemax* usw. Dies gilt vor allem für die Fremdwörter auf *-us*: *des Status, eines Habitus, des Radius, des Rhythmus, eines Cyberterrorismus.* Nur wenn das Wort schon sehr eingedeutscht ist, endet es im Genitiv auf *-es*: *des Bosses, eines Busses, des Exzesses, eines Prozesses, des Komplexes, eines Konnexes, des Stresses.* Aber Achtung: Einige Wörter weisen sowohl den eingedeutschten gebeugten Genitiv auf als auch den ungebeugten: *eines Atlas/Atlasses, eines Globus/Globusses, des Diskus/Diskusses, eines Krösus/Krösusses, des Bonus/Bonusses, des Malus/Malusses.*

Im Plural haben etliche Fremdwörter ausschließlich eingedeutschte Pluralformen, entweder genau eine: *die Aknen, Aloen, Burkas, Dogmen, Firmen, Floren, Fokusse, Genien, Hadschis, Lakaien, Mankos, Muftis, Nimbusse, Pergolen, Pogrome, Sozias, Spermien, Spiritusse* (= Alkohole), *Villen, Viren, Visagen, Vulven, Zabagliones* usw. oder auch schon mal zwei (mehr oder weniger übliche): *die Disken/Diskusse, Divas/Diven, Embryonen/Embryos, Fasane/Fasanen, Fata morganen / Fata morganas, Feten/Fetusse, Föten/Fötusse, Globen/Globusse, Harmonien/Harmoniums, Hospitale/Hospitäler, Kapitale/Kapitalien, Minerale/Mineralien, Motore/Motoren, Parfüme/Par-*

füms, Razzien/Razzias, Reliefe/Reliefs, Reptile/Reptilien, Risiken/Risikos, Saunas/Saunen usw.

Einige Fremdwörter bleiben beim fremdsprachigen Plural: *die Abakus, Amaretti, Ani, Flatus, Fundus, Genera, Graffiti, Gnocchi, Kasus, Lapsus, Lemmata, Modi, Morbi, Opera, Paparazzi, Passus, Prostatae, Roma, Sinti, Spiritus* (= Atem, h-Anlaut [*Spiritus asper*], Geist), *Spaghetti, Status, Stimuli, Storni, Supernovä, Tempora, Ulzera, Uteri, Zucchini* usw.

Hier gibt es gelegentlich Unsicherheiten bei Wörtern aus dem Lateinischen auf *-us*. Denn diese werden oft nach dem lateinischen Plural gebildet. Irrtümer können deshalb leicht auftreten, weil die Nominativ-Endung *-us* im Lateinischen in der *o*-Deklination, in der *u*-Deklination und auch bei den Neutra der konsonantischen Deklination auftritt, der Plural aber in jeder dieser Deklinationen anders gebildet wird. So kommt es, dass Wörter, die aus der lateinischen *u*-Deklination hergeleitet sind, wie *Flatus, Fundus, Hiatus, Kasus, Koitus, Lapsus, Nexus, Passus, Spiritus, Status, Usus* (selten im Plural), *Zensus* u. a. im Plural genau so geschrieben werden wie im Singular (gesprochen werden sie allerdings mit langem *u*).

Wörter, die aus der *o*-Deklination abgeleitet sind, enden dagegen im Plural auf *-i*: *Anus/Ani, Emeritus/Emeriti, Intimus/Intimi, Modus/Modi, Morbus/Morbi, Nukleus/Nuklei, Stimulus/Stimuli, Sympathikus/Sympathizi, Terminus/Termini, Tonus/Toni, Uterus/Uteri* u. a. (aber: *Abakus/Abakus, Campus/Campus, Lotus/Lotus*, obwohl im Lateinischen *o*-Deklination).

Stammen die Fremdwörter auf *-us* dagegen von Neutra der konsonantischen Deklination ab, enden sie auf *-ora* oder *-era*: *Corpus/Corpora, Korpus/Korpora, Genus/Genera, Opus/Opera, Tempus/Tempora, Ulkus/Ulzera* u. a.

Viele Fremdwörter haben aber auch sowohl einen eingedeutschten als auch einen fremdsprachigen Plural: *Cellos/Celli, Chaiselonguen/Chaiselongues, Dilemmas/Dilemmata, Espressos/Espressi, Examen/Examina, Ikten/Iktus, Kodexe/Kodizes, Komas/Komata, Kommas/Kommata, Koitusse/Koitus, Papagallos/Papagalli, Passiven/Passiva, Piazzas/Piazze, Saltos/Salti, Scherzos/Scherzi, Semikolons/Semikola, Solos/Soli, Spermen/Spermata, Stigmen/Stigmata, Trottoire/Trottoirs, Visen/Visa, Viten/Vitae* usw.

Und gelegentlich kommt es sogar vor, dass zwei eingedeutschte Pluralformen und dazu noch eine fremdsprachige üblich sind (mehr oder auch weniger): *Aromas/Aromen/Aromata*, *Forums/Foren/Fora*, *Konten/Kontos/Konti*, *Salden/Saldos/Saldi*, *Sozien/Soziusse/Sozii* usw.

Anmerkung: Übrigens mag ein *Casus knacksus* ein Scherzausdruck sein. Aber auch ein Scherz will korrekt gebeugt werden. Und: Durchaus üblich und «seriös» sind parallele Fügungen wie die grammatischen Fachausdrücke *Casus obliquus* (für abhängige Fälle wie z.B. den Genitiv, Dativ oder Akkusativ) und *Casus rectus* (für unabhängige Fälle wie den Nominativ). Wie aber sieht es da mit dem Genitiv aus? Der alte Lateiner (und manch junger) wird wahrscheinlich eine Art lateinischen Genitivs erwarten, etwa: *Casus obliqui/recti*, aber im Genitiv Singular bleibt dieser «Fall» gänzlich unverändert: *des Casus obliquus/rectus* und dann natürlich auch: *des Casus knacksus*.

Keinen Plural des Plurals bilden! Also auf keinen Fall: **Gnocchis*, **Kommatas*, **Spaghettis*, **Statusse*, **Visas* und dergleichen. Ausnahme: *Kekse* (von engl. *cake*).

Bisweilen entsprechen unterschiedlichen Pluralformen Bedeutungsunterschiede, etwa *Kodexe* (= Gesetze, Grundsätze) und *Kodizes* (= Handschriften; Gesetze, Grundsätze) oder *Pianos* (= Klaviere; leise Stellen in einem Musikstück) und *Piani* (= leise Stellen in einem Musikstück).

19. Probleme der sich *niedergelassen habenden* Gäste mit den *niedergelassenen* Ärzten

Partizip II als Attribut

Es kommt bisweilen vor, dass einem etwas abgenommen wird: Geld etwa oder auch die dreisteste Behauptung. Dann ist *das abgenommene Geld* wie auch *die abgenommene Behauptung* völlig in Ordnung. Grammatisch. Denn das Partizip II (= *abgenommen*) von einem transitiven (= mit Akkusativobjekt) und damit meist passivfähigen Verb kann ohne Weiteres wie ein Adjektiv als Attribut zu einem Substantiv gesetzt werden.

Nicht korrekt ist es allerdings, wenn das Geld von selbst abnimmt und man in diesem Falle ebenfalls vom **abgenommenen Geld* spricht. Denn hier wird *abnehmen* intransitiv (= ohne Akkusativobjekt) verwendet: *Das Geld nimmt ab. / Das Geld hat abgenom-*

men. In dieser Verwendung ist *abnehmen* nicht passivfähig und das Partizip II als Attribut (so) nicht verwendbar (allenfalls die bemühte aktivische Konstruktion: *das abgenommen habende Geld*). In diesem Sinne hüte man sich vor bereits **stattgefundenen*, immer mehr **Platz gegriffenen* und **überhandgenommenen* falschen Verwendungen des Partizips II.

Auch das Partizip II von reflexiven Verben (*sich schämen, sich zuziehen, sich ereignen* usw.) ist als Attribut ungeeignet: **der geschämte Lektor*, **die ereigneten Unwetter*, **der zugezogene Bänderriss*. Wie steht es aber um die *niedergelassenen Ärzte*? Eher schlecht. Diese und überhaupt *geeignete Ärzte* dürfte es nach zuvor Erläutertem gar nicht geben, denn *sich niederlassen* und *sich eignen* sind reflexive Verben. Dennoch ist weder gegen *niedergelassene* noch gegen *geeignete Ärzte* – grammatisch – etwas einzuwenden. Denn etliche Partizipien werden infolge eines Bedeutungswandels (*der abgefahrene Altrocker*) oder weil kein konjugierbares Verb (mehr) zugrunde liegt (*die besorgten Eltern*), mittlerweile als zu Adjektiven geronnen, erstarrt aufgefasst. Sie gelten als lexikalisiert, etwa: *niedergelassen, geeignet, abgefahren, besorgt, verliebt, besoffen, erfahren, ausgeschlafen, untergegangen* usw.

Anmerkung: Menschlich wie grammatisch noch interessanter als *niedergelassene* sind *heruntergekommene Ärzte*. Sie sind einerseits im übertragenen Sinne grammatisch hinnehmbar, weil über Bedeutungswandel lexikalisiert, andererseits aber auch im wörtlichen: Denn die (vom Olymp der Halbgötter in Weiß auf den Boden der harten Realitäten) *heruntergekommenen Ärzte* tun dies zwar mithilfe des intransitiven Verbs *herunterkommen*, das aber resultativ verwendet ist, d. h. zeitlich abgeschlossen. Das macht den attributiven Gebrauch akzeptabel.

20. 3 Gramm Parfüm, auf fünf Elefanten verteilt, *verursachen* immer noch Ohnmacht

Numeruskongruenz bei Messgrößen mit Stoffbezeichnung

3 Gramm an sich verursachen wohl weder Ohnmacht noch sonst etwas (außer Nachfragen). Und auch das Parfüm als solches dürfte kaum Ohnmacht zeitigen. Es ist halt die Kombination von beiden.

Grammatisch ist die singularische Stoffbezeichnung *Parfüm* in dieser Kombination allerdings nur ein Attribut. Entscheidend für die Frage, ob *verursacht* (Singular) oder *verursachen* (Plural) angebracht ist, sind allein die 3 Gramm. Und die sind nun einmal zu mehreren, im Plural also. Daher: *3 Gramm Parfüm, auf fünf Elefanten verteilt, verursachen immer noch Ohnmacht.*

Allerdings würde für unser Parfümbeispiel im Allgemeinen auch der Singular ohne allzu großes Murren akzeptiert: *3 Gramm Parfüm, auf fünf Elefanten verteilt, verursacht immer noch Ohnmacht.*

Anmerkung: Ganz und gar nicht mehr akzeptabel wäre der Singular, wenn auch die Stoffbezeichnung im Plural stünde. Richtig ist nur: *3 Gramm Rosenessenzen, auf fünf Elefanten verteilt, verursachen immer noch Ohnmacht*, während umgekehrt zwar: *1 Gramm Rosenessenzen, auf fünf Elefanten verteilt, verursacht immer noch Ohnmacht* korrekt ist, aber auch akzeptiert würde: *1 Gramm Rosenessenzen, auf fünf Elefanten verteilt, verursachen immer noch Ohnmacht.*

21. Wegen *folgender interessanten/interessanter* Dossiers muss der Redakteur selbst nach Maastricht

Starke oder schwache Deklination nach *folgend*

Ein Adjektiv oder Partizip nach *folgend* dekliniert man im Singular und Plural in der Regel stark, wenn kein Artikelwort vorangeht: *folgendes illustres Beispiel, folgender kulanter Vorschlag, folgende illustre Beispiele, aufgrund folgender kulanter Vorschläge, wegen folgender einprägsamer Sätze.*

Eine Ausnahme bildet der Dativ Singular im Maskulinum und Neutrum, hier wird nach *folgend* meist schwach dekliniert: *mit folgendem einprägsamen Satz, folgendem illustren Beispiel.*

Anmerkung: Allerdings wird im Plural gelegentlich, vor allem im Genitiv, auch die schwache Deklination verwendet: *folgende illustren Beispiele, aufgrund folgender kulanten Vorschläge, wegen folgender einprägsamen Sätze.*

22. Diese Laverda ist eines der heißesten Geräte, *die* du je gesehen hast

Bezug des Relativpronomens

Nicht nur im Beruf gilt: Die Bezüge müssen stimmen. Das gilt auch in der Grammatik. Doch worauf bezieht sich in einem Ausdruck wie *eines der heißesten Geräte, das/die du je gesehen hast* das Relativpronomen, auf *Geräte* oder auf *eines*? Das wird sofort klar, wenn man das Ganze umformuliert, statt des Genitivattributs ein Präpositionalattribut verwendet: *Das ist eines von den heißesten Geräten …* und dann noch umstellt: *Von den heißesten Geräten, die du je gesehen hast, ist das eines.* Das Relativpronomen bezieht sich in solchen Fällen stets auf das Wort im Plural. Dieser Bezug bleibt natürlich der gleiche, wenn man statt des Präpositionalattributs wieder das Genitivattribut einsetzt: *Das ist eines der heißesten Geräte, die du je gesehen hast.*

23. Gehege *mit und ohne Rehe*

Rektion bei mehreren Präpositionen

Nicht selten werden Rehe ja in einem Gehege gehalten, wo sie sich auch schon einmal ins selbige kommen. Dasselbe passiert selbst Präpositionen. Die kommen sich nämlich schon bei der schlichten Frage ins Gehege, ob man nun ein solches *mit oder ohne Rehe[n]* vor sich hat.

Denn *mit* regiert den Dativ: *mit Rehen*, *ohne* aber den Akkusativ: *ohne Rehe*. Wie sollen sich so unterschiedlich regierte Rehe verhalten? Sie könnten natürlich beiden Herren gerecht werden: *mit Rehen oder ohne Rehe*. Das ist korrekt und einzuwenden ist dagegen nichts, außer dass solch allgemeine Willfährigkeit durch eine gewisse Umständlichkeit bestraft wird. Ökonomischer wäre eine Hierarchisierungsregel, die uns die Rehdopplung ersparte. Und eine solche gibt es durchaus: Geraten nämlich die Rektionen zweier oder mehrerer Präpositionen in Konflikt, setzt sich die Rektion derjenigen Präposition durch, die dem Substantiv am nächsten steht: *mit oder ohne Rehe*. Entsprechend: *ohne oder mit Rehen*, *durch oder auch entgegen anders lautenden Berichten / entgegen oder auch durch anders lautende Berichte, in und um Kleinstädte / um und in Kleinstädten.*

Bisweilen stimmen die Endungen trotz unterschiedlicher Fälle überein. Dann löst sich das Problem von selbst: *in und um Fußballstadien / um und in Fußballstadien.*

Anmerkung: Will man allerdings Artikelwörter verwenden, wird es bei unterschiedlichen Rektionen auf jeden Fall unelegant: *in solchen und um solche Fußballstadien/Kleinstädte, mit den oder ohne die Rehe.* Solche Konstruktionen sollte man meiden.

24. Über ein persönliches Gespräch *freute* ich mich sehr / Über ein persönliches Gespräch *würde* ich mich sehr *freuen*

Die Variante mit *würde* statt Konjunktiv II

«Da staunt der Laie und der Fachmann wundert sich», kommentiert man gerne Unerklärliches. Was allerdings die Formen mit *würde* + Infinitiv (*Das **würde** ich so nicht **sagen***) angeht, ist selbst der Fachmann dem Stadium des Staunens noch nicht entwachsen. Denn so richtig haben die Grammatiker den Status dieser Konstruktionen bisher nicht verstanden (und daher auch nicht erklären können).

Was kann man ganz pragmatisch zur Verwendung dieser Konstruktion sagen? Wann wird sie akzeptiert, wann nicht?

Üblich ist *würde* + Infinitiv, wenn die entsprechende Konjunktiv-II-Form mit der Form des Präteritums übereinstimmt und es dadurch zu Unklarheiten oder Missverständnissen kommen könnte. Bei den regelmäßigen Verben gilt dies für alle Konjunktiv-II- und Präteritum-Formen. Daher besser: *Über ein persönliches Gespräch würde ich mich sehr freuen.* Eher nicht: *Über ein persönliches Gespräch freute ich mich sehr.* (Aber, da erkennbare Konjunktiv-II-Form: *Wenn wir kämen, gäbe es doch nur Ärger.*) Zudem stimmen bei unregelmäßigen Verben, die im Präteritum-Stamm *-i-* oder *-ie-* enthalten, die erste und dritte Person Plural (*wir* und *sie*) im Konjunktiv II und im Präteritum überein. Daher besser: *Wir würden solche Geschäftsverbindungen meiden.* Eher nicht: *Wir mieden solche Geschäftsverbindungen.*

Ebenso üblich und akzeptiert ist *würde* + Infinitiv als Ersatz von etwas altertümlich bzw. gespreizt wirkenden Konjunktiv-II-Formen. Daher besser: *Wir würden schon gehobenere Umgangsformen pflegen, wenn das jemand anerkennen würde*. Eher nicht: *Wir pflögen schon gehobenere Umgangsformen, wenn das jemand anerkennte*. Was als «gespreizt» oder «altertümlich» empfunden wird, ist natürlich nicht so eindeutig. Einig werden könnte man sich wohl leicht hinsichtlich der Gespreiztheit von: *beföhle/befähle, bärste, drösche/dräsche, göre, höbe/hübe, lüde, mölke, schölle, tröffe, wränge* u. a. Als durchaus nicht gespreizt werden im Allgemeinen empfunden: *fände, gäbe, käme, bekäme* u. a.

Der Konjunktiv II bezeichnet meist das Nichtwirkliche, das Irreale. Auch das Noch-nicht-Wirkliche, das Zukünftige, gehört zum Nichtwirklichen. Will man diese Art des Irrealen, den Aspekt des Zukünftigen, herausstreichen, verwendet man ebenfalls gern *würde* + Infinitiv (statt des auch möglichen Konjunktivs II): *Würde ich nächstes Jahr nach Rostock gehen, wäre ein Hauskauf zu erwägen.* (Auch möglich – das Zukünftige nicht ganz so hervorgehoben: *Ginge ich nächstes Jahr nach Rostock, wäre ein Hauskauf zu erwägen.*)

Aus klanglichen Gründen schreckt man vor dem Konjunktiv I im Futur des Vollverbs *werden* zurück sowie vor dem Konjunktiv I im Futur Passiv, wenn dies zu Lautdopplung führen würde (*werden werde, gegrüßt werden werde*). Stattdessen verwendet man die Umschreibung mit *würde*. Daher besser: *Arnie behauptete, dass er Gouverneur werden würde. Beate glaubte, dass sie irgendwann einmal wieder von Rolf gegrüßt werden würde*. Eher nicht: *Arnie behauptete, dass er Gouverneur werden werde. Beate glaubte, dass sie irgendwann einmal wieder von Rolf gegrüßt werden werde*. Aber wenn keine Lautdopplung auftritt: *Arnie behauptete, er werde Gouverneur werden. Beate glaubte, sie werde irgendwann einmal wieder von Rolf gegrüßt werden.*

Weist das in der indirekten Rede Ausgesagte auf Zukünftiges und steht das Verb des übergeordneten Satzes, das die Rede einleitet, im Präteritum, Perfekt oder Plusquamperfekt, wird neben der Form des Konjunktivs oder Indikativs Futur (*werden* und Infinitiv) häufig auch *würde* + Infinitiv verwendet: *Ab wann war dir denn klar, dass die Angelegenheit einen solch angenehmen Ausgang nehmen werde/wird? / Ab wann war dir denn klar, dass die Angelegenheit einen solch angenehmen Ausgang nehmen würde*?

Und wann ist *würde* + Infinitiv unangebracht?

In informellen Zusammenhängen wird *würde* + Infinitiv oft als Ersatz für den Konjunktiv I in der indirekten Rede eingesetzt. Das ist im Schriftlichen nicht üblich. Daher: *Die Abteilungsleiterin erklärte, dass sie nicht bedingungslos an diesem Posten hänge/hing/hängt.* (Zur Zeitenfolge in der indirekten Rede siehe Fehler 50.) Eher nicht: *Die Abteilungsleiterin erklärte, dass sie nicht bedingungslos an diesem Posten hängen würde.*

Allerdings ist *würde* + Infinitiv in der indirekten Rede durchaus angebracht, wenn schon die entsprechende direkte Rede einen Konjunktiv II enthält. Etwa: *Die Abteilungsleiterin erklärte, dass sie nicht so auf die Verkäuferin eindreschen würde* (oder: *eindrösche*), *wenn diese nicht eine notorische Wiederholungstäterin wäre.* Denn: *Die Abteilungsleiterin erklärte: «Ich würde nicht so auf die Verkäuferin eindreschen, wenn diese nicht eine notorische Wiederholungstäterin wäre.»*

Anmerkung: Bei folgenden Verben ist die Konstruktion *würde* + Infinitiv unüblich: *sein, werden, haben, müssen, dürfen, können, sollen.* Üblich: *Was wäre, wenn?* Nicht üblich: *Was würde sein, wenn?* Üblich: *Da würdest auch du zum Tier.* Nicht üblich: *Da würdest auch du zum Tier werden.* Üblich: *Das könnte ich niemals.* Unüblich: *Das würde ich niemals können.* Üblich: *Und was hätte ich davon?* Unüblich: *Und was würde ich davon haben?*

25. Viola schwieg so eisern, als *sei/wäre* ihr der Mund zugeklebt worden

Indikativ, Konjunktiv I oder II

«Wenn es aber Wirklichkeitssinn gibt, […] dann muss es auch etwas geben, das man Möglichkeitssinn nennen kann», ließ Robert Musil seinen Mann ohne Eigenschaften sinnieren. In der Sprache haben wir längst eine solche Unterscheidung, nämlich den Indikativ, die Wirklichkeitsform, und den Konjunktiv, die Möglichkeitsform. Aber beim Konjunktiv ist es gar nicht so einfach, den Rahmen seiner Möglichkeiten abzustecken, und allzu leicht gerät man ins Unmögliche, vor allem weil es im Deutschen zwei Möglichkeitsformen gibt: den Konjunktiv I und den Konjunktiv II. Wann verwendet man welchen?

Konjunktiv I

Im Hauptsatz. Im Hauptsatz verwendet man den Konjunktiv I kaum, allenfalls in Wunsch- oder Aufforderungssätzen. Am häufigsten noch werden *sein* und die Modalverben *mögen*, *sollen* und *wollen* im Hauptsatz in den Konjunktiv I gesetzt, seltener Vollverben: *Hilfreich sei der Mensch, edel und gut. Man möge ihr verzeihen. Das wolle Gott verhüten! Man nehme drei Tropfen jeweils zu den Hauptmahlzeiten. Sie lebe hoch, sie lebe hoch!*

Im Nebensatz. Hauptsächlich findet sich der Konjunktiv I in Nebensätzen, und zwar in

- Wunschsätzen
- Finalsätzen
- der indirekten Rede

Ein ***Wunschsatz*** hängt von einem übergeordneten Satz ab, der ein Verb oder ein Substantiv enthält, das einen Wunsch (Bitte, Aufforderung) ausdrückt. Er wird entweder durch *dass* eingeleitet oder enthält statt eines *dass* das Modalverb *mögen*: *Martha wünschte sich so sehr, dass Robert endlich Erfolg beschieden sei. Marthas Wunsch, dass Robert endlich Erfolg beschieden sei, ging zu seinen Lebzeiten nicht in Erfüllung. Martha wünschte sich so sehr, Robert möge endlich Erfolg beschieden sein. Marthas Wunsch, Robert möge endlich Erfolg beschieden sein, ging zu seinen Lebzeiten nicht in Erfüllung.*

Ein ***Finalsatz*** wird durch *damit* (manchmal auch durch *dass* oder *auf dass*) eingeleitet. Hier kann man den Konjunktiv I verwenden, muss dies aber nicht tun: *Dr. Martens wollte reich werden, auf dass sich so die Gnade Gottes an ihm beweise/beweist. Angeblich geht sie zur Schule, damit sie fürs Leben lerne.* (In informellen Zusammenhängen werden auch der Konjunktiv II oder die Umschreibung mit *würde* verwendet.)

Am häufigsten findet sich der Konjunktiv I allerdings in der ***indirekten Rede***. Ist sie uneingeleitet, ist der Konjunktiv I obligatorisch: *Die Demonstranten erzählen, die Einsatzleitung werde die Wasserwerfer sofort abziehen. Der alte Büchsenmacher sagte, der Kollege habe den Lauf unverständlicherweise arg verzogen.* (In informellen Zusammenhängen, z. B. im Mündlichen, werden auch der Konjunktiv II oder die Umschreibung mit *würde* verwendet.)

Wenn die indirekte Rede durch *dass* eingeleitet wird, hängt der Modus von der Faktizität des Verbs im übergeordneten Satz ab.

Faktiv nennt man Verben, deren Gebrauch voraussetzt, dass der Autor vom Wahrheitsgehalt des *dass*-Satzes überzeugt ist. So ist *wissen* ein faktives Verb: *Der Broker weiß, dass Herr d'Alquen einen entscheidenden Fehler gemacht hat.* Derjenige, der den Satz über den Broker formuliert, ist der Überzeugung, dass Herr d'Alquen tatsächlich einen entscheidenden Fehler gemacht hat.

Bei nichtfaktiven Verben bleibt die Stellungnahme zum Wahrheitsgehalt des *dass*-Satzes offen. So ist *glauben* ein nichtfaktives Verb: *Mancher Indianer glaubt, dass er in die ewigen Jagdgründe eingehen wird/werde.* Der Autor dieses Satzes lässt offen, ob Indianer nun in die ewigen Jagdgründe eingehen oder nicht.

Ob nun solch ein Verb, von dem ein *dass*-Satz als direktes Objekt abhängig sein kann, faktiv ist oder nicht, lässt sich testen. Man kann nämlich ausprobieren, ob das infrage stehende Verb statt des *dass*-Satzes auch einen indirekten Fragesatz binden könnte. Faktive Verben können das, nichtfaktive jedoch nicht. Ohne Weiteres kann man sagen: *Der Broker weiß, warum/ob/inwiefern/... Herr d'Alquen einen entscheidenden Fehler gemacht hat.* Aber mit einem nichtfaktiven Verb wie *glauben* geht das nicht: **Mancher Indianer glaubt, warum/ob/inwiefern/... er in die ewigen Jagdgründe eingehen wird/werde.*

Wenn im übergeordneten Satz ein faktives Verb verwendet wird, kann der *dass*-Satz nur im Indikativ stehen: *Die Revisoren stellten fest, dass der Prokurist erstklassig bilanziert hat.*

Wird im übergeordneten Satz aber ein nichtfaktives Verb eingesetzt, können im *dass*-Satz sowohl der Konjunktiv I (in informellen Zusammenhängen, z.B. im Mündlichen, auch der Konjunktiv II oder die Umschreibung mit *würde*) als auch der Indikativ stehen: *Die Demonstranten erzählen, dass die Einsatzleitung die Wasserwerfer sofort abziehen werde/wird. Der alte Büchsenmacher glaubt, dass der Kollege den Lauf arg verzogen habe/hat.*

Konjunktiv II

In der indirekten Rede. Der Konjunktiv II steht in der indirekten Rede als Ersatz für Konjunktiv-I-Formen, die sich nicht von den entsprechenden Indikativformen unterscheiden: *Politiker säßen*

Probleme zu oft aus, statt sie zu lösen, ist ein weitverbreitetes Vorurteil. Ich will nicht behaupten, wir böten auch solche Lösungen an.

Zudem wird die 2. Person Plural des Konjunktivs I von *sein* gern durch den Konjunktiv II ersetzt, obwohl sich die Konjunktiv-I-Form deutlich von der Indikativform unterscheidet: *Man sagt, ihr wäret* (seltener das eigentlich korrekte *seiet*) *schlechte Zeugen gewesen.*

Der dritte Spielplatz des Konjunktivs II in der indirekten Rede hat sein Fundament in der entsprechenden direkten Rede. Wenn dort nämlich bereits der Konjunktiv II angebracht ist, muss er auch in der indirekten Rede verwendet werden. Direkte Rede: *Anja klagt: «Hättest du mich damals wirklich geliebt, gäbe es diese missliche Lage heute überhaupt nicht.»* → Indirekte Rede: *Anja klagt, dass es diese missliche Lage heute überhaupt nicht gäbe, wenn er sie damals wirklich geliebt hätte.* Oder: Direkte Rede: *Der Polier poltert: «Wenn ich diese Tollpatsche einstellen würde, könnte ich mir ja gleich selbst die Papiere geben.»* → *Indirekte Rede: Der Polier poltert, dass, wenn er diese Tollpatsche einstellen würde, er sich ja gleich selbst die Papiere geben könnte.*

In informellen Zusammenhängen, z. B. im Mündlichen, wird der Konjunktiv II in gleicher Weise wie der Konjunktiv I in der indirekten Rede eingesetzt: *Du behauptest ja immer, dass das überhaupt nicht ginge / gehen würde* (statt: *gehe*).

Im Hauptsatz. Im Hauptsatz sind die Einsatzgebiete des Konjunktivs II der irreale Aussage-, Frage- und Wunschsatz.

Im ***irrealen Aussagesatz*** wird nichts Wirkliches, sondern bloß Mögliches ausgesagt. Nicht untypisch für solche Sätze ist die Verwendung von Adverbien wie *beinahe, fast, sicherlich, vermutlich, vielleicht, wahrscheinlich* u. a.: *Ein solches Manöver des Generalunternehmers hätte unseren Familienbetrieb sicherlich in den Bankrott getrieben. Das wäre fast in die Hose gegangen. Das hätte ich nicht gedacht.*

So etwas kann man natürlich auch in Frageform äußern. Dann handelt es sich um einen ***irrealen Fragesatz***: *Wäre das in die Hose gegangen? Hättest du das gedacht?*

Daneben wird der Konjunktiv II – ob in Aussage oder Frage – häufig eingesetzt, um eine gewisse Vorsicht, Zurückhaltung oder

Höflichkeit zum Ausdruck zu bringen: *Das würde ich mir gern noch einmal näher ansehen. Ich wüsste schon, was zu tun wäre, wenn das meiner wäre. Wärst du so gut, mir die Leiter zu halten?*

Auch wird der Konjunktiv II eingesetzt, um

- auszusagen, dass etwas nur mit Mühe bzw. knapp erreicht wurde: *Uff, das wäre geschafft!*
- in einer Frage Zweifel oder Zögern zu vermitteln: *Sollte ich mich so geirrt haben? Wäre das tatsächlich denkbar?*
- einen Vorbehalt zu äußern: *Das wäre in der Tat bemerkenswert. Ich – ein Frauenheld? Schön wär's ja.*
- eine zu eindeutige Festlegung zu umgehen: *So müsste sich das Phänomen in die Theorie einpassen lassen.*

Irreale Wunschsätze haben einerseits Nebensatzform (Konditionalsatz mit *wenn* oder ohne Subjunktion, aber Finitum in Spitzenstellung), sind andererseits aber nicht von einem übergeordneten Satz abhängig, so dass sie selbst als Hauptsätze gelten müssen. Nicht untypisch ist die Verwendung von Adverbien wie *bloß*, *doch* oder *nur*. Sie drücken einen als unerfüllt oder unerfüllbar angesehenen Wunsch aus: *Wenn ich doch bloß den Schlüssel eingesteckt hätte! Wenn das Spiel doch nur eine Stunde später angepfiffen würde! Käme doch nur die Erleuchtung über diese Ignoranten!*

Im Nebensatz. Bei den Nebensätzen im Konjunktiv II sind zu unterscheiden

- der irreale Bedingungssatz
- der irreale Konzessivsatz
- der irreale Konsekutivsatz

Im ***irrealen Bedingungssatz*** wird eine nicht wirkliche, nur gedachte Bedingung genannt, die hinreichend (gewesen) wäre, einen gedachten Sachverhalt zu realisieren: *Es käme auf jeden Fall schlimmer, wenn wir nichts täten. Wenn du geschwiegen hättest, hättest du weiterhin als Philosoph gegolten* (= si tacuisses, philosophus mansisses). Als Sonderform des irrealen Bedingungssatzes formuliert der Exzeptivsatz eine nicht wirkliche, nur gedachte Bedingung, die hinreichend wäre, das Eintreten eines nur gedachten Sachverhalts zu verhindern. Man kann sich solche Sätze entstanden denken als Transformation von Bedingungssätzen mit *wenn* im Indikativ zu subjunktionslosen Sätzen im Konjunktiv II: *Wenn ich nicht auf der Stelle ein Himbeereis bekomme, geschieht ein Unglück.* → *Es ge-*

schieht ein Unglück, ich bekäme denn ein Himbeereis. Oder – etwas geläufiger: *Es geschieht ein Unglück, es sei denn, ich bekäme ein Himbeereis.*

Im ***irrealen Konzessivsatz*** dagegen wird eine nicht wirkliche, nur gedachte Bedingung genannt, die nicht hinreichen würde, einen gedachten Sachverhalt zu realisieren. Eingeleitet werden solche Nebensätze mit *auch wenn, wenn auch, selbst wenn* oder *und wenn*: *Selbst wenn man mir Käsekuchen bieten würde, käme ich nicht zurück!*

Mit dem ***irrealen Konsekutivsatz*** wird die Folge eines Sachverhaltes wiedergegeben, die gerade nicht eintritt (eintreten wird / eingetreten ist). Eingeleitet wird ein solcher Konsekutivsatz mit *dass, als dass* oder *ohne dass*. Im Hauptsatz finden sich häufig die Korrelate *so* oder *zu*: *Der Professor war so zerstreut, dass er fast das Telefonbuch vertont hätte. Es gibt kaum etwas so Schlimmes, als dass sich nicht noch Schlimmeres finden ließe. Es passiert hier nichts, ohne dass der Boss davon erführe.*

Sowohl Konjunktiv II als auch Indikativ. Wird ein irrealer Konsekutivsatz mit *ohne dass* eingeleitet, kann sowohl der Konjunktiv II als auch der Indikativ verwendet werden: *Es passiert hier nichts, ohne dass der Boss davon erführe/erfährt. Er jubelte, ohne dass irgendjemand gewusst hätte / gewusst hat / wusste warum.*

Sowohl Konjunktiv I als auch Konjunktiv II möglich. Sowohl Konjunktiv I als auch Konjunktiv II sind möglich beim
- modalen Relativsatz
- Inhaltssatz mit *als* oder *als ob*

Modale Relativsätze gehören entweder als Attributsatz zu einer Modalangabe (Frage: wie?) oder sie sind selbst diese Modalangabe. Eingeleitet werden sie mit *als, als ob, als wenn, wie wenn*. Der Konjunktiv II ist häufiger, Konjunktiv I aber auch möglich: *Es hallte dumpf, als ob die Gegend voll Watte gestopft wäre/sei; Viola schwieg so eisern, als wäre/sei ihr der Mund zugeklebt worden* (Modalangabe mit Attributsatz). *Es hallte, als ob die Gegend voll Watte gestopft worden wäre/sei; Viola schwieg, als wäre/sei ihr der Mund zugeklebt worden* (Relativsatz als Modalangabe).

Mit dem modalen Relativsatz leicht zu verwechseln ist der ***Inhaltssatz*** mit *als-* oder *als-ob-*Anschluss, der ebenfalls normalerweise im

Konjunktiv II steht, ohne dass der Konjunktiv I ganz ausgeschlossen ist (sogar Indikativ kommt vor – noch seltener als Konjunktiv I): *Die neue Controllerin will wohl den Eindruck vermitteln, als könnte/könne/kann sie kein Wässerchen trüben / als ob sie kein Wässerchen trüben könnte/könne/kann.*

Den modalen Relativsatz und den Inhaltssatz mit *als* oder *als ob* kann man dadurch voneinander unterscheiden, dass man

- beim modalen Relativsatz *als* bzw. *als ob* durch eine Konstruktion mit *wie … wenn* ersetzen kann, was beim Inhaltssatz nicht gelingt: *Es hallte [dumpf], wie es hallt / hallen würde, wenn die Gegend voll Watte gestopft worden ist/wäre.* **Die neue Controllerin will wohl den Eindruck erwecken, wie sie den Eindruck erweckt, wenn sie kein Wässerchen trüben kann.*
- beim Inhaltssatz *als* bzw. *als ob* durch *dass* ersetzen kann, was beim modalen Relativsatz nicht funktioniert: *Die neue Controllerin will wohl den Eindruck erwecken, dass sie kein Wässerchen trüben kann.* **Es hallte [dumpf], dass die Gegend voll Watte gestopft worden ist.*

Anmerkung: Ein schönes Beispiel für den irrealen Bedingungssatz ist Heinz Erhardts Gedicht «Der Berg»:

Hätte man sämtliche Berge der ganzen Welt
Zusammengetragen und übereinander gestellt
Und wäre zu Füßen dieses Massivs
Ein riesiges Meer, ein breites und tiefs
Und stürzte dann unter Donnern und Blitzen
Der Berg in dieses Meer – na, das würd' spritzen!

26. Behandlung *gemäß seinem alten Leitspruch*

Rektion von Präpositionen

Ein Fehler, der sich immer wieder einschleicht, betrifft die Rektion von Präpositionen. Einige Präpositionen, die eigentlich den Dativ fordern, werden häufig mit dem Genitiv versehen. Falsch: **entgegen anders lautender Nachrichten, *gemäß seines alten Leitspruches, *entsprechend des von allen zu beachtenden Regelwerks, *mitsamt seines gesamten Gefolges.* Richtig: *entgegen anders lautenden Nachrichten, gemäß seinem alten Leitspruch, entsprechend* *dem von allen zu beachtenden Regelwerk, mitsamt seinem gesamten Gefolge.*

Allerdings gibt es eine Reihe von Präpositionen, die unterschiedliche Fälle regieren.

Bei einer Gruppe von Präpositionen hängt der Fall davon ab, ob es sich bei der Präpositionalgruppe um eine Lage- oder um eine Richtungsangabe handelt. Es sind dies Präpositionen wie: *an, auf, hinter, in, neben, über, unter, vor, zwischen.* Als Lageangabe (Frage: wo?) verwendet, regieren diese Präpositionen den Dativ: *Wir lungerten an der Theke herum. Gestern standen wir hart am Abgrund, heute sind wir aber einen Schritt weiter. Die Jogger liefen im Wald zwischen den Bäumen. Er stand da wie ein Ochs vorm Berg.* Als Richtungsangabe (Frage: wohin?) verwendet, regieren die gleichen Präpositionen aber den Akkusativ: *Wir setzen uns an die Theke. Die Jogger liefen in den Wald zwischen die Bäume. Der Bauer schüttete das Ganze vor die Mischmaschine.*

Bei anderen Präpositionen schwankt der Gebrauch, ohne dass ihre Funktion oder Bedeutung sich veränderten. Dazu zählen

- *außer*, normalerweise mit Dativ: *Außer dem Ring ist ihr nichts geblieben; ich bin völlig außer mir*, bei bestimmten Verben der Bewegung mit Akkusativ: *außer jede Diskussion setzen* und in festen Verbindungen auch mit Genitiv: *außer Landes gehen*
- *dank*, meist mit Genitiv: *dank seines unermüdlichen Einsatzes*, im Plural fast durchgehend Genitiv: *dank ihrer unermüdlichen Einsätze* (zu Fällen mit Dativ im Plural: *dank Einsätzen* siehe Fehler 14), häufig aber auch mit Dativ (in der Schweiz nur): *dank seinem unermüdlichen Einsatz*
- *entlang*, vor dem Substantiv mit Dativ: *entlang diesem Gedankengang*, häufig auch mit Genitiv: *entlang dieses Gedankenganges*, nach dem Substantiv mit Akkusativ: *diesen Gedankengang entlang*, ganz selten (vor allem im Schweizerischen) mit Dativ: *diesem Gedankengang entlang*
- *längs*, in der Regel mit Genitiv: *längs eines gedachten Grenzstreifens*, selten mit Dativ, meist nur dann, wenn einem Substantiv, das im Genitiv die *-[e]s*-Endung aufwiese, ein weiteres Substantiv mit *-[e]s*-Genitiv folgt oder vorausgeht. Statt: *längs des Zaunes des Gartens* oder *längs Helmuts [prächtigen] Gartens* meist: *längs dem Zaun des Gartens* oder *längs Helmuts [prächtigem] Garten*

- *zufolge*, nach dem Substantiv mit Dativ: *ihrem Argument zufolge*, vor dem Substantiv, was selten vorkommt, mit Genitiv: *zufolge ihres Arguments*
- *zugunsten, zuungunsten*, hier ist die Voranstellung üblich, dann mit Genitiv oder Anschluss mit *von*: *zugunsten Carinas, zugunsten von Carinas Konto*, nach dem Substantiv, eher selten, mit Dativ: *dem Konto Carinas zugunsten*

27. Geschäfte der *Deutschen Bank AG*

Deklination von mehrteiligen Firmennamen und von Buchtiteln u. Ä.

Mehrteilige Firmennamen sind stets zu beugen: *die Geschäfte der Deutschen Bank, die Bilanz der Badischen Anilin- & Soda-Fabrik*. Soll der Name unverändert bleiben, kann man das erreichen, indem man ihm einen entsprechenden Gattungsbegriff voranstellt: *die Geschäfte des Finanzdienstleisters Deutsche Bank, die Bilanz des Chemiekonzerns Badische Anilin- & Soda-Fabrik*.

Das Gleiche gilt für Buchtitel: *die späte Anerkennung des «Mannes ohne Eigenschaften»*.

Anmerkung: Beginnt ein Buchtitel mit einem Artikel, dem ein Adjektiv oder Partizip folgt, wie etwa: *Der kurze Brief zum langen Abschied* und fällt der Artikel aus dem Titel heraus, weil gebeugt wird, so geht die Großschreibung des Artikels auf das folgende Wort über: *Handkes Erfolg mit dem «Kurzen Brief zum langen Abschied»*.

28. Flug über Loire und Cher, über *deren* schönste Flussabschnitte und die Schlösser *derer*, die Geschichte sind

Unterschied zwischen *deren* und *derer*, starke oder schwache Deklination nach *deren*

Man kennt die Formen von *der, die, das* als bestimmte Artikel (*der Kerl, die Mütze, den Nasen*). *Der, die, das* können aber auch als Demonstrativpronomen verwendet werden: *Guck dir bloß den an!*

Allerdings unterscheiden sich die Formen des Demonstrativpronomens von denen des bestimmten Artikels. Die des Demonstrativpronomens sind:

	Maskulinum	Singular Femininum	Neutrum	Plural Maskulinum/Femininum/Neutrum
Nominativ	der	die	das	die
Genitiv	dessen	deren/derer	dessen	deren/derer
Dativ	dem	der	dem	denen
Akkusativ	den	die	das	die

Besonders interessant sind der Genitiv Singular Femininum und der Genitiv Plural, die jeweils zwei verschiedene Formen aufweisen. Als vorangestelltes Genitivattribut wird *deren* ausschließlich zurückweisend verwendet. Das heißt: Das, worauf sich *deren* bezieht, muss v o r *deren* stehen: *mit einem Flug über Loire und Cher, über deren schönste Flussabschnitte. Einige Menschen haben auf dem Gymnasium noch Latein, Hebräisch und Altgriechisch gelernt; deren Zahl wird allerdings immer geringer.* Als nachgestelltes Genitivattribut verwendet man das Demonstrativpronomen, wenn man sich auf etwas bezieht, was noch nicht erwähnt wurde. In diesem Fall wird statt *deren derer* eingesetzt: *Die Zahl derer, die Latein, Hebräisch und Altgriechisch in der Schule gelernt haben, wird immer geringer.* Zurückweisend kann *derer* auch verwendet werden, und zwar dann, wenn das Demonstrativpronomen als Genitivobjekt gebraucht wird: *Dr. Nießen entwickelte eigentlich nur dann geniale Ideen, wenn sie deren/derer dringend bedurfte. Ganz unerwartet ging ihr aber eine geradezu nobelpreisverdächtige Idee auf, obwohl sie deren/derer nun wirklich nicht bedurfte.*

Anmerkung: Übrigens hat *deren*, da es ja anstelle von etwas Substantivischem steht, keinen Einfluss darauf, ob das folgende Adjektiv stark oder schwach dekliniert wird: *durch deren in einem überaus ausgeklügelten Verfahren ermittelte und an die Parteien weitergegebene Daten*, nicht: **durch deren in einem überaus ausgeklügelten Verfahren ermittelten und an die Parteien weitergegebenen Daten.* Wenn man unsicher ist, ob stark (*ermittelte*) oder schwach (*ermittelten*) zu deklinieren ist, kann man *deren* probehalber weglassen.

29. Du und er *habt* euch wohl gewundert

Kongruenz in der Person

In der Regel weisen im Deutschen Prädikat und Subjekt eines Satzes die gleiche Person und den gleichen Numerus auf. Schwierigkeiten kann es geben, wenn das Subjekt aus Teilen zusammengesetzt ist, die sich in der Person unterscheiden. Diese Schwierigkeiten treten gern an folgenden Stellen auf:

- Person und Verb: *Ihr und ich werde/werdet/werden* (?) *darüber noch einmal nachdenken müssen.*
- Person und Possessivum: *Alexa und ich haben mein/ihr/unser* (?) *Verhältnis geklärt.*
- Person und Reflexivpronomen: *Eure Putzfrau und ich haben sich/uns* (?) *schon wieder in die Haare gekriegt.*

Dabei werden Kombinationen von Personen wie folgt zusammengefasst:

ich/wir + du = wir:
Danach haben du und wir doch noch ganz schön abgesahnt.

ich/wir + er/sie/es = wir:
Obwohl wir und er damit Erfolg hatten, ... Alexa und ich haben unser Verhältnis geklärt. Eure Putzfrau und ich haben uns schon wieder in die Haare gekriegt.

ich/wir + ihr = wir:
Ihr und ich werden darüber noch einmal nachdenken müssen.

ich/wir + sie (3. Person Plural) = wir:
Die Jungs und ich hätten uns nichts Schöneres wünschen können.

du/ihr + er/sie/es = ihr:
Trotzdem solltet du und er euch wieder vertragen.

du/ihr + sie (3. Person Plural) = ihr:
Die Turnlehrer und du werdet wohl keine Freunde mehr.

Anmerkung: Bezieht sich ein Relativpronomen auf ein Wort in der 1. (*ich/wir*) oder 2. Person (*du/ihr*), ist oft die Frage, ob das entsprechende Personalpronomen im Relativsatz noch einmal einzusetzen ist. Es wird nie wiederholt, wenn das Relativpronomen einen anderen Fall als den Nominativ aufweist: *Das kannst du mir, dessen Erfahrung bis in die Zeiten vor der Inflation zurückgeht, doch nun wirklich nicht erzählen.*

Steht das Relativpronomen aber im Nominativ, wird das Personalpronomen fast immer wieder aufgenommen, wenn der Relativsatz diesem unmittelbar folgt. Das Verb (und eventuell Reflexiv- bzw. Possessivpronomen) richtet sich in der Person nach dem Personalpronomen: *Das kannst du mir, der ich über weit bis vor die Zeiten der Inflation zurückgehende Erfahrungen verfüge, doch nun wirklich nicht erzählen.*

Wenn der Relativsatz nicht unmittelbar dem Bezugswort folgt, kann das Personalpronomen wiederholt werden oder auch nicht. Zu bedenken ist, dass sich das Verb (und eventuell Reflexiv- bzw. Possessivpronomen) in der Person nach dem Relativpronomen richtet, wenn das Personalpronomen nicht wiederholt wird: *Willst du etwa auf den moralischen Putz hauen, der du selbst nicht mit dem Blütenweiß deiner Weste prahlen darfst?* Aber: *Willst du etwa auf den moralischen Putz hauen, der selbst nicht mit dem Blütenweiß seiner Weste prahlen darf?*

30. Triumph von *Vizepräsident* Stephan Zöfelt

Unterlassung der Deklination

Damit man überhaupt weiß, welche Funktion ein Substantiv in einem Satz übernimmt, wird dieses im Deutschen gewöhnlich dekliniert. Manchmal aber auch nicht. Vor allem dann nicht, wenn

- ein schwach gebeugtes Substantiv allein oder innerhalb einer Aufzählung ohne Artikel oder Attribut steht. Würde man dennoch deklinieren, könnte die Deklinationsendung *-en* zu einer Verwechslung von Singular und Plural führen: *eine Filmcrew ohne Regieassistent; drei Dinge braucht ein rechter k. u. k. General: Adjutant, Bursche und amouröse Vergangenheit*
- ein allein stehendes singularisches Substantiv durch die Präposi-

tion *von* als Präpositionalattribut von einem Substantiv abhängig ist, das im Nominativ steht: *ein Hauch von Gedanke, eine Art von Scheinriese* (aber: *ein Hauch von einem Gedanken, eine Art von unsichtbarem Scheinriesen, eines Hauches von Gedanken, einer Art von Scheinriesen*)

- kein Artikel oder sonstiger Begleiter vor einem Titel oder einer Berufsbezeichnung steht, der/die in Verbindung mit einem Personennamen verwendet wird. Auch wenn zwei oder mehr artikel- bzw. begleiterlose Titel oder Berufsbezeichnungen vor dem Personennamen stehen, werden die Titel oder Berufsbezeichnungen nicht dekliniert: *der Fehler von Vizepräsident Kurt Vorholz, die Berechnung von Architekt Harald Heinz Feldhaus, im Sinne von Superintendent Herbert Schran, Staatsanwalt Detlev Hillers Schlappe, die fragwürdige Verehrung Kaiser Karls des Großen, Regierungssprecher Professor Unraths pfiffige Bemerkung* (aber: *der Triumph vom/des Vizepräsidenten Stephan Zöfelt, die Berechnung vom Architekten Harald Heinz Feldhaus, im Sinne von Herrn Superintendenten Herbert Schran, die Schlappe des Staatsanwaltes Detlev Hiller, die fragwürdige Verehrung des Kaisers Karl des Großen, die pfiffige Bemerkung des Regierungssprechers Professor Unrath*)

Stehen mehrere Titel oder Berufsbezeichnungen, denen ein Artikel oder anderer Begleiter vorangestellt ist, vor einem Personennamen, wird nur der/die erste dekliniert: *die Urteilsbegründung des Ersten Vorsitzenden Richters Professor Dr. Norbert Dierke, die Verfehlungen der Landtagsabgeordneten Landrätin Simone Warmke.*

Anmerkung: *Herr* wird allerdings stets dekliniert: *die Berechnung von Herrn Architekten/Architekt Harald Heinz, Herrn Regierungssprecher Professor Unraths pfiffige Bemerkung.*

In Anschriften dekliniert man Herr und den folgenden Titel. Der Titel kann zur Not aber auch undekliniert auftreten: *Herrn Superintendenten Herbert Schran* (bisweilen auch: *Herrn Superintendent Herbert Schran*).

Der Titel *Doktor* (*Dr.*) wird nie dekliniert. Auch *Fräulein* – sollte man sich trauen, diese Anrede noch zu verwenden – wird nicht dekliniert: *die seltsamen Methoden unseres Doktor Norbert Dierke, die gerechte Empörung des Fräulein Warmke.*

31. Dr. Gabor warf ein, er *habe* den Stein, um den es hier *gehe*, nicht ins Rollen gebracht

Indikativ oder Konjunktiv I in der indirekten Rede, im Komplementsatz

Die Faktizitäten richtig einzuschätzen ist nicht immer einfach. Dabei hängt es oft davon ab, ob der Indikativ oder der Konjunktiv I eingesetzt wird. Unter Faktizität versteht man eine semantische Eigenschaft (einen Bedeutungsaspekt) von Verben (und Adjektiven), die einen *dass*-Satz als direktes Objekt (Akkusativobjekt) binden können: *Vorarbeiter Willi Demmer weiß genau, dass man ihn gar nicht entlassen kann. Jeder glaubt, dass nun Schluss ist.*

Faktizität sagt etwas über die Stellungnahme des Sprechers/Schreibers zum Wahrheitsgehalt des *dass*-Satzes aus. Faktiv nennt man Verben, deren Gebrauch voraussetzt, dass der Autor vom Wahrheitsgehalt des *dass*-Satzes überzeugt ist. Das Tätigkeitswort *wissen* ist ein faktives Verb. Derjenige, der den Satz über Willi Demmer formuliert hat, ist der Überzeugung, dass der Vorarbeiter tatsächlich nicht entlassen werden kann.

Bei nichtfaktiven Verben bleibt die Stellungnahme zum Wahrheitsgehalt des *dass*-Satzes offen. Der Autor des Satzes über den Glauben daran, dass Schluss ist, lässt offen, ob tatsächlich Schluss ist oder nicht.

Ob ein Verb, das einen *dass*-Satz als direktes Objekt haben kann, faktiv ist oder nicht, kann man testen. Man kann nämlich ausprobieren, ob das infrage stehende Verb statt des *dass*-Satzes auch einen indirekten Fragesatz binden könnte – nur faktive Verben können das. Ohne Weiteres kann man bilden: *Vorarbeiter Willi Demmer weiß genau, warum er nicht entlassen werden kann.* Aber mit *glauben* funktioniert das nicht: **Jeder glaubt, warum nun Schluss ist.*

Ob Indikativ oder Konjunktiv I im Komplementsatz (Objektsatz) verwendet wird, hängt in folgender Weise von der Faktizität der Verben ab:

1. Von faktiven Verben abhängige Objektsätze mit *dass* stehen nie im Konjunktiv I. Solche Verben sind etwa: *wissen, verstehen, vergessen, entschuldigen* u.a.: *Hast du vergessen, dass du mit zur Alemannia kommen wolltest*?

2. Bei nichtfaktiven Verben werden im *dass*-Satz Konjunktiv I und Indikativ gleichberechtigt verwendet, ohne dass sich die Bedeutungen dadurch unterschieden. Solche Verben sind *behaupten, glauben, meinen, hoffen* u.a.: *Dr. Gabor behauptete, dass er den Stein nicht ins Rollen gebracht habe/hat.*
3. Einige Verben treten in einer faktiven wie in einer nichtfaktiven Bedeutung auf, etwa: *einwerfen, sagen, mitteilen, berichten, hören, sehen, fühlen* u.a. Auch hier kann im Komplementsatz der Indikativ oder der Konjunktiv I stehen – allerdings im Gegensatz zu den nichtfaktiven Verben nicht ohne einen Bedeutungsunterschied. Verwendet der Autor den Indikativ, signalisiert er, dass er die Aussage des *dass*-Satzes für wahr hält. Verwendet er den Konjunktiv I, so enthält er sich der Stellungnahme: *Dr. Gabor warf ein, dass er den Stein nicht ins Rollen gebracht hat* (= der Autor hält das, was Dr. Gabor einwirft, für wahr) / *habe* (= der Autor beurteilt den Wahrheitsgehalt von Dr. Gabors Äußerung nicht).

Werden die Objektsätze bei den Gruppen 2 und 3 nicht mit *dass* angeschlossen, sondern subjunktionslos, wird stets der Konjunktiv I verwendet: *Dr. Gabor behauptete / warf ein, er habe den Stein nicht ins Rollen gebracht.*

In der informellen Rede (seltener auch: Schreibe) wird in der indirekten Rede statt des Konjunktivs I auch der Konjunktiv II verwendet: *Dr. Gabor warf ein, er hätte den Stein nicht ins Rollen gebracht.*

Siehe auch Fehler 25.

Anmerkung: Ein Konjunktiv I im Objektsatz bewirkt Konjunktive in allen weiteren von ihm abhängigen Nebensätzen: *Dr. Gabor warf ein, dass er den Stein, um den es hier gehe, nicht ins Rollen gebracht habe.* Aber: *Dr. Gabor warf ein, dass er den Stein, um den es hier geht, nicht ins Rollen gebracht hat.*

32. Vorrat von 24 *Meter/Metern* Seide

Deklination von *Meter*

Wird *Meter* mit vorangehendem Artikelwort oder Adjektiv verwendet, muss im Dativ Plural dekliniert werden: *mit den 24 Metern Leine, von vielen Metern, von echten Metern.*

Steht kein Artikel, Pronomen oder Adjektiv, kommt es darauf an, ob das Gemessene folgt oder nicht. Folgt es nicht, wird in der Regel dekliniert: *Mit 24 Metern bekommen wir kaum eine Kollektion zusammen. Eine Breite von zehn Metern war keine Seltenheit.* Folgt das Gemessene, wird die ungebeugte, nicht selten aber auch die gebeugte Form eingesetzt: *Mit 24 Meter/Metern Seide bekommen wir kaum eine Kollektion zusammen. Erdrisse von zehn Meter/Metern Breite waren keine Seltenheit.*

33. Adressverzeichnis/Adressenverzeichnis, kindgerecht/kindergerecht

Fugenzeichen allgemein

Fast drei Viertel aller Wortzusammensetzungen im Deutschen kommen ohne Fugenzeichen aus: *Hausmaus, Grünspecht, runderneuern, seeerfahren* usw. Aber das restliche gute Viertel macht umso mehr Schwierigkeiten. Denn oft ist schwer zu entscheiden, ob Zusammensetzungen mit oder ohne Fugenzeichen zu bilden sind und – wenn mit – mit welchem. Wir können folgende Fugenzeichen unterscheiden:
-e: Hundehütte, Mausefalle, Liegewiese, Säugetier, Werdegang, mausetot usw.
-en: Bärenfell, Tatendrang, Menschenauflauf, heldenmütig usw.
-ens: Schmerzensgeld, Schmerzenslaut usw.
-er: Hühnerauge, Kinderwagen, Lichtermeer, Kleiderbügel, Rinderwahnsinn, kinderleicht usw.
-es: Jahreszahl, Landesfeind, Wegesrand, grabeskalt, siegesgewiss usw.
-n: Blumenwiese, Wiesenblume, Katzenklo, Kirchenlied, Rattenschwanz, rabenschwarz usw.
-ns: Glaubensstärke, willensschwach usw.
-s: altersschwach, lebensmüde, Einheitspartei, Bischofsmütze, Schlafenszeit, Schaffensdrang usw.
Subtraktionsfuge (hier kommt kein Buchstabe hinzu, es wird vielmehr einer – oder werden mehrere – weggelassen): *Messdiener, Münzrecht, Wollgras, sprachgewaltig* usw.

Die Fugenzeichen sind in vielen Fällen aus einem vorangestellten

Genitiv Singular entstanden: *Landesvater* aus *des Landes Vater*, *Hirtenstab* aus *des Hirten Stab*. Oft spielt auch eine pluralische Bedeutung eine Rolle: *Hirtenvolk* (= Volk von Hirten), *Räderwerk* (= Werk aus Rädern), *Häuserkampf* (= Kampf um Häuser).

Aber im Laufe der Sprachentwicklung haben sich die Zusammensetzungen mit Fugenzeichen weitgehend von den vormals zugrunde liegenden syntaktischen Konstruktionen gelöst. Sie werden einfach musteranalog gebildet. So etwa *Liebesheirat*, obwohl *Liebe* gar kein Genitiv-*s* aufweist, *Schweinebraten*, obwohl der Hunger selten für mehrere Schweine reicht, oder andersherum *Freundeskreis*, obwohl der kaum aus nur einem Freund bestehen dürfte.

Die Regelmäßigkeiten der Wortbildung mit Fugenzeichen dürfen als nur der Tendenz nach erforscht gelten. Daher können Regeln, die praktisch handhabbar sind, kaum angegeben werden – am ehesten noch zum Fugen-*s* (siehe Fehler 4). Hier konsultiere man in Zweifelsfällen besser ein Wörterbuch seines Vertrauens.

Einige Einzelfälle sind häufige Fehler- oder doch zumindest Unsicherheitsursache:

Adress-/Adressen-: Üblicherweise wird mit dem Bestimmungswort *Adressen-* zusammengesetzt: *Adressenbuch, Adressenliste, Adressenänderung, Adressenverzeichnis*. Die Bezeichnung *Adressbuch* für das amtliche Einwohnerverzeichnis hat sich aus früheren Zeiten herübergerettet. In der Schweiz allerdings wird durchaus noch mit *Adress-* zusammengesetzt: *Adressänderung, Adressliste*.

Kind-, Kinds-, Kindes-, Kinder-: Verbindungen mit *Kind-, Kinds-* und *Kindes-* sind eher selten. Es heißt: *Kindbett, Kindfrau, kindlich, kindgemäß*. Die Wortbildung schwankt bei: *Kindtaufe/Kindstaufe, kindgerecht/kindergerecht*. Es heißt: *Kindskopf, Kindstod*. Die Wortbildung schwankt bei: *Kindsmord/Kindesmord, Kindsmutter/Kindesmutter*. Es heißt: *Kindesalter, Kindesbeine, Kindesliebe, Kindesmisshandlung, Kindesentführung*. Die allermeisten Zusammensetzungen aber werden mit *Kinder-* gebildet. Nur einige Beispiele: *Kinderarbeit, Kinderarzt, Kinderdorf, Kindergarten, Kindergeld, Kinderkram, Kinderlähmung, Kinderschänder, Kinderzimmer* usw.

Rasse-, Rassen-: Bei Zusammensetzungen mit *Rasse-* geht es um (Rein-)Rassigkeit von Lebewesen: *Rassehund, Rassepferd, rasserein*. In anderen Bedeutungen wird mit *Rassen-* zusammengesetzt: *Rassengemisch, Rassenhass, Rassentrennung* u. a.

Rind-, Rinder-, Rinds-: Ohne Fugenzeichen schreibt man: *Rindfleisch, Rindvieh.* Die Wortbildung schwankt bei: *Rindleder/Rindsleder, rindledern/rindsledern.* Bei einigen Zusammensetzungen schwankt die Wortbildung zwischen Fugen-*s* und Fugen-*er.* Dabei wird das Fugen-*er* vornehmlich in Norddeutschland verwendet, während das Fugen-*s* eher in Süddeutschland, Österreich und der Schweiz anzutreffen ist: *Rinderbraten/Rindsbraten, Rindertalg/Rindstalg, Rinderzunge/Rindszunge.*

Schokolade-, Schokoladen-: Man kann Zusammensetzungen mit *Schokolade* als Bestimmungswort sowohl ohne Fugenzeichen bilden als auch mit Fugen-*n*: *Schokoladeeis/Schokoladeneis, Schokoladeseite/Schokoladenseite, schokoladebraun/schokoladenbraun* u. a. Die Zusammensetzungen mit *Schokoladen-* sind üblicher.

Stern-, Sternen-: Die Zusammensetzungen mit *Stern*, die aus den Bereichen der Astronomie und der Astrologie stammen, werden fast durchgehend ohne Fugenzeichen gebildet: *Sternbild, Sterndeuter, Sternhaufen, Sternschnuppe, Sternsystem, Sternwarte, Sternzeit.* Ebenfalls ohne Fugen-*en* gebildet werden übertragene Bedeutungen: *Sternfahrt, sternförmig, Sternfrucht, sternhagelvoll, Sternsingen, Sternstunde.* Mit Fugen-*en*: *Sternenbanner.* Auch Ausdrücke gehobener bis literarischer Sprache haben das Fugenzeichen: *Sternenlicht, sternenwärts, Sternenzelt, Sternenhimmel, Sternenschein.* Die Wortbildung schwankt bei: *sternhell/sternenhell, sternklar/sternenklar.*

tadel-, tadelns-, tadels-: Ohne Fugenzeichen gebildet werden: *tadelhaft, tadelsüchtig, tadellos, Tadelsucht.* Mit Fugen-*s*: *tadelnswert, tadelnswürdig, Tadelsantrag, Tadelsvotum.* Die Wortbildung schwankt bei: *tadelsfrei/tadelfrei.*

Wald-, Waldes-: In der Regel weisen Zusammensetzungen mit *Wald-* kein Fugenzeichen auf: *Waldarbeiter, Waldboden, Walderdbeere, Waldfrevel, Waldgrenze, Waldschenke, Waldschrat, waldarm, waldlos, waldreich* usw. Mit Fugen-*es* allerdings: *Waldesdunkel, Waldeslust, Waldesrauschen.* Die Wortbildung schwankt bei: *Waldsaum/Waldessaum, Waldrand/Waldesrand.*

34. Bei allem *guten/gutem* Willen – so geht das nicht

Starke oder schwache Deklination nach Artikelwörtern bzw. artikelwortnahen Adjektiven

Vor mancher schwierigen Frage steht man, wenn es darum geht, ob nach einem Artikelwort bzw. artikelwortnahen Adjektiv stark oder schwach zu deklinieren ist. Denn das ist von Fall zu Fall unterschiedlich, und oft auch von Kasus zu Kasus und von Numerus zu Numerus: Das ist alles andere als übersichtlich. Wie sieht das nun im Einzelnen aus?

Das sich anschließende Adjektiv oder Partizip wird nach

- *alle* meist schwach dekliniert: *bei allem guten Willen, aller unbestechlichen Beamten.* Die starke Deklination kommt vor: *bei allem gutem Willen*, ist aber selten. Nur im Nominativ Singular Maskulinum wird häufiger stark dekliniert: *aller verwerflicher Unfug, aller übertriebener Aufwand*
- *andere* in der Regel stark dekliniert: *anderer verfügbarer Ergebnisse, andere wahnsinnige Erfahrungen.* Im Dativ Singular Maskulinum und Neutrum wird jedoch meist schwach dekliniert: *nach anderem köstlichen Käse, mit anderem witzigen Programm*
- *beide* meist schwach dekliniert: *beide schönen Hunde.* Im Genitiv Plural wird genauso häufig stark dekliniert: *beider maulbrütender / maulbrütenden Buntbarsche*
- *einige* stark dekliniert: *einiger abzusehender* (seltener auch schwach: *abzusehende*) *Schaden, einiges lächerliches* (seltener auch schwach: *lächerliche*) *Getue, mit einiger zusätzlicher Anstrengung, einige verblüffte Gutachterinnen, einiger verwelkter Blumen.* Im Dativ Maskulinum und Neutrum wird allerdings die schwache Deklination deutlich bevorzugt: *mit einigem moralischen Elan bei allem berechtigten Interesse.*
- *etliche* überwiegend stark dekliniert: *etliche atemberaubende Ausblicke*
- *irgendwelche* ebenso häufig stark wie schwach dekliniert: *irgendwelches unzusammenhängendes/unzusammenhängende Gefasel, irgendwelche blasse/blassen Gestalten*
- *manche* im Singular schwach dekliniert: *mancher elegante Gedanke*, während im Nominativ und Akkusativ Plural ebenso

häufig stark wie schwach gebeugt wird: *manche schwierige/schwierigen Fragen* und im Genitiv Plural stark: *mancher langer Radtouren*

- *mehrere* stark dekliniert: *mehrere nachhaltige Verbesserungen.* Allerdings wird im Genitiv Plural gleich häufig schwach wie stark dekliniert: *trotz mehrerer verpatzter/verpatzten Vorstellungen*
- *sämtliche* in der Regel stark dekliniert: *sämtlicher wahrer Unsinn, sämtlicher möglicher Fragen.* Nur im Nominativ und Akkusativ Plural wie auch im Nominativ und Akkusativ Singular Neutrum wird häufig schwach dekliniert: *sämtliche geometrischen/geometrische Konstruktionen, sämtliches gefakte/gefaktes Infomaterial*
- *solche* in der Regel schwach dekliniert: *solcher nicht zu verachtende Einsatz, solchem verfügbaren Kapital, solcher reizvollen Geschichten.* Nur im Nominativ und Akkusativ Neutrum Singular und im Genitiv Plural wird häufig auch stark dekliniert: *solches schweres/schwere Geschütz*, solcher *dummen/dummer Einwände*
- *viele* im Singular unterschiedlich dekliniert. Im Nominativ und Akkusativ Neutrum wie auch im Dativ Maskulinum und Neutrum wird in der Regel schwach dekliniert: *vieles dumme Zeug, vielem verstaubten Mobiliar.* Im Nominativ Maskulinum wie auch im Genitiv und Dativ Femininum wird dagegen in der Regel stark gebeugt: *vieler übertriebener Ehrgeiz, mit vieler uneigennütziger Hilfe.* Durchgehend stark wird im Plural dekliniert: *viele verwertbare Rohstoffe, vieler abgerissener Fahrscheine*
- *welche* in der Regel schwach dekliniert: *welches heitere Zirpen,* nur im Genitiv Plural häufig auch stark: *welcher staunenden/staunender Novizen*
- *wenige* meist stark gebeugt: *weniger ausgesuchter Kram.* Ausnahmen sind der Dativ Singular Maskulinum und Neutrum, die schwach dekliniert werden: *mit wenigem krassen Witz, bei wenigem wertlosen Katzengold*

Anmerkung: Bei gelegentlich auftretenden endungslosen Formen (*manch, solch, viel, welch, wenig*) wird das folgende Adjektiv (Partizip) stets stark dekliniert: *manch dummer Fehler, solch lukrative Aufträge, viel erhellender Geist, welch herrlicher Rappe, wenig Brauchbares.*

Bei Artikelwörtern, nach denen das folgende Adjektiv schwach zu deklinieren ist, wird diese schwache Deklination manchmal auf die Formen des Demonstrativums oder Possessivums übertragen. Das ist falsch. Also nicht: **alle seinen hilfreichen Bemerkungen*, sondern: *alle seine hilfreichen Bemerkungen*.

Nach dem Partizip *folgend* wird im Nominativ, Akkusativ und Genitiv Plural sowie im Nominativ Singular Maskulinum weit überwiegend stark dekliniert: *folgende schöne Gedanken, folgender kreativer Schreibungen, folgender lässlicher Verfehlungen, folgender komplizierter Algorithmus*, im Dativ und Genitiv Singular Femininum sowie Nominativ und Akkusativ Singular Neutrum etwas mehr stark als schwach dekliniert: *folgender hochkomplizierter/hochkomplizierten Rechnung, folgendes ausgetüfteltes/ausgetüftelte Verfahren*. Im Dativ Singular Maskulinum und Neutrum wird im Allgemeinen schwach dekliniert: *nach folgendem exakten Ablaufplan, gemäß folgendem ausgereiften Konzept*.

35. Das war die *optimale* Lösung und die *einzige*, die zu unserer *vollen/vollsten* Zufriedenheit ausfiel

Superlativ von absoluten Adjektiven

Einige Adjektive sind in der Regel nicht steigerbar. Dazu zählen

- absolute Adjektive wie: *achteckig, blind, ganz, mündlich, remis, sterblich, tot* u. ä.
- Adjektive, deren Bedeutung schon den höchsten Grad impliziert, wie: *erstklassig, maximal, minimal, optimal, total, universell, voll* u. ä.
- Adjektive, die ausschließlich attributiv auftreten, wie: *der gestrige Fauxpas, dortige Verhältnisse, das einstige Gasthaus* u. ä. (Normalerweise können Adjektive in drei Funktionen auftreten, und zwar als Attribut: *schönes Wetter*, als Artergänzung oder Teil des Prädikates in Sätzen mit Kopulaverben wie *sein, werden, bleiben*: *Das Wetter ist schön* oder adverbial: *Das hast du schön gemacht*.)
- Adjektive, die ausschließlich als Artergänzung bzw. als Teil des Prädikates auftreten, wie: *Die Geschwister waren damit quitt. Ihre Zeit als Kanzlerin ist passé*.
- Adjektive, deren Bedeutung durch ein Bestimmungswort bereits

verstärkt ist, wie: *blutjung, blütenweiß, rabenschwarz, stinkfaul, stinkreich* u. ä.

- Adjektive, deren Bedeutung ein Fehlen oder eine Negation umfasst, wie: *bargeldlos, nichtig, unrettbar, unsagbar, sinnlos* u. ä.
- Zahladjektive wie: *achtfach, einzig, einmalig, halb* u. ä.

Absolute Adjektive und solche, die schon im Positiv den höchsten Grad ausdrücken, werden aus rhetorischen Gründen gelegentlich dennoch gesteigert: *zur vollsten Zufriedenheit; die toteste Gegend, die man sich vorstellen kann; ein Stürmer blinder als der andere.*

Werden Adjektive, die schon im Positiv den höchsten Grad bezeichnen, ausdrücklich vergleichend verwendet, ist eine Steigerung möglich: *Dein Glas ist voller als meines. Das leerste Stadion von allen.*

Es ist immer zu beachten, ob solche an sich unsteigerbaren Adjektive nicht in einem übertragenen Sinn verwendet werden. Dann kann es mit der Steigerbarkeit ganz anders aussehen. Man vergleiche dazu *das eiserne Gefährt*, das wirklich nicht **eiserner sein könnte* oder gar **eisernst*, mit *eisernem Fleiß*, der durchaus als *eisernst* vorstellbar wäre.

Partizipien werden meist nicht gesteigert: *die lobende Erwähnung, die jagende Meute, der entgangene Lohn* usw.

Allerdings wächst Partizipien im Vergleich zum Ursprungsverb bisweilen eine andere (oft übertragene) Bedeutung zu. Das hat dann öfter Steigerbarkeit zur Folge: *noch gewagtere Dessous, weitaus reißendere Wasser, blühendste Landschaften, strahlendere Farben, das reizendste und begabteste Mädchen der ganzen Clique* usw.

Anmerkung: Die beliebte Arbeitszeugnisformulierung *zur vollsten Zufriedenheit* ist nicht nur grammatisch-rhetorisch, sondern wohl auch rechtlich umstritten.

36. Tendenz der *Deutschen-Bank-Aktien/ Deutsche-Bank-Aktien*

Adjektiv in zusammengesetztem Substantiv

Gerade für den Feinschmecker dürfte es nicht ganz unwichtig sein, zwischen einer *dicken Bohnensuppe*, einer *Dicke-Bohnen-Suppe* und gar einer *dicken Dicke-Bohnen-Suppe* zu unterscheiden.

Es ist weithin bekannt, dass eine Zusammensetzung nicht mit einem Adjektivattribut verbunden werden darf, das sich von der Bedeutung her eindeutig auf den ersten Bestandteil des Kompositums bezieht. Daher ist der Ausdruck *kleines Kindergeschrei* unpassend, weil ja meist die Kinder klein sind, das Geschrei aber groß. Hier wäre *das Geschrei kleiner Kinder* angebrachter.

Dennoch sind einige dieser «falschen» oder missverständlichen Fügungen anerkannt in den Bestand unserer Sprache eingegangen, etwa: *die deutsche Staatsangehörigkeit, die deutsche Sprachwissenschaft, das Bürgerliche Gesetzbuch, das geheime Wahlrecht*. Eigentlich ist ja der Staat deutsch, nicht die Angehörigkeit, und das Gesetz bürgerlich, nicht das Buch, und die Wahl geheim, nicht das Recht. Und die deutsche Sprachwissenschaft? Geht es hier um die Wissenschaft von der deutschen Sprache oder um die deutsche Wissenschaft von der Sprache oder gar um die deutsche Wissenschaft von der deutschen Sprache?

Wenn wir solche Beziehungsprobleme vermeiden wollen und statt *dicke Bohnensuppe* korrekt *Dicke-Bohnen-Suppe* schreiben (weil wir Suppe von dicken Bohnen meinen), handeln wir uns aber wieder andere Probleme ein. Man fragt sich: Wird das Adjektiv in solchen Durchkoppelungen mitdekliniert? Und wie sieht es mit starker oder schwacher Adjektivdeklination aus? Heißt es also: *der Geschmack von Dicke-Bohnen-Suppe* oder: *der Geschmack von Dicker-Bohnen-Suppe* (*dick* hier stark dekliniert)? Und geht auch: *der Geschmack von der Dicken-Bohnen-Suppe* (*dick* hier schwach dekliniert)? Meist wird all dies akzeptiert, wobei die Grammatiken und Sprachratgeber meist die Versionen mit dekliniertem Adjektiv (*von Dicker-Bohnen-Suppe / von der Dicken-Bohnen-Suppe*) als umgangssprachlich bezeichnen.

Und was wäre mit einem Ausdruck wie: *mit der dicken Dicke-Bohnen-Suppe/Dicken-Bohnen-Suppe*? Auch hier müsste man wohl beides durchgehen lassen.

Aber Vorsicht: Zu viel von der dicken Dicke-Bohnen-Suppe könnte Blähungen und Unwohlsein verursachen. Dann bedürfte man möglicherweise der Hilfe einer *Rote-Kreuz-Schwester* bzw. *Roten-Kreuz-Schwester.* (Oder vielleicht einfach der Hilfe einer *Rotkreuzschwester*?)

37. Aufnahme *in der/die Ruhmeshalle*

Rektion bei Verben mit Präpositionalergänzung

Bei *aufbauen auf* wird meist der Dativ verwendet (Frage: wo?): *Aufbauend auf der Annahme einer florierenden Wirtschaft investieren wir in Cottbus.*

Nach *aufnehmen in/unter* kann dagegen sowohl der Dativ (Frage: wo?) als auch der Akkusativ (Frage: wohin?) stehen. Der Akkusativ wird allerdings häufiger verwendet: *Die Firma wurde in dieses Adressenverzeichnis aufgenommen.* Etwas seltener: *Die Firma wurde in diesem Adressenverzeichnis aufgenommen.*

Oft jedoch ist ausschließlich einer der beiden Fälle möglich. Welcher, hängt dann von der mitschwingenden Bedeutung ab. So vermittelt der Akkusativ in der Regel eine innige Zugehörigkeit: Das Aufgenommene geht quasi auf im Aufnehmenden: *Ob ihr je in irgendeine Ruhmeshalle aufgenommen werdet? Wir nehmen dich gern als Schwiegersohn in unsere Familie auf. Die Mescaleros nahmen Old Shatterhand in die eigenen Reihen auf.* Weniger innig, eher formal ist die Aufnahme, wenn der Dativ sie übernimmt: *Wir nehmen Sie gern als Feriengast in unserer Familie auf. Die Patientin wird in den Städtischen Krankenanstalten aufgenommen.*

38. Wiedersehen *in bestem / im besten* Einvernehmen

Gebrauch des Artikels bei der Präposition *in*

Manche Verschmelzungen sind so innig, dass nicht auf den ersten Blick klar wird, was da genau womit verschmolzen ist. Handelt es sich bei *im* um eine Verschmelzung von Präposition und bestimmtem Artikel: *in dem* oder um eine von Präposition und unbestimmtem Artikel: *in einem*? In der Regel wird *im* verstanden als *in dem*.

Insofern kann man bei Fügungen mit *in* eine eher allgemeine Bedeutung heraushören, bei Fügungen mit *im* eine bestimmtere. Mit dem Satz: *Die Fabrik befindet sich noch in Familienbesitz* würde demnach der feinsinnige Autor eher arbeiten, wenn er lediglich sagen will, dass sich die Fabrik im Besitz irgendeiner Familie befindet – welche das auch immer sein mag. Den Satz mit der Verschmelzung *im*: *Die Fabrik befindet sich noch im Familienbesitz* würde er verwenden, wenn er ausdrücken möchte, dass die Fabrik im Besitz einer ganz bestimmten Familie ist. Das gilt besonders, wenn die Familie genannt wird: *Die Unternehmerin Frau Dr. Lukrezia Bodden ist stolz darauf, dass die Fabrik sich noch im Familienbesitz* (= im Besitz der Familie Bodden) *befindet*. Ähnlich: *in Urlaub sein* = allgemein: nicht arbeiten, *im Urlaub sein* = *in einem bestimmten* (z. B. seinem) *Urlaub sein*.

Das sind dann schon sehr feine Unterschiede. Meist werden beide Varianten als austauschbar empfunden: *in/im Hinblick, in bestem / im besten Einvernehmen, in/im Bau sein, in/im Umlauf sein* usw.

Bei Stoffbezeichnungen wird *in* bevorzugt (ohne dass *im* völlig falsch wäre): *in Schmalz anbraten, in heißem Öl sieden, in Salz einlegen, in Wasser auflösen* usw.

Anmerkung: Zu beachten ist, dass in Redewendungen der Einsatz von *in* oder *im* oft festgelegt ist: *in Anbetracht, in Betreff, in Bezug, imstande sein* usw.

39. Auftrag für den *Boten Karls des Großen*

Deklination von mehrteiligen Personennamen

Die Deklination von mehrteiligen Personennamen ist nun wirklich nicht ohne. Man muss genau darauf achten, wie diese Wortgruppen aufgebaut sind.

Vorname(n) + Familienname

Bei Wortgruppen aus Vorname(n) und Familiennamen werden stets nur die Familiennamen dekliniert: *Edgar Stäubers Machenschaften, Rainer Maria Rilkes Panther-Gedicht, Garri Kasparows geniales politisches Bauernopfer*.

Mehrere Vornamen (aber kein Familienname)

Bei mehreren Vornamen ohne Familienname wird nur der letzte Vorname dekliniert: *Eva Marias Führungsqualitäten, Karl Gustavs entscheidender Gewinn, Edgar Allans gut verkaufte Romane*.

Aber Achtung: Wird bei Kaiser-, Königs- oder Fürstennamen ein Vorname gezählt, wird dieser dekliniert, auch wenn ein weiterer folgt: *das Ende Gustavs II. Adolfs.*

Vorname(n) + Präposition + Familienname

Bei Wortgruppen aus Vorname(n) und Präposition (*von, zu, van, de, ten*) und Familienname wird in der Regel – wie sonst auch – der Familienname dekliniert: *das Veto Wolff von Amerongens, die Briefsammlungen Bettina von Arnims, Adrianus Franciscus Theodorus van der Hejdens Säuferroman, Cees ten Roerens Schlittschuh, Ronald de Boers Freistoßtor.*

Hat jedoch der Aspekt Ortsname größeres Gewicht, wird der Vorname dekliniert: *das Pommernspektakel Ottos von Bamberg, die Bedenken Annelieses zu Halle, etliche Minnelieder Walthers von der Vogelweide.*

Steht allerdings der Ortsname unmittelbar vor dem dazugehörenden Substantiv, wird auch manchmal der Ortsname dekliniert: *Otto von Bambergs Pommernspektakel* (neben: *Ottos von Bamberg Pommernspektakel*), *Anneliese zu Halles Bedenken* (neben: *Annelieses zu Halle Bedenken*), *Walther von der Vogelweides Minnelieder* (neben: *Walthers von der Vogelweide Minnelieder*).

Substantiv [+ Vorname(n)] + Familienname

Bei einer Wortgruppe aus artikellosem Substantiv und Namen wird nur der Name dekliniert: *Tante Claires Knie, die Schlächtereien Kaiser Karls, die innere Linie König Friedrichs II., Ingenieur Hillebrands hervorragende Berechnungen, Bundestagspräsidentin Annemarie Rengers mahnende Worte.*

Allerdings nicht so bei *Herr* und substantivierten Partizipien: *Herrn Profallas unvermeidliche Einschätzungen, Bundestagsabgeordneten Fischers beleidigende Wortmeldungen.*

Artikel/Artikelwort [+ Adjektiv(e)/Partizip(ien)] + Substantiv [+ Vorname(n)] + Name

Bei Wortgruppen, die aus Artikel/Artikelwort, eventuell Adjektiv/Partizip, Substantiv und Name bestehen, wird das Substantiv (also die Verwandtschafts-, Berufsbezeichnung, der Titel, Rang usw.) dekliniert, nicht aber der Name: *das Knie meiner Tante Claire, die Schlächtereien des Aachener Kaisers Karl, die innere Linie des berüchtigten Königs Friedrich II., die hervorragenden Berechnungen des Ingenieurs Hillebrand, die mahnenden Worte der Bundestagspräsidentin Annemarie Renger.*

Eine der beiden letzten Wortgruppen + Apposition

Folgt einer der letzten beiden Wortgruppen eine Apposition, steht diese im gleichen Kasus wie der deklinierte Teil dieser Wortgruppe: *bei Ludwig dem Frommen; der Bote [Kaiser] Karls des Großen / der Bote des Kaisers Karl des Großen; für Architekt Aalen, den Angeber / für den Architekten Aalen, den Angeber.*

Besonderheiten

Der Titel *Doktor* (*Dr.*) und die Anrede *Fräulein* werden grundsätzlich nicht dekliniert: *einige Arbeiten des verehrten Doktor Gatzeschneider, die Schamesröte deines Fräulein Wandmeier.*

Mehrere Substantive [+ Vornamen(n)] + Familiennamen

Bei einer Wortgruppe aus zwei oder mehr artikellosen Substantiven und einem Namen wird nur der Name dekliniert: *Akademischer Rat Diplomingenieur Dittmars Planungen, Ratsherr Professor Pillengrams Einspruch.*

Artikel/Artikelwort [+ Adjektiv(e)/Partizip(ien)] + mehrere Substantive [+ Vorname(n)] + Familiennamen

Bei Wortgruppen, die aus Artikel/Artikelwort, eventuell Adjektiv/Partizip, mehreren Substantiven und Name bestehen, wird in der Regel nur das erste Substantiv (also die erste Verwandtschafts-, Berufsbezeichnung, der erste Titel, Rang usw.) dekliniert, nicht aber das/die folgende(n) und der Name: *der reizende Einfall des Intendanten Magister Michael Schönhuber, die Beanstandungen des Bauleiters Oberingenieur Marxer.*

Wenn eine solche Wortgruppe mit *Herr* beginnt, wird auch das folgende Substantiv dekliniert (obwohl es dann das zweite Substantiv ist): *der reizende Einfall des Herrn Intendanten Magister Michael Schönhuber.*

Zudem werden substantivierte Partizipien in solchen Wortgruppen immer dekliniert, egal, an welcher Stelle sie stehen: *der Werdegang des Herrn Zentralkomitee-Vorsitzenden Bischof Dr. Luvfrau.*

Vgl. auch Fehler 17.

40. Die Führung der *CDU/CSU, das Schlimmste befürchtend / das Beste hoffend,* begab sich in Klausur

Leerschritt vor und nach dem Schrägstrich?

Macht man nun Leerschritte vor und nach dem Schrägstrich oder nicht? Schwer zu sagen. Denn weder in der offiziellen Rechtschreibregelung noch in der DIN 5008 ist darüber etwas dargelegt. Duden empfiehlt, in der Regel keinen Leerschritt zu machen. Was aber heißt «in der Regel»? In den Duden-Werken selbst findet man durchaus häufig auch einen Leerschritt. In der offiziellen Regelung wird immer ohne Leerschritt geschrieben (allerdings gibt es da lediglich Beispiele, in denen auf beiden Seiten des Schrägstrichs jeweils nur ein Wort zur Disposition steht). Diesem Vorgehen schließt sich der Duden, Bd. 1, der Rechtschreib-Duden, an wie auch die DIN 5008 in ihren drei Beispielen unter dem Stichwort «Schrägstrich». Auch im erläuternden Text der DIN 5008 kommt der Schrägstrich immer ohne Leerschritte vor (allerdings gibt es auch hier nur Beispiele, in denen auf beiden Seiten des Schrägstrichs jeweils lediglich ein Wort zur Disposition steht). Beim Schrägstrich als Bruchstrich tritt in der DIN 5008 allerdings sowohl die Schreibung mit als auch ohne Leerschritte auf, ebenso bei alphanumerischen Zeichen (Kundennummern, Vorgangszeichen etc.). Für den bei Zustellangaben, die Gebäudeteil, Stockwerk oder Wohnungsnummer umfassen, üblichen doppelten Schrägstrich werden sogar explizit Leerschritte gefordert.

Hier ein Vorschlag zur Güte: Bei abgekürzten Einheiten sollte man den Schrägstrich stets ohne Leerschritte verwenden: *km/h*, *l/m²*, *J/s* usw. Ansonsten ist es hilfreich zu unterscheiden, ob die beiden Alternativen, die durch den Schrägstrich geschieden werden, jeweils nur aus einem Wort bestehen oder ob mindestens eine der beiden Alternativen aus mehr als einem Wort besteht. Bestehen beide Alternativen aus einem Wort, wird man auf Leerschritte verzichten: *das Doppel Krawietz/Mies, die Führung der CDU/CSU.* Besteht aber mindestens eine der Alternativen aus mehr als einem Wort, bietet es sich an, vor und hinter dem Schrägstrich jeweils einen Leerschritt einzufügen. Denn bei dieser Variante ist die Verwirrung darüber, über wie viele Wörter sich nun die durch den Schrägstrich angezeigte Alternative erstreckt, weniger stark, als sie es ohne Leerschritte wäre: *das Doppel Kevin Krawietz / Andreas Mies, … als wir – das Schlimmste befürchtend / das Beste hoffend – in den Saal traten …*

41. Lehrerinnen *von unter 30 Jahren,* die also *unter 30 Jahre* alt sind

Rektion von *unter* und *über*

Normalerweise treten *unter* und *über* als Präpositionen auf. Sie regieren den Dativ, wenn man «wo?» fragt: *Das Ergebnis liegt über dem Durchschnitt. Ihr Sozialverhalten ist ja wirklich unter aller Kanone! Wohnen Sie unter den beiden Lehrerinnen?* Sie regieren den Akkusativ, wenn man «wohin?» fragt: *Lassen Sie uns doch über die Ebenen reiten. Das geht jetzt aber unter die Gürtellinie! Wie konntest du nur unter die Lehrerinnen geraten?*

Manchmal aber regieren *über* und *unter* gar nichts. Dann werden diese Wörter nämlich nicht als Präpositionen, sondern als Adverbien verwendet: *Immerhin gehörst du dann ja zu der exklusiven Gruppe der Lehrerinnen von unter 30 Jahren. Es gibt in unseren Gymnasien nämlich gar nicht allzu viele Lehrerinnen, die unter 30 Jahre alt sind.* Im ersten Satz verdankt sich der Dativ *Lehrerinnen* nicht dem Wort *unter*, sondern der Präposition *von*, die den Dativ fordert. Auch im zweiten Satz regiert *unter* nichts. In beiden Fällen kann man das dadurch testen, dass man das Wort *unter* versuchsweise weglässt: Es bleibt ein grammatisch korrekter Satz übrig: *Es gibt in unseren Gymnasien nämlich nicht allzu viele Lehrerinnen, die 30 Jahre alt sind.* Das würde in den ganz oben genannten Beispielen nicht funktionieren, da dort *unter* und *über* als Präpositionen auftreten, etwa: **Wie konntest du nur die Lehrerinnen geraten?*

42. An *das* Glashaus GmbH

Kongruenz bei Firmennamen

Zusätze in Firmennamen wie *AG, eG, GmbH, KG, OHG* u. Ä. gelten als Bestandteile des Namens. Daher steht zwischen Firmennamen und Zusatz auch kein Komma: *Aachener Bank eG, Hella KG, Swiss Re Germany AG, Trommsdorff GmbH & Co.*

Numerus und Genus (Zahl und Geschlecht) werden in der Regel vom Grundwort des mehrteiligen Firmennamens bestimmt, nicht vom Zusatz. Genus: *an das Glashaus GmbH, die Bilanz des Hüttenwerks Breinig AG*. Numerus: *Die Rheinischen Nadelwerke KG und Co. stehen vor der Insolvenz. Der überraschende Erfolg bescherte den Allgemeinen Versicherungen AG etliche unerwünschte Nachahmer*. Es gibt aber Ausnahmen: *Die Stadtwerke Essen AG unterstützt die Kita «Kleine Kumpels»*.

Bisweilen ist jedoch der Zusatz so in den Namen eingebunden, dass er zum Grundwort des Firmennamens wird. In diesen Fällen ist dann der Zusatz für Genus und Numerus ausschlaggebend. Genus: *die Geschäftsstrategie* **der** *Abfall-und-Altöl-Gesellschaft mbH & Co. OHG, der Output* **der** *INPUTgesellschaft für empirische Forschung und Marketing in der Medizin mbH*. Numerus: ***Der*** *Sächsische-Mühlen-Gesellschaft mbH wird ein vorzügliches Personalmanagement nachgesagt*.

Firmennamen, die aus mehreren Personennamen (etwa Nachnamen) bestehen wie *Mendel & Seuchen, Mendel, Seuchen & Wurz* oder *Mendel & Partner*, können sowohl singularisch wie auch pluralisch aufgefasst werden. Daher kann ein Verb, das sich auf einen solchen Firmennamen als Subjekt bezieht, sowohl im Singular als auch im Plural stehen: *Mendel & Seuchen schreiben/schreibt wieder schwarze Zahlen*. (Im Sinne von: *Die Geschäftsleute Mendel und Seuchen schreiben wieder schwarze Zahlen* oder aber im Sinne von: *Das Unternehmen Mendel & Seuchen schreibt wieder schwarze Zahlen*.)

43. Das habe ich kommen *gesehen/sehen*

Infinitiv als Ersatz für das Partizip II

In der Regel benötigt man im Deutschen, um die Perfektzeiten (Perfekt, Plusquamperfekt und Futur II) zu bilden, das Partizip II (auch: 2. Partizip, Partizip Perfekt Passiv): *ich habe gedacht, sie hatte gelacht, ihr werdet gewonnen haben.*

Doch bei einigen Verben mit *haben*-Perfekt wird das Partizip II durch den Infinitiv ersetzt, allerdings nur dann, wenn sie mit einem weiteren Infinitiv verbunden sind: *Du hast das nicht erledigen können.* Aber: *Du hast das nicht gekonnt.*

Immer wird das Partizip II in den Perfektzeiten durch den Infinitiv ersetzt bei den Modalverben *dürfen, können, mögen, müssen, sollen, wollen*, wenn diese mit einem weiteren Infinitiv verbunden sind, und auch das Verb *brauchen* tut dies: *Das hat Rachel gar nicht mal denken können. Ihnen wurde klar, dass sie die Aktien nicht hatten verkaufen dürfen. Diesen Zusammenhang hat mir Andrea nicht erst groß zu erklären brauchen.*

Überwiegend durch den Infinitiv ersetzt wird das Partizip II bei den Verben *heißen* (= auffordern, befehlen), *lassen* (wenn es mit a. c. i. steht, vgl. Fehler 68) und *sehen*: *Das habe ich kommen sehen* (seltener: *gesehen*). *Cäsar hat die Atuatuker nicht entkommen lassen. Der Tycoon hatte die Chairmen abstimmen heißen* (auch: *geheißen*).

Bei *lassen* wird neben dem Ersatzinfinitiv besonders dann auch das Partizip II eingesetzt, wenn es sich um eine übertragene Bedeutung handelt: *Die Trapezartistin hat ihren Partner einfach wie einen begossenen Pudel stehen gelassen/lassen. Hatte damals der Ministerpräsident seinen Justizminister fallen gelassen/lassen oder nicht?*

Sowohl mit dem Partizip II als auch mit dem Ersatzinfinitiv bilden die Verben *fühlen, helfen* und *hören* die Perfektzeiten: *Die sensible Grabungsleiterin hatte die Katastrophe nahen fühlen/gefühlt. Dr. Brandenburg hat uns das Produkt Erfolg versprechend am Markt platzieren helfen/geholfen. Wir werden das Gras haben wachsen hören. / Wir werden das Gras wachsen gehört haben.*

Eine Besonderheit ist der Infinitiv Perfekt. Hier tritt das Partizip II in einem bestimmten Fall selbst bei den Verben wieder auf, die es sonst grundsätzlich durch den Infinitiv ersetzen. Dieser Fall tritt ein, wenn *haben* am Ende der Infinitivgruppe steht: *Hinterher kannst du natürlich leicht behaupten, das alles kommen gesehen zu haben. Rachel erinnert sich, das gar nicht mal denken gekonnt zu haben.*

Eine Besonderheit ist auch, dass sich die Wortstellung unterscheiden kann, je nachdem, ob man das Partizip II oder den Ersatzinfinitiv wählt. Der Ersatzinfinitiv steht nämlich stets am Ende: *Die sensible Grabungsleiterin war sich gar nicht mehr so sicher, ob sie die Katastrophe nahen gefühlt hatte / ob sie die Katastrophe hatte nahen fühlen.*

Anmerkung: Im Passiv ist kein Ersatzinfinitiv möglich: *Er hat den Schirm liegen lassen/gelassen.* Aber nur: *Der Schirm ist von ihm liegen gelassen worden. Die Bergsteiger hatten den Yeti in einer Höhle liegen sehen/gesehen.* Aber nur: *Der Yeti ist von den Bergsteigern in einer Höhle liegen gesehen worden.*

44. Der Key-Account-Manager hatte dem Boss zugesagt, *ihn/sich* dafür ins Gespräch zu bringen

Gebrauch des Reflexivpronomens *sich* in Partizipialattributen und Infinitivgruppen mit *zu*

Bei Partizipialattributen ist es oft schwierig zu entscheiden, ob ein Reflexiv- oder ein Personalpronomen zu verwenden ist: *Die über ihr/sich drohenden lockeren Felsmassen musste Ingi jetzt erst einmal außer Acht lassen.* Hier hilft die Relativsatzprobe: *Die lockeren Felsmassen, die über ihr (nicht: sich) drohten, musste Ingi jetzt erst einmal außer Acht lassen.* Also heißt es auch: *Die über ihr drohenden lockeren Felsmassen musste Ingi jetzt erst einmal außer Acht lassen.*

Noch schwieriger wird es mit der Wahl des passenden Pronomens bei Infinitivgruppen mit *zu*. Ob man hier ein Reflexiv- oder ein Personalpronomen verwendet, hängt allein davon ab, wer in der Infinitivgruppe handelt. Sind in der Infinitivgruppe der Handelnde und das Objekt der Handlung identisch, wird das Reflexivpronomen verwendet: *Der Key-Account-Manager hatte dem Boss zugesagt, sich dafür ins Gespräch zu bringen.* Der Key-Account-Manager handelt im übergeordneten Satzglied: Er sagt zu. Wichtiger aber: Er handelt auch in der Infinitivgruppe: Er bringt ins Gespräch.

Wen? Sich selbst. Handelnder und das Objekt der Handlung sind identisch. Also wird das Reflexivpronomen verwendet. Ganz anders aber, wenn der Manager den Boss ins Gespräch bringt. Dann sind in der Infinitivgruppe der Handelnde und das Objekt der Handlung nicht mehr identisch. Wer handelt? Der Key-Account-Manager, er bringt ins Gespräch. Wen? Den Boss. Also ist das Personalpronomen zu verwenden: *Der Key-Account-Manager hatte dem Boss zugesagt, ihn dafür ins Gespräch zu bringen.* Auch wenn die Handelnden des übergeordneten Satzgliedes und der Infinitivgruppe nicht übereinstimmen, ist nur der Handelnde der Infinitivgruppe maßgebend: *Der Key-Account-Manager nötigt den Boss, sich dafür ins Gespräch zu bringen.* Hier nun ist der Boss der Handelnde der Infinitivgruppe, so dass sich das Reflexivpronomen nun auf den Boss bezieht: Der Boss soll sich ins Gespräch bringen. Sollte der Key-Account-Manager ins Gespräch gebracht werden, müsste man nun in diesem Beispiel das Personalpronomen wählen: *Der Key-Account-Manager nötigt den Boss, ihn dafür ins Gespräch zu bringen.*

45. Was kann's *Schöneres/Schön'res* geben?

e-Ausfall bei Adjektiven

Manchmal ist der Ausfall der Normalfall. So bei allen Adjektiven, die auf *-el* enden: *dunkel, edel, eitel, heikel, sensibel, übel* u. a. Bei ihnen fällt nämlich in den deklinierten Formen das *-e-* vor dem *-l-* regelmäßig aus: *ein wirklich edles Holz, dem sensiblen Headhunter.*

Bei Adjektiven auf *-er* und *-en* fällt das *-e-* in der Regel nicht aus, aber falsch ist solch ein Ausfall nicht: *ein heiterer/heitrer Jeck, trockener/trockner Humor.* Wenn allerdings unmittelbar vor *-en* bzw. *-er* noch ein *-au-* oder *-eu-* steht wie bei: *sauer, geheuer, teuer, ungeheuer* u. a. oder das Adjektiv ein Fremdwort ist wie: *integer, illuster, makaber*, dann fällt das *-e-* stets aus: *ungeheure Altlasten, teure Aktiengeschäfte, eine illustre Runde.*

Im Komparativ verzichten Adjektive auf *-el* wie im Positiv stets auf das *-e-*: *eine noch heiklere feindliche Übernahme, eitler als Marcel, dunklerer Wald.*

Adjektive auf *-er* und *-en* verhalten sich, was den *e*-Ausfall angeht, im Komparativ genau so wie im Positiv: *trockenerer/trocknerer Wein, ein etwas lockerer/lockrerer Typ, ein immer saurer werdender Trainer, makabrer als gedacht.*

Anmerkung: In besonderen Fällen, etwa in Gedichten, wird mitunter auch im Komparativ von im Positiv einsilbigen Adjektiven wie *schön, dick, alt, groß* u. a. aus metrischen Gründen ein *-e-* ausgelassen: *Was kann's Schöneres/Schön'res geben?* (Zum Apostroph vgl. Fehler 101 ZS.)

Wenn ein Partizip II auf *-en* dekliniert wird, fällt das *-e-* bisweilen ebenfalls aus, freilich selten: *ein erzwungenes/erzwungnes Lächeln, ein ins Abseits geratener/geratner Politiker, ein gelungenes/gelungnes Leben.*

Beim regelmäßig auf *-t* ausgehenden Partizip II wird der Superlativ gebildet, indem man die Silbe *-este* anfügt: *gefeierteste Speiselokale, geeignetеste Bewerber.* Das *-e-* kann in einigen Fällen auch hier ausfallen: *gefeiertste Speiselokale, geeignetste Bewerber.* Wenn das Partizip auf *-st, -ßt, -sst, -scht, -zt, -tzt* endet oder endbetont ist, kann das *-e-* allerdings nicht ausfallen: *das verhuschteste Mädchen des Seminars, der gereizteste Chef der Welt, die ausgesuchtesten Miederwaren, die anerkanntesten Experten.*

46. Reggae – eine sozialpolitische Betrachtung / Reggae. Eine sozialpolitische Betrachtung

Zeichensetzung in Überschriften, Bildunterschriften und Randbemerkungen

Überschriften und Schlagzeilen erhalten keinen Schlusspunkt. Ausrufe- oder Fragezeichen werden jedoch gesetzt, auch die Satzbinnenzeichen wie Komma, Gedankenstrich oder Klammern:
Hilfe!
Wo ist der Tipper, der den Jackpot geknackt hat?
Alles, was schlank macht

Besteht eine Überschrift aus mehreren Sätzen (es können auch verkürzte Sätze sein), erhalten alle ihr Satzschlusszeichen außer dem letzten Satz (es sei denn, der letzte Satz fordert ein Ausrufe- oder Fragezeichen):

Navis-Werften melden Insolvenz an. Insolvenzverwalter Björn Hiller ist zuversichtlich
Navis-Werften melden Insolvenz an. Ist der Standort Meerstadt gefährdet?
Reggae. Eine sozialpolitische Betrachtung
Was tun? Zur Aktualität Lenins

Erhält die Überschrift einen erläuternden Zusatz, der mit einem Gedankenstrich angeschlossen ist, wird (wenn nicht zufällig ein substantivisch verwendetes Wort folgt) klein weitergeschrieben:
Reggae – eine sozialpolitische Betrachtung
Cholesterin – eine erfundene Gefahr

Wenn Bildunterschriften aus nicht mehr als einer Floskel oder einem Satz bestehen, werden sie wie Überschriften behandelt. Bei größerem Umfang werden sie wie der normale Fließtext geschrieben. (Vgl. auch Fehler 101, Zeichensetzung.)

Randbemerkungen werden wie normaler Fließtext behandelt. Besteht die Randbemerkung aber nicht aus einem ganzen Satz, verzichtet man auf den Schlusspunkt.

47. 5-%-Klausel / 5 %-Klausel, 5 %, § 4, T€

Leerschritt bei Sonderzeichen

Grundsätzlich gilt: Steht ein Sonderzeichen für ein Wort, wird es – wie ebendieses Wort – mit Spatium (Leerschritt) von dem vor- und nachstehenden Wort getrennt: *5 % der Bevölkerung, wie § 4 der gleichen Verordnung, eine 25 km lange Strecke, Meister & Nagel GmbH, wenn wir 24 + 1,2 = 25,2 herausbekommen, Werkpläne im Maßstab 1 : 50, geöffnet: 10 – 13 Uhr* (mit Leerschritten nach DIN 5008, aber nach Duden ohne: *10–13 Uhr*) usw.

Allerdings gilt das nicht für die Schreibung i n n e r h a l b von Einheiten, hier richtet man sich nach den Üblichkeiten: *eine Temperatur von –2 °C am Morgen, 55 km/h, 5 mV,* H_2O usw.

Regelgemäß ist dagegen die spatienlose Schreibweise §§ für Paragrafen, da das Zeichen hier nur für e i n Wort steht.

In Vordrucken, Tabellen u. Ä. können Leerschritte aus Platzgründen wegfallen.

Grundsätzlich ohne Leerschritt schreibt man Vorzeichen, Exponenten, andere hochgestellte Zeichen und Indizes an Zahlen bzw. Buchstaben: *–20 °C*, $-3 + 2 = -1$, *eine Wohnung von 400* m^2, $2^4 = 4^2$, $(x - y)^b$, *ein Winkel von 74° 53' 2"*, H_2O, $x_{1/2}$, S_n usw.

In Anlehnung an *TDM* für *...000 DM* schreibt man meist *TEUR* oder *T€* für *...000 EUR*.

Anmerkung: Ein bisschen undurchsichtig wird es mit der *5-%-Klausel*. Als Zusammensetzung ist eigentlich die Schreibweise *5-%-Klausel* richtig, aber dem typographischen Usus entspricht eher die Version mit kleinerem Festabstand oder ganzem Spatium, falls ein Festabstand nicht machbar ist. Es sind folgende Schreibungen festzuhalten: *5 % der Bevölkerung*, *5%ig*, üblich: *5 %-Klausel*, besser: *5-%-Klausel*, natürlich immer möglich: *Fünf-Prozent-Klausel* oder *5-Prozent-Klausel*.

48. Bücher des *Autors*

Starke oder schwache Deklination bei Substantiven auf *-or*

Bei Fremdwörtern mit der auf das Lateinische zurückgehenden Endung *-or* wie *Autor* weiß man oft nicht so recht: Wird das Wort stark gebeugt: *des Autors*? Oder doch eher schwach: *des Autoren*?

Wenn Fremdwörter aus dem Lateinischen (resp. Italienischen), die auf *-or* enden, auf der vorletzten Silbe betont werden (bei zweisilbigen Wörtern also auf der ersten), werden sie im Singular stets stark gebeugt: *der Autor, des Autors, dem Autor, den Autor* oder auch: *der Doktor, des Doktors* usw. Im Plural dagegen wird schwach gebeugt: *die Autoren, der Autoren, den Autoren, die Autoren*. Es wird also gemischt dekliniert.

Wird jedoch die letzte Silbe betont wie etwa bei *Tenor*, wird vollständig stark dekliniert. Also im Singular: *der Tenor, des Tenors, dem Tenor, den Tenor* und im Plural: *die Tenöre, der Tenöre, den Tenören, die Tenöre*.

Anmerkung: Nicht zur besprochenen Gruppe zählt das Wort *Matador*. Es ist nicht aus dem Lateinischen, sondern über das Spanische zu uns gelangt. Man kann den Stierkämpfer sowohl stark deklinieren (Singular: *der Matador, des Matadors, dem Matador, den Matador*, Plural: *die Matadore, der Matadore, den Matadoren, die Matadore*) als auch schwach (Singular: *der Matador, des Matadoren, dem*

Matadoren, den Matadoren, Plural: *die Matadoren, der Matadoren, den Matadoren, die Matadoren*).

49. Das spielerisch elegante Spalten eines extrem dünnen *Haares/Haars*

Genitiv mit *-es* oder nur mit *-s*

Genitiv stets auf *-es*. Der Genitiv Singular wird auf *-es* gebildet bei Substantiven im Maskulinum und Neutrum, die auf einen Zischlaut wie *-s, -ss, -ß, -x, -z, -tz* enden: *des Hauses, des Spaßes, des Genusses, des Industriekomplexes, des Kleckses, des Reizes, des Witzes.* Oft wird *-es* auch bei solchen bevorzugt, die auf *-sch* oder *-st* enden: *eines Busches/Buschs, eines Zwistes/Zwists.*

Ausnahmen sind z. B. die meisten Fremdwörter auf *-us*. Sie bleiben in der Regel endungslos: *des Status, des Rhythmus, des Tonus, des Marxismus* usw. Man beachte aber einige wenige Substantive, die den Genitiv auf zwei verschiedene Weisen bilden können: *des Atlas/Atlasses, des Bonus/Bonusses, des Malus/Malusses, des Globus/Globusses.* (Vgl. Fehler 18.)

Genitiv stets auf *-s*. Stets auf *-s* wird der Genitiv Singular im Maskulinum und Neutrum gebildet bei

- mehrsilbigen Substantiven, die auf einen Trochäus enden (= Abfolge einer betonten und einer unbetonten Silbe); dies ist etwa bei mehrsilbigen Substantiven auf *-el, -em, -en, -er* meist der Fall: *des Flügels, des Atems, des Sparrens, des Jubelns, des Nagers*; aber: *des Kamels/Kameles* (Jambus = Abfolge von unbetonter und betonter Silbe)
- Farbbezeichnungen und stark gebeugten Bezeichnungen von Sprachen, sofern sie nicht ganz ohne Endung verwendet werden: *eines giftigen Grüns, ihres hervorragenden Deutschs*

Ansonsten ist der Genitiv auf *-s* üblich, der auf *-es* aber auch möglich. Allerdings lassen sich einige Bedingungen ausmachen, bei denen die eine oder die andere Form bevorzugt wird.

Genitiv eher auf -*es*. Zum Genitiv auf *-es* neigt man in diesen Fällen besonders

- bei einsilbigen Substantiven (vor allem, wenn sie als Genitivattribut vorausgehen): *des Blutes, des Weines, des Mannes Zierde, des Tages Mühen, des Mutes Lohn, des Berges Ruf*
- bei Substantiven (außer Fremdwörtern), die auf der letzten Silbe betont werden (vor allem, wenn sie als Genitivattribut vorausgehen): *des Betrages, des Verdachtes ungeahnte Folgen*
- bei Substantiven auf mehr als einen Konsonanten: *des Goldes, eines Storches, des Sumpfes* (aber: *des Lärms, des Quarks*)

Genitiv eher auf -*s*. Den Genitiv auf *-s* wiederum scheint man vor allem zu bevorzugen bei

- Substantiven, die auf Vokal, Diphthong oder Vokal und *-h* enden: *des eleganten Gnus, des Knies von Claire, die Tiere des Zoos, die Ursache des Staus, die Qualität des Heus, der Verbleib des Schuhs*
- bei substantivischen Fremdwörtern (sofern sie im Genitiv nicht endungslos sind): *die Rechte des Administrators, der Erfolg dieses Influencers, die Wirkung eines Barrés*

50. Der Wimbledon-Finalist behauptete, dass der Stuhlschiedsrichter ihn betrogen *hat/hatte/habe*

Zeitenfolge in der indirekten Rede

In bestimmten Fällen ist in der indirekten Rede sowohl der Indikativ als auch der Konjunktiv möglich (vgl. Fehler 31, auch 24 und 25).

Wird in der indirekten Rede der Indikativ verwendet, steht normalerweise auch das gleiche Tempus wie in der direkten Rede:

Der so hart Angegangene erwiderte: «Ich bin nie in Husum gewesen.» → Der so hart Angegangene erwiderte, dass er nie in Husum gewesen ist.

Der Wimbledon-Finalist behauptete: «Der Stuhlschiedsrichter hat mich betrogen.» → Der Wimbledon-Finalist behauptete, dass ihn der Stuhlschiedsrichter betrogen hat.

Man teilte mir mit: «Ihr Sohn spielt auf Platz 8.» → Man teilte mir mit, dass mein Sohn auf Platz 8 spielt.

Es ist aber auch nicht ausgeschlossen, das Tempus gemäß den normalen Zeitenfolgeregelungen auf den Sprechzeitpunkt zu beziehen: *Man teilte mir mit, dass mein Sohn auf Platz 8 spielte. Der Wimbledon-Finalist behauptete, dass ihn der Schiedsrichter betrogen hatte.*

Wird in der indirekten Rede der Konjunktiv eingesetzt, gelten folgende Beziehungen (wobei das Tempus, in dem das übergeordnete Verb steht, keine Rolle spielt):

direkte Rede	**indirekte Rede**
Indikativ Präsens: *Karl sagt / sagte / wird sagen / hat gesagt / hatte gesagt / wird gesagt haben: „Das sieht gut aus.“*	Konjunktiv Präsens (informell auch Konjunktiv Präteritum oder Umschreibung mit *würde*): *Karl sagt / …, dass das gut aussehe (aussähe / sehen würde).*
Indikativ Präteritum: Karl sagt / …: „Das sah gut aus.“	Konjunktiv Perfekt (informell auch Plusquamperfekt Konjunktiv): *Karl sagt / …, dass das gut ausgesehen habe (hatte).*
Indikativ Futur I: *Karl sagt / …: „Das wird gut aussehen.“*	Konjunktiv Futur I (informell auch Umschreibung mit *würde*): *Karl sagt / …, dass das gut aussehen werde (würde).*
Indikativ Perfekt: *Karl sagt /…: „Das hat gut ausgesehen.“*	Konjunktiv Perfekt / Konjunktiv Plusquamperfekt: *Karl sagt / …, dass das gut ausgesehen habe/hätte.*
Indikativ Plusquamperfekt: *Karl sagt / …: „Das hatte gut ausgesehen.“*	Konjunktiv Perfekt / Konjunktiv Plusquamperfekt: *Karl sagt / …, dass das gut ausgesehen habe/hätte.*
Indikativ Futur II: *Karl sagt / …: „Das wird gut ausgesehen haben.“*	Konjunktiv Futur II / Umschreibung mit *würde*: *Karl sagt / …, dass das gut ausgesehen haben werde/würde.*

Konjunktiv Präsens:
Karl sagt / …: „Das sehe doch bitte, bitte gut aus!“

Umschreibung mit *mögen, sollen, wollen* usw.:
Karl sagt / …, dass das doch bitte, bitte gut aussehen möge.

Konjunktiv Präteritum / Umschreibung mit *würde*:
Karl sagt / …: «Das sähe gut aus, wenn … / Das würde gut aussehen, wenn …

Konjunktiv Präteritum / Umschreibung mit *würde*:
Karl sagt / …, dass das gut aussähe, wenn … / aussehen würde, wenn …

Konjunktiv Plusquamperfekt:
Karl sagt / …: «Das hätte gut ausgesehen, wenn …

Konjunktiv Plusquamperfekt:
Karl sagt / …, dass das gut ausgesehen hätte, wenn …

51. Das Geld *hat/ist* auf der Straße gelegen

haben- oder *sein-*Perfekt

«Sein oder nicht sein?», das ist hier wieder einmal die Frage oder wie bei Howard Hawks: «Haben oder nicht haben?» Wann bildet ein Verb seine Perfektzeiten (Perfekt, Plusquamperfekt und Futur II) mit *haben*, wann mit *sein*?

Die meisten Grammatiker gehen davon aus, dass die Perfektbildung mit *haben* der Normalfall ist. Dem schließen wir uns an. Zu klären bleibt, wann dann der Sonderfall eintritt und eine Perfektzeit mit *sein* gebildet wird.

Dazu ist festzuhalten, dass alle transitiven Verben, also alle Verben, die ein Akkusativobjekt binden können und daher passivfähig sind, Perfekt, Plusquamperfekt und Futur II mit *haben* bilden: *Der bekannte Journalist hat eine wahnsinnige Musil-Biografie vorgelegt. In ein oder zwei Jahren werde ich sie gelesen haben.* Auch alle reflexiven Verben bilden die Perfektzeiten mit *haben*, und zwar unabhängig davon, ob sie transitiv sind oder intransitiv: *Ina hat sich in Grund und Boden geschämt. Hatte sie sich doch unvorsichtigerweise nicht eines Kommentars enthalten. Der neue Stürmer hat sich eine Ausstiegsklausel vorbehalten.*

Daraus kann man umgekehrt schließen: Ein Verb muss nicht reflexiv und intransitiv sein, will es eine Chance auf ein *sein*-Perfekt haben. Doch diese beiden Bedingungen reichen nicht aus. Es muss außerdem telisch sein, und zwar in Bezug auf das Subjekt.

Was heißt nun «telisch»? Mit den Begriffen «telisch» und «atelisch» werden zwei verschiedene Aktionsarten von Verben unterschieden. Dabei handelt es sich um eine Bedeutungsunterscheidung. Mit «telisch» bezeichnet man solche Verben, die sich auf einen Nachzustand eines der am Vorgang Beteiligten beziehen: *Anna und Hans haben fünf Kinder großgezogen*. Der Nachzustand: Jetzt sind die Kinder groß. Allerdings sieht man sofort: In diesem Beispielsatz wird ein *haben*-Perfekt verwendet. Das liegt daran, dass das Verb in Bezug auf das Akkusativ-Objekt *fünf Kinder* telisch ist und nicht wie gefordert in Bezug auf das Subjekt, hier *Anna und Hans*. (Verben mit Akkusativ-Objekt, also transitive Verben, bilden die Perfektzeiten sowieso immer mit *haben*.) Telisch in Bezug auf das Subjekt ist das Verb in folgendem Satz: *Endlich ist Frau Dr. Schneider in der Chefetage angekommen*. Der Nachzustand: Frau Dr. Schneider (das Subjekt des Satzes) ist jetzt in der Chefetage. Bei einem Verb wie *arbeiten* etwa wird dagegen überhaupt kein Nachzustand in den Blick genommen: *Nun arbeitet Frau Dr. Schneider endlich in der Chefetage*. In Bezug auf das Subjekt telische Verben sind z.B.: *ankommen, aufbleiben, aufblühen, auffallen, aufkommen, bleiben, einschlafen, einnicken, entgleiten, entgehen, gelingen, geschehen, glücken, missglücken, passieren, sterben, umziehen* (= Wohnung wechseln), *untergehen, unterlaufen* (= als Versehen auftreten), *vergehen, verklingen, werden* usw.

Schwieriger gestaltet sich die Angelegenheit bei Bewegungsverben wie *joggen, laufen, fahren, fliegen, paddeln, reiten, rodeln, rudern, schwimmen, tanzen, tauchen, traben, wandern* u.a. Werden sie mit einer Richtungsangabe verwendet, ist mit der Bewegung ein Nachzustand erreicht. Damit sind die Verben telisch und bilden die Perfektzeiten mit *sein*: *Der Jammerlappen ist doch tatsächlich den Ziehweg hinuntergerodelt. Was ist denn in die Aktienmärkte gefahren? Etliche Dotcoms sind da in ein unternehmerisch gefährliches Fahrwasser gerudert. Welcher Broker ist da wieder aus der Reihe getanzt?*

Bei Ortsangaben dagegen oder wenn andere oder gar keine Angaben verwendet werden, kommt ein Nachzustand überhaupt nicht in den Blick. Dadurch werden die Verben atelisch und bilden die Perfektzeiten mit *haben* (*sein* ist allerdings auch möglich): *Der Jam-*

merlappen hat (seltener auch: *ist*) *doch tatsächlich im Ziehweg gerodelt. Etliche Dotcoms haben* (auch: *sind*) *da in einem unternehmerisch gefährlichen Fahrwasser gerudert. Welcher Broker hat die ganze Nacht getanzt?* Aber meist nur: *Wer ist in der Fußgängerzone gefahren?* Denn *fahren* (ebenso wie *fliegen*) besitzt auch eine transitive Variante (*jemanden/etwas fahren/fliegen*) mit obligatorischem *haben*-Perfekt. Um hier klar zu unterscheiden, wird bei den intransitiven Varianten meist auf das *haben*-Perfekt verzichtet, selbst wenn es möglich wäre.

Anmerkung: Einige transitive Verben halten sich allerdings nicht an die Regeln. Zum Beispiel dann nicht, wenn es gilt, zwei Bedeutungen zu unterscheiden wie beim Verb *bummeln*. Dieses bildet nämlich auch dann ein *sein*-Perfekt, wenn es atelisch gebraucht wird: *Dann sind die beiden Mädchen noch ein wenig gebummelt.* Allerdings nur dann, wenn *bummeln* im Sinne einer gelassen unaufgeregten Bewegung verwendet wird. Wenn *bummeln* im Sinne von «trödeln» verwendet wird, setzt man zur Unterscheidung das *haben*-Perfekt ein: *Die beiden Mädchen haben in ihrem Studium doch arg gebummelt.* Die Verben *gehen* und *reisen* werden dagegen stets mit *sein*-Perfekt gebildet: *Wir sind gemütlich gegangen, statt zu hetzen. Dein Neffe ist viel gereist.*

Da *liegen, stehen* und *sitzen* sicher nicht telisch sind, ist bei ihnen auch ein *haben*-Perfekt zu erwarten: *Warum haben wir eigentlich im Straßengraben gelegen? Schüchtern hat der Tanzschüler die ganze Zeit nur an der Tür gestanden. Das hat gesessen!* Dennoch wird – als kleine regionale Eigenheit – in Süddeutschland, Österreich und der Schweiz gern mit *sein* gebildet: *Die Wertsachen sind im Wäscheschrank gelegen, wo seltsamerweise auch der Likör gestanden ist. Oma ist den ganzen Tag im Schaukelstuhl gesessen.*

52. Freiabo dieses *vierzehntäglich/vierzehntägig* erscheinenden Blattes

Adjektive auf *-ig, -isch* oder *-lich*

Wem leuchtete nicht unmittelbar ein, dass *herzig* und *herzlich* durchaus nicht das Gleiche bezeichnen? Die beiden verwechselt man kaum. Das sieht bei *vierzehntägig* und *vierzehntäglich* ganz anders aus. Die geraten häufiger durcheinander, obwohl auch sie Verschiedenes bedeuten. Zeitangaben auf *-ig* bezeichnen nämlich die Dauer: *vierzehntägig* (= vierzehn Tage lang), während solche auf *-lich* die Wiederholung eines Vorgangs nach einem bestimmten Zeitraum ausdrücken: *vierzehntäglich* (= alle vierzehn Tage): *eine vierzehntägige Kanuwanderung, ein vierzehntäglich erscheinendes Blatt. Ein vierzehntägig erscheinendes Blatt* wäre eines mit einer arg kurzen Überlebensdauer.

Das Adjektiv *fremdsprachig* heißt: in einer fremden Sprache. Das Adjektiv *fremdsprachlich* dagegen heißt: eine fremde Sprache betreffend, zu einer fremden Sprache gehörend. Damit bedeutet *fremdsprachiger Unterricht*, dass in einer fremden Sprache (irgendetwas, z. B. Physik oder Sport, eventuell auch diese fremde Sprache selbst) unterrichtet wird, während *fremdsprachlicher Unterricht* bedeutet, dass eine fremde Sprache unterrichtet wird (eventuell sogar rein analytisch in der eigenen Muttersprache). So heißt es also: *sich mit fremdsprachigen Menschen unterhalten können, fremdsprachige Radiosendungen hören, fremdsprachige Romane, der Reiz fremdsprachiger Literatur* usw. Aber: *fremdsprachliche Vergleiche, fremdsprachliche Wörter im Deutschen, fremdsprachliche Grammatik* usw.

53. Weihnachten *war/waren* dieses Jahr wieder arg dramatisch

Kongruenz im Numerus bei Pluraliatantum

Eigentlich sollte man ja denken: Wenn es keinen einzigen **Leut* gibt, dann erst recht nicht mehrere *Leute*. Und wo keine **Koste* und wo keine **Ferie*, da können auch keine *Kosten* für *Ferien* anfallen. Aber: Weit gefehlt. Im Deutschen gibt es eben doch etliche Substantive, die allein im Plural auftreten: *Alimente, Annalen, Ferien, Finanzen, Gezeiten, Honoratioren, Iden, Kosten, Leute, Masern, Nachwehen, Spesen, Treber, Unkosten* u. a. Solch ein Substantiv, ein Pluraletantum, fordert dann natürlich an den entsprechenden Stellen die Plural-Kongruenz: *Die Gezeiten weisen in der Gegend von St. Malo besonders große Unterschiede in den Wasserständen auf. Die Spesen waren geschickt abgerechnet worden.*

Schwierigkeiten machen die hohen kirchlichen Feiertage: *Allerheiligen, Ostern, Pfingsten, Weihnachten.* Heißt es nun: *Weihnachten waren dieses Jahr wieder arg dramatisch?* Oder eher: *Weihnachten war dieses Jahr wieder arg dramatisch?*

Sprachgeschichtlich gesehen ist *Weihnachten* aus einem Plural hervorgegangen, und zwar einem im Dativ: mittelhochdeutsch *ze den wîhen nahten* (= an den heiligen Nächten). Im Laufe der Zeit aber wurde der Begriff mehr und mehr als Singular aufgefasst, und heute gilt der Singular (Neutrum) als die Regel: *Weihnachten war dieses Jahr wieder arg dramatisch.* Es wird meist kein Artikel oder anderes Artikelwort gebraucht. Mit Artikel oder anderem Artikelwort wird *Weihnachten* standardsprachlich kaum verwendet, man weicht dann auf Zusammensetzungen aus: *Die Weihnachtstage stehen vor der Tür.*

Die pluralische Auffassung ist aber nicht völlig verschwunden, sie hält sich

- in regionaler Sprache (meist mit Artikel oder Artikelwort): *Diese Weihnachten waren kurios, aber einfach fantastisch.*
- für das gesamte Sprachgebiet in formelhaften Redewendungen: *Schöne Weihnachten! Wir träumen von weißen Weihnachten.*

Ähnliches gilt für *Ostern* (von mittelhochdeutsch *ze den ôsteren* = in den Morgendämmerungen) und *Pfingsten* (von griechisch *pentíkostí* = fünfzigster [Tag nach Ostern] zu mittelhochdeutsch *ze phingesten*).

Auch das standardsprachlich mittlerweile singularische *Allerheiligen* wird im Österreichischen gern im Plural verwendet.

54. Beschreibung einer *Konstante/Konstanten* und Versuch, mögliche *Variablen* zu eliminieren

Deklination von substantivierten Adjektiven

Bisweilen drängt sich der Verdacht auf, dass es eine fast unumstößliche Konstante im Leben gibt, nämlich die, dass die Anzahl der Variablen trotz größter Anstrengung kaum auf ein überschaubares Maß zu bringen ist. Auch die Deklination von substantivierten Adjektiven ist eher variabel als konstant. Wiederum kommt es auf den jeweiligen Fall an. Grundsätzlich ist es hier so: Ein substantiviertes

Adjektiv wird dekliniert wie ein nicht substantiviertes (attributives). (Übrigens: Die Partizipien seien hier mal zu den Adjektiven gezählt.)

Das heißt, das substantivierte Adjektiv wird ***stark dekliniert***, wenn es keinen Linksbegleiter (Artikel, anderes Artikelwort o. Ä.) bei sich hat, wenn dieser Begleiter keine Deklinationsendung aufweist oder wenn dieser Begleiter ein anderes Adjektiv ist: *Aufregendes in Borbeck, etwas Aufregendes in Borbeck, neues Aufregendes in Borbeck*.

Das substantivierte Adjektiv wird ***schwach dekliniert***, wenn ihm ein Linksbegleiter mit Deklinationsendung vorangeht, der kein Adjektiv ist: *manches Aufregende in Borbeck, alles Aufregende in Borbeck*.

(Zur starken und schwachen Deklination vgl. Fehler 6.)

Allerdings ist auf einige ***Sonderfälle*** zu achten:

Nach Zahlwörtern im Genitiv Plural, die eine Deklinationsendung aufweisen, also *zwei* und *drei*, wird meist stark gebeugt: *der Werdegang dreier Gesalbter, die Taten zweier Böser*. Weniger üblich, aber nicht falsch ist die schwache Deklination: *der Werdegang dreier Gesalbten, die Taten zweier Bösen*.

Nach Personalpronomen wird normalerweise, da sie keine Endung aufweisen, der Grundregel gemäß stark gebeugt: *du völlig Bescheuerter, ich Armer*. Aber es gibt Ausnahmen:

- Im Dativ Singular des Maskulinums und des Neutrums wird auch schwach gebeugt: *Denn dir völlig Bescheuertem/Bescheuerten und mir Armem/Armen kann geholfen werden*.
- Im Dativ Singular des Femininums wird sogar eher schwach gebeugt: *Denn dir völlig Bescheuerten/Bescheuerter und mir Armen/Armer kann geholfen werden*.
- Ebenfalls häufiger schwach gebeugt wird der Nominativ Plural: *Denn ihr völlig Bescheuerten/Bescheuerte und wir Armen/Arme sind noch zu retten*.

Hat das substantivierte Adjektiv ein weiteres stark gebeugtes Adjektiv als Attribut, wird der Grundregel gemäß parallel gebeugt, das heißt stark: *ein höherer Angestellter, attraktives Altes, bestimmbare Variable*. Eine Ausnahme bildet nur der Dativ Singular in allen drei Geschlechtern:

- Im Neutrum wird neben stark auch schwach gebeugt: *Da sollte man mit attraktivem Altem/Alten aufwarten*.

- Im Maskulinum wird fast nur schwach gebeugt: *Sie behauptet, mit oben genanntem Angestellten liiert zu sein.*
- Im Femininum wird vorwiegend schwach gebeugt: *Es empfiehlt sich, stets mit bestimmbarer Variablen zu rechnen*, kaum: *Es empfiehlt sich, stets mit bestimmbarer Variabler zu rechnen.*

Zwischen Adjektiv und Substantiv

Einige substantivierte Adjektive bzw. Partizipien fungieren mal mehr, mal weniger als echte Substantive. Dabei ergeben sich Mischdeklinationen. So wird das Wort *Parallele* im Singular als echtes Substantiv endungslos dekliniert: *die/der/der/die Parallele*, im Plural schwach: *die/der/den/die Parallelen.*

Ohne Begleiter oder mit endungslosem Begleiter aber kann das Wort auch wie ein Adjektiv stark gebeugt werden: *Zwei Parallele/Parallelen sind zu zeichnen. Parallele/Parallelen schneiden sich im Unendlichen.*

Dies gilt auch für *Horizontale, Konstante* (anders als für *Variable*, s. o.), *Vertikale.*

Fachsprachlich wird *Konstante* jedoch eher adjektivisch gebeugt; Genitiv Singular: *der Konstanten*, Plural: *die Konstanten*, aber: *zwei Konstante.*

Die substantivierten Adjektive *Gerade, Senkrechte, Waagerechte* werden mit Artikel, anderem Artikelwort u. Ä. wie ein Adjektiv gebeugt.

Singular: *die Waagerechte, der Waagerechten, der Waagerechten, die Waagerechte*

Plural: *die Waagerechten, der Waagerechten, den Waagerechten, die Waagerechten*

Ohne Begleiter oder mit endungslosem Begleiter (etwa einer Kardinalzahl) kann im Plural stark wie bei einem Adjektiv oder wie oben bei einem Substantiv schwach gebeugt werden: *Dazu reichen fünf Waagerechte/Waagerechten. Wir konstruieren Waagerechte/Waagerechten.*

Nicht mehr Adjektiv, nur Substantiv

Einige substantivierte Adjektive werden mittlerweile durchgehend wie echte Substantive gebeugt.

Stark gebeugt wird *Gläubiger.*
Singular: *der Gläubiger, des Gläubigers, dem Gläubiger, den Gläubiger*
Plural: *die Gläubiger, der Gläubiger, den Gläubigern, die Gläubiger*
Schwach gebeugt werden *Invalide, Junge.*
Singular: *der Invalide, des Invaliden, dem Invaliden, den Invaliden*
Plural: *die Invaliden, der Invaliden, den Invaliden, die Invaliden*
Stark oder schwach gebeugt wird *Oberst.*
Starke Beugung:
Singular: *der Oberst, des Obersts, dem Oberst, den Oberst*
Plural (eher unüblich): *die Oberste, der Oberste, den Obersten, die Oberste*
Schwache Beugung:
Singular: *der Oberst, des Obersten, dem Obersten, den Obersten*
Plural: *die Obersten, der Obersten, den Obersten, die Obersten*

55. *Herr/Herrn* Hans Lustig

Briefanschrift

Für Sprachberatungseinrichtungen schon eine Standardanfrage: Heißt es in der Briefanschrift nun *Herr Hans Lustig* oder *Herrn Hans Lustig*? Laut DIN5008 soll nach wie vor die gebeugte Form *Herrn* verwendet werden. In der Schweiz ist man da lockerer und lässt neben *Herrn* auch *Herr* zu.

Und wie ist eine Adresse zu gestalten, wenn der Brief nur vom Empfänger persönlich, nicht aber von einem anderen Mitarbeiter der Firma geöffnet werden soll? Hier geht es um die Reihenfolge: Der Brief darf von anderen Firmenangehörigen geöffnet werden, wenn der Personenname (mit oder ohne den Zusatz *z. H., z. Hd.*) nach der Firmenadresse steht. Steht der Name davor, gilt der Brief als persönliches Schreiben, das nur von der angeschriebenen Person selbst geöffnet werden darf. Vermerke wie «persönlich» oder «vertraulich» können als zusätzliche kleine Ermahnung hinzugefügt werden.

Auch von anderen Firmenangehörigen zu öffnen:

An das
Landesinstitut für Bauwesen des Landes Nordrhein-Westfalen
Frau Dr. Lukrezia Kramer
Theaterplatz 14
52062 Aachen

Nur von der angeschriebenen Person zu öffnen:

Frau
Dr. Lukrezia Kramer
Landesinstitut für Bauwesen des Landes Nordrhein-Westfalen
Theaterplatz 14
52062 Aachen

Anmerkung: Übrigens: Mittelhochdeutsch *brief*, althochdeutsch *briaf* geht auf das vulgärlateinische *breve scriptum* (= kurzes Schreiben) zurück. Über die Kanzleisprache (dort im Sinne von Urkunde, daher noch: *Freibrief, Frachtbrief, Kraftfahrzeugbrief, verbriefen, Brief und Siegel*) gewann das Wort in mittelhochdeutscher Zeit über den schon älteren *Sendbrief* seine heutige Bedeutung.

56. Tina hatte da ein Schlüsselerlebnis, *das/was* ihr ganzes Leben beeinflussen sollte

Gebrauch der Relativpronomen *das, was*

Von den Relativpronomen *der, die, das* ist *das* zuständig, wenn man sich auf ein Neutrum bezieht, das etwas Bestimmtes ausdrückt: *Das Stück, das* (nicht: *was*) *wir gesehen haben, war recht beeindruckend. Unser Held wurde von dem Mädchen, das ihn doch gerade so unflätig zurechtgewiesen hatte, dennoch ungemein angezogen. Tina hatte da ein Schlüsselerlebnis, das ihr ganzes Leben beeinflussen sollte.*

In einigen Fällen ist aber statt des Relativpronomens *das* das Relativpronomen *was* angebracht, und zwar dann, wenn man sich mit dem Relativpronomen auf

- die Demonstrativpronomen *das* und *dasselbe* oder auf unbestimmte Pronomen und Zahlwörter wie *allerlei, alles, dasselbe, das Gleiche, etwas, manches, nichts, viel[es]* bezieht, soweit sie etwas Allgemeines, Unbestimmtes ausdrücken: *Ich will das, was du da eben gesagt hast, mal nicht auf die Goldwaage legen. Vieles, was wir allein schaffen, wird durch die Fusion aber erleichtert. Es ist nicht alles Gold, was glänzt.* Wird aber das Relativpronomen zusammen mit einer Präposition verwendet, gilt *was* als unangebracht: *Du tatest manches, für das / wofür* (nicht: *für was*) *man dich bewundern dürfte.*

- ein substantiviertes Adjektiv oder Partizip bezieht, das etwas Allgemeines, Unbestimmtes oder rein Begriffliches ausdrückt (meist wird dann das Adjektiv bzw. Partizip von einem unbestimmten Pronomen wie *all-, etwas, manch-, nichts, viel, wenig* o. Ä. begleitet): *Manch Grausames, was durchaus zu ihrem Repertoire zu zählen war, nahm Dr. Graf von Wurz mit erstaunlicher Gelassenheit hin. Etwas Verstörendes, was ihn umgab, vermittelte sich unmittelbar.*
- substantivierte Superlative bezieht: *Diese Wanderung auf dem Grat ist das Faszinierendste, was ich je erlebt habe.*
- den gesamten Inhalt des übergeordneten Satzes bezieht: *Olaf ließ sich in keiner Weise vom Liebreiz Anitas bestechen, was diese arg verunsicherte.*

Anmerkung: Theoretisch wäre auch möglich: *Tina hatte da ein Schlüsselerlebnis, was ihr ganzes Leben beeinflussen sollte.* Dann wäre es nicht das Schlüsselerlebnis, das Tinas ganzes Leben beeinflusste, sondern die Tatsache, dass sie ein solches hatte.

57. Auch die Bundesrepublik Deutschland wird *in/im* Irak aktiv

Artikelgebrauch bei Ländernamen

Staatennamen sind überwiegend Neutra, die ohne Artikel verwendet werden, solange sie ohne Attribut auftreten: *Tunesien, Deutschland, Schottland, Andorra, Italien, Liechtenstein* usw. Aber mit Artikel, wenn ein Attribut hinzutritt: *das wiedervereinigte Deutschland, das kleine Andorra, im am Rhein gelegenen Liechtenstein.*

Neben diesen Neutra gibt es auch wenige Feminina unter den Staatennamen. Sie stehen durchgehend mit dem bestimmten Artikel: *die Elfenbeinküste, die Mongolei, die Schweiz, die Slowakei, die Türkei, die Ukraine, die Vatikanstadt* u. a.

Nicht ganz so gering ist die Anzahl der pluralischen Staatennamen. Auch diese verwendet man durchgehend mit dem bestimmten Artikel: *die Bahamas, die Malediven, die Niederlande, die Philippinen, die Salomonen, die Vereinigten Arabischen Emirate, die Vereinigten Staaten von Amerika* (auch: *die USA*) usw.

Bei einigen Staatennamen schwanken Genus, Artikelgebrauch und Deklination. Sie werden zwar gemäß der offiziellen Empfehlung des Auswärtigen Amtes wie die zuerst genannten Neutra verwendet: *Tschad ist aus den Schlagzeilen verschwunden. In Irak ist seit dem Einmarsch der Amerikaner kein Frieden eingekehrt. Teheran ist die Hauptstadt Irans. Wie ist Libanons strategische Bedeutung als Nachbar Israels einzuschätzen? Gibt es noch Hilfen für Sudan?*

Normalerweise verwendet man hier aber eher den Artikel: *Der Tschad ist aus den Schlagzeilen verschwunden. Im Irak ist seit dem Einmarsch der Amerikaner kein Frieden eingekehrt. Teheran ist die Hauptstadt des Iran. Wie ist die strategische Bedeutung des Libanon als Nachbar Israels einzuschätzen? Gibt es noch Hilfen für den Sudan?*

58. Im Juli dieses Jahres *hat* die Steeg AG verschiedene Unternehmen *übernommen* / Im Juli dieses Jahres *übernahm* die Steeg AG verschiedene Unternehmen

Verwendung von Perfekt und Präteritum

Die Tempora (Zeiten) der Verben drücken im Deutschen bei Weitem nicht nur zeitliche Verhältnisse aus. Ihnen sind im Laufe der Zeit eine Menge anderer Aufgaben zugewachsen. Aber dass die Tempora so viele Aufgaben übernommen haben, heißt ja nicht, dass sie nicht weiterhin ein Zeitsystem darstellen. Das wäre dann die «normale» Aufgabe der Tempora, von der man dann jeweils «Spezialaufgaben» unterscheiden kann. Um den normalen Zeitbezug von Perfekt und Präteritum darzustellen, bedienen wir uns der Begriffe «Aktzeit», «Sprechzeit» und «Betrachtzeit».

«Aktzeit» ist die Zeit, in der ein vom Satz bezeichneter Sachverhalt tatsächlich geschieht. Das kann in der Vergangenheit, der Gegenwart oder der Zukunft sein.

«Sprechzeit» ist die Zeit, in der ein Sprecher oder Schreiber den entsprechenden Satz äußert.

«Betrachtzeit» ist die Zeit, von der aus der im Satz mitgeteilte Sachverhalt betrachtet wird. Diese Zeit kann im Satz explizit angegeben sein: *Nachdem Frau Dr. Vera Bürgerhöver die Öffentlichkeitsarbeit übernommen hatte, funktionierte die Kommunikation zwischen Energieunternehmen und Öffentlichkeit weitaus effizienter.* Betrachtzeit hier: nach der Übernahme. Meist ist die Betrachtzeit aber nur aus dem Zusammenhang zu erschließen.

Nun unterscheiden sich Perfekt und Präteritum nicht wesentlich im Verhältnis von Aktzeit und Sprechzeit. Bei beiden liegt die Aktzeit vor der Sprechzeit bzw. die Sprechzeit nach der Aktzeit: *Ich habe unverschämtes Glück gehabt. Ich hatte unverschämtes Glück.*

Perfekt und Präteritum unterscheiden sich aber wesentlich, was die Betrachtzeit angeht. Beim Perfekt fallen Sprechzeit und Betrachtzeit zusammen. In einem Perfektsatz wird aus der Perspektive der Sprechzeit auf etwas Vergangenes, Abgeschlossenes zurückgeblickt: *Auch Corinna Viebürger hat hart an einer gewissen Perfektion auf der Violine gearbeitet.* Beim Präteritum wird aus der Perspektive der Aktzeit, quasi mitlaufend, unabgeschlossen das Geschehen betrachtet. Die Betrachtzeit liegt innerhalb der Aktzeit, Betracht- und Aktzeit liegen beide vor der Sprechzeit: *Auch Corinna Viebürger arbeitete hart an einer gewissen Perfektion auf der Violine.*

Will man ausdrücken, dass eine Handlung, ein Geschehen in der Vergangenheit abgeschlossen ist, steht also das Ergebnis im Vordergrund, wird man das Perfekt bevorzugen: *Im Juli dieses Jahres hat die Steeg AG verschiedene Unternehmen übernommen.*

Soll aber das Gewicht mehr auf den Ablauf, den Prozess gelegt werden, ist das Präteritum angebracht: *Im Juli dieses Jahres übernahm die Steeg AG verschiedene Unternehmen.*

59. Neben Faulheit setzen wir gezielt auf Dummheit

Rektionsprobleme bei *neben*

Die Präposition *neben* wird oft auch im Sinne von *außer* gebraucht: *Die Virologin gehorcht neben der Vernunft allenfalls noch der Not.*

Was aber stimmt dann nicht bei: *Neben Faulheit setzen wir ge-*

zielt auf Dummheit? Nun: Die Präposition *neben* kann sich nicht auf eine Präpositionalgruppe beziehen, aber genau das passiert hier im Grunde: **Neben auf Faulheit setzen wir gezielt auf Dummheit.* Das funktioniert nicht.

Denn grundsätzlich kann sich eine Präposition nicht auf eine Präpositionalgruppe beziehen. (Ausnahmen sind da die Präpositionen *bis*, *vor* und *seit*, etwa in: *bis vor den Kadi.*)

Für unseren Beispielsatz könnten wir aber auf *außer* zurückgreifen: *Außer auf Faulheit setzen wir gezielt auf Dummheit.*

Nein! Stopp! Da stehen doch wieder zwei Präpositionen nebeneinander, dieses Mal eben *außer* und *auf*, oder? Nicht unbedingt. Zwar kann man *außer* als Präposition mit Dativ (*außer dem ganzen Schmonzes*) einsetzen, aber auch als Satzgliedkonjunktion, die keine Rektion aufweist (vgl. Kap. 60). Und damit klappt es dann wirklich. Eleganter ist freilich meist die Variante mit *nicht nur… sondern auch: Wir setzen nicht nur auf Faulheit, sondern auch gezielt auf Dummheit.*

Handelt es sich nicht um Abstrakta wie Faulheit und Dummheit, sondern um Konkreta, drohen Missverständnisse: *Neben selbstbewussten Leguanen leben auf Curaçao auch flugfaule Karakaras.* Direkt neben den Leguanen?

60. *Außer einem/einen schemenhaften Umriss* konnten die Höhlenforscher nichts erkennen

Rektion bei *außer* und *[an]statt*

Die Präposition *außer* hat zwei Bedeutungen: Zum einen wird sie im Sinne von «ausgenommen, abgesehen von» verwendet, zum anderen im Sinne von «außerhalb». In beiden Fällen regiert *außer* den Dativ: *Außer einem schemenhaften Umriss konnten die Höhlenforscher nichts erkennen. Ich war außer mir.* Wird *außer* in Abhängigkeit von Verben der Bewegung wie *setzen, stellen, legen* usw. verwendet, wird hingegen meist der Akkusativ gebraucht: *Die Start-ups haben das Sharebranding außer jeden Zusammenhang mit der eigentlichen Marke gestellt.* Beim Verb *geraten* konkurrieren Dativ und Akkusativ: *Ich könnte außer mich/mir geraten vor Wut.*

Aber *außer* kann auch als Konjunktion gebraucht werden, und zwar dann, wenn das Bezugswort des auf *außer* folgenden Substantivs im Nominativ, Genitiv oder Akkusativ steht. Als Konjunktion regiert *außer* keinen Fall. Vielmehr wird dieser vom Verb bestimmt, das heißt, das auf *außer* folgende Substantiv bzw. die folgende Wortgruppe steht im gleichen Fall wie das Bezugswort: ***Alle** hielten diese Art von Ethnomarketing für nicht übertragbar außer **unsere Chefin**. Außer **einen schemenhaften Umriss** konnten die Höhlenforscher **nichts** erkennen. Der verdatterte Schüler harrte **weiterer Ehrbezeugungen** außer **des förmlichen Ritterschlages**.* Die Präposition mit Dativ wäre natürlich jeweils auch möglich.

Auch *[an]statt* kann sowohl als Präposition (= *anstelle*) wie als Konjunktion (= *und nicht*) eingesetzt werden. Als Präposition regiert *[an]statt* den Genitiv: *Statt des Schlafanzuges hatte unser kleiner Held nun ein lustiges Nachthemd angezogen.* Der Dativ wird nur dann verwendet, wenn der Genitiv Plural nicht eindeutig ist: *statt Schweinen, statt Tüchern* (vgl. Fehler 8).

Als Konjunktion regiert auch *[an]statt* keinen Kasus, das heißt, nicht *[an]statt*, sondern das Verb bestimmt den Kasus des folgenden Substantivs bzw. der folgenden Wortgruppe: *Statt den Schlafanzug hatte unser kleiner Held nun ein lustiges Nachthemd angezogen.*

Anmerkung: Mit Genitiv steht *außer* nur noch in festen Wendungen wie: *außer Landes gehen, außer Landes sein/leben, außer Hauses sein* (für: *außer Haus sein*).

61. *Inkrafttreten* dieser Verwaltungsvorschrift

Nominalisierungen

Das berüchtigte Papierdeutsch bedient sich einiger typischer Konstruktionen, die das Verständnis erschweren. Eine davon ist die Nominalisierung (Versubstantivierung) von Verben. Das können substantivierte Infinitive von Funktionsverbgefügen sein wie: *In-Anwendung-Bringen, Inkrafttreten, Zu-Grunde-Legen* oder die verbreiteten Nominalisierungen auf *-ung*: *Im Falle eines Inkrafttretens dieser Verwaltungsvorschrift und der daraus folgenden **Entsorgung** des wilden Mülls in der Kiesgrube Vaals durch die Waste GmbH ist mit einer erheblichen **Beeinträchtigung** dieses Unkenbiotops zu rechnen.*

Indem man Verben nominalisiert, meint man, ganze Sätze oder Nebensätze einsparen zu können. Außerdem betonen Nominalisierungen das Ergebnis (eine gewisse Unabänderlichkeit), während Verben eher den Vorgang ausdrücken. Diese «Absolutheit» der Nominalisierungen kann natürlich gewollt sein. Auch verlangt die Nominalisierung im Gegensatz zum Verb kein Subjekt, man muss also nicht denjenigen nennen, der die Handlung ausführt. Auch das kann gewünscht sein.

Der Nachteil der Nominalisierung liegt darin, dass sie grammatische und damit auch inhaltliche Verhältnisse nicht so klar wiedergibt, wie es das Verb tut. Man vergleiche etwa: *Die Richterin beschuldigt die Klinikchefin der Kindesentziehung* mit: *die Beschuldigung der Kindesentziehung gegen die Klinikchefin seitens der Richterin* (wobei gar zu fragen wäre, ob diese Nominalisierung so überhaupt noch grammatisch ist, ob etwa die Präpositionen so wie hier verwendet werden können).

Die Verständlichkeit erhöht sich auf jeden Fall, wenn statt Nominalisierungen Verben verwendet werden. Dazu müssen Neben- oder Hauptsätze gebildet werden. Man scheue keine Kommas oder Punkte. Eine solche Umformulierung kann in unterschiedlichem Ausmaß vorgenommen werden, abhängig davon, was angemessen erscheint.

Zum Beispiel kann man sich darauf beschränken, in Nebensätze aufzulösen: *Wenn diese Verwaltungsvorschrift in Kraft tritt und daher die Waste GmbH den wilden Müll in der Kiesgrube Vaals entsorgen muss, ist damit zu rechnen, dass dieses Unkenbiotop erheblich beeinträchtigt wird.* Dieses Beispiel zeigt bereits, dass die Annahme, Nominalisierungen würden den Satz verkürzen, trügen kann. Denn schon die Umformulierung mithilfe von Nebensätzen ist kürzer als das Original mit den Nominalisierungen.

Allerdings ist auch der umformulierte Satz für einen wirklich verständlichen Satz noch recht lang. Also greifen wir auf einen Leitsatz der Textverständlichkeit zurück: «Der Punkt ist dein Freund», und machen zwei Sätze aus dem einen langen: *Wenn diese Verwaltungsvorschrift in Kraft tritt, muss die Waste GmbH den wilden Müll in der Kiesgrube Vaals entsorgen. Dann ist damit zu rechnen, dass dieses Unkenbiotop erheblich beeinträchtigt wird.*

Man könnte natürlich noch mehr Punkte bzw. andere Satzschlusszeichen setzen. Im Extremfall könnte man aus jeder Nominalisierung einen Hauptsatz machen: *Soll diese Verwaltungsvorschrift wirklich in Kraft treten? Dann muss nämlich die Waste GmbH den wilden Müll in der Kiesgrube Vaals entsorgen. Und womit wäre dann zu rechnen? Dieses Unkenbiotop würde erheblich beeinträchtigt.*

62. Diskussion über eine *an einem nicht gerade strahlenden Morgen stattfindende* Freiluftmatinee

Überlange attributive Partizipialgruppen

Lange attributive Partizipialgruppen machen es schwerer, einen Satz zu verstehen: *Die beiden Kunstkritiker werden wohl noch lange über eine* ***an einem nicht gerade strahlenden Morgen stattfindende*** *Freiluftmatinee diskutieren.* Warum eigentlich? Nun: Die links vom Bezugswort stehenden Partizipialgruppen haben eine Eigenschaft, die eigentlich schon jede Verbindung aus Adjektiv und Substantiv wie *das rote Tuch* aufweist. Die Zusatzinformation *rot* steht vor dem, worüber sie etwas aussagt: *Tuch.* Weil wir in der Regel lieber erst wissen, worum es überhaupt geht, bevor darüber etwas Neues ausgesagt wird, eine Information geliefert wird, ist ein Satz wie: *Das Tuch ist rot* leichter zu verstehen als der Ausdruck: *das rote Tuch.* Natürlich stört diese «verkehrte» Reihenfolge bei einem einfachen Adjektiv nicht wirklich. Aber wenn dieses Attribut länger wird, wie bei einer längeren Partizipialgruppe, hängt die Neuigkeit, dass an einem nicht gerade strahlenden Morgen etwas stattfindet, ziemlich lange in der Luft, bevor wir erst sehr spät erfahren, was da überhaupt stattfindet. Besonders schwer verständlich wird solch eine Partizipialgruppe, wenn sie mit einer verwirrenden Präposition-Artikel-Kombination beginnt: *über eine an einem …*

Am leichtesten finden wir in einem solchen Fall die verständlichere Reihenfolge, wenn wir aus der Partizipialgruppe einen Relativsatz machen: *Die beiden Kunstkritiker werden wohl noch lange über eine Freiluftmatinee diskutieren, die an einem nicht gerade strahlenden Morgen stattfindet.* Da wir hier das Verb *diskutieren* vor den Relativsatz ziehen können, wird zudem die Satzklammer verkürzt, was ebenfalls der Verständlichkeit dient.

Häufig wird allerdings durch eine Partizipialgruppe, die in einen Relativsatz aufgelöst wird, ein Schachtelsatz erzeugt. Das ist ja ebenfalls keine Großleistung an Verständlichkeit (vgl. Fehler 63). Der vorletzte Satz könnte ein gutes Beispiel dafür abgeben: *Häufig wird allerdings durch eine in einen Relativsatz aufgelöste Partizipialgruppe ein Schachtelsatz erzeugt.* → *Häufig wird allerdings durch eine Partizipialgruppe, die in einen Relativsatz aufgelöst wird, ein Schachtelsatz erzeugt.*

Das ist immer noch besser als die lange Partizipialgruppe mit der einleitenden Präposition-Artikel-Präposition-Artikel-Kombination, und bei kurzen Relativsätzen wie in unserem Beispiel ist das durchaus hinnehmbar. Aber man könnte in einem weiteren Schritt die Partizipialgruppe respektive den Relativsatz in einen voranstellbaren Nebensatz umwandeln: *Löst man eine Partizipialgruppe in einen Relativsatz auf, wird allerdings häufig ein Schachtelsatz erzeugt.*

Und wenn die Länge und Bedeutung der Partizipialgruppe es zulassen, könnte man diese sogar in einen Hauptsatz umformen (getreu dem Leitsatz: «Der Punkt ist dein Freund»). Das wäre für unseren Beispielsatz vielleicht ein bisschen übertrieben, aber es ginge auch hier: *Man kann eine Partizipialgruppe in einen Relativsatz auflösen. Dann wird allerdings häufig ein Schachtelsatz erzeugt.*

63. Ludwig Fütterer, der gewiss nicht, obwohl er in Fachkreisen als ein ganz ausgezeichneter Bergsteiger galt, die Nordroute anzugehen gewagt hätte, nahm zu aller Überraschung den angeklagten Bergführer in Schutz

Schachtelsätze

Bei einem Schachtelsatz sind in einen Satz (Haupt- oder Nebensatz) ein oder mehrere Nebensätze eingeschachtelt: *Die Ex-Vorstandsvorsitzenden konnten sich, obwohl reichlich Geld geflossen war, mit ihren Abfindungen nicht abfinden. Ludwig Fütterer, der gewiss nicht, obwohl er in Fachkreisen als ein ganz ausgezeichneter Bergsteiger galt, die Nordroute anzugehen gewagt hätte, nahm zu aller Überraschung den angeklagten Bergführer in Schutz.*

Solche Schachtelsätze verstoßen gegen eine Faustregel der Textverständlichkeit: Keinen neuen Gedanken einbringen, bevor der vorangehende Gedanke nicht abgeschlossen ist!

Am leichtesten zu verstehen sind im Allgemeinen Elementarsätze, wie sie in der klassischen Aussagenlogik formuliert sind. Das sind Sätze, in denen einem einzelnen Gegenstand, einem Nominator (n), mithilfe einer affirmativen Kopula (ε) etwas, ein Prädikator (P), zugesprochen wird:

Die Erde	*ist*	*blau.*	→ n ε P
Nominator	Kopula	Prädikator	

Dabei wird der Nominator als etwas Bekanntes vorausgesetzt. Über dieses Bekannte wird mit dem Prädikator dann etwas Neues ausgesagt. Jede Abweichung von dieser Form ist schon etwas schwerer zu verstehen, etwa wenn die Reihenfolge vertauscht wird: *Blau ist die Erde*, wenn ein Attribut hinzugefügt wird: *Die alte Erde ist blau*, wenn statt eines Einzelgegenstandes ein Gattungsbegriff eingesetzt wird: *Der Mensch ist vernunftbegabt* oder wenn ein neuer Gedanke eingeschachtelt wird, bevor der ursprüngliche Gedanke zu Ende geführt worden ist: *Die Erde, wenn wir sie aus dem All betrachten, ist blau.*

Eine in gewisser Weise ähnliche Gliederung bietet die Rhetorik an. Hier werden auch komplexere Sachverhalte aufgeschlüsselt in etwas Bekanntes, das Thema, über das gesprochen wird, und etwas Neues, das Rhema, das diesem Bekannten zugesprochen wird:

Unsere gute alte Erde	*würde uns allen vom Weltraum aus blau erscheinen.*
Thema	Rhema

In dieser Terminologie könnte man als Faustregel für die Verständlichkeit von Sätzen formulieren: Die Thema-Rhema-Reihenfolge nicht durcheinanderbringen! Zwischen Thema und zugehörigem Rhema keine anderen Themen und Rhemata dazwischenschachteln!

Natürlich sollten wir nicht in einer ermüdenden Abfolge von Elementarsätzen reden oder schreiben. Aber je mehr Attribute (vor allem längere Adjektiv- bzw. Partizipialattribute oder Genitiv- bzw. Präpositionalattribute) in einem Satz verwendet werden, desto weniger Einschachtelungen verträgt er. Solche Einschachtelungen kann man auf zwei verschiedene Weisen auflösen.

Man kann etwa einen eingeschachtelten Nebensatz an den Anfang oder den Schluss des entsprechenden Satzes verschieben. So wird wieder jeder Gedanke ohne Unterbrechung vorgetragen: *Wenn wir die Erde aus dem All betrachten, ist sie blau. Die ehemaligen Vorstandsvorsitzenden konnten sich mit den Abfindungen nicht abfinden, obwohl doch reichlich Geld geflossen war.*

Man kann aber auch jedem Gedanken einen eigenen Hauptsatz reservieren: *Betrachten wir doch die Erde mal aus dem All. Dann ist (erscheint/wirkt) sie blau. Es war reichlich Geld geflossen. Dennoch konnten sich die ehemaligen Vorstandsvorsitzenden mit den Abfindungen nicht abfinden.*

Bei komplexeren Gedankengängen kann man auch beide Verfahren kombinieren: *Obwohl Ludwig Fütterer in Fachkreisen als ein ganz ausgezeichneter Bergsteiger galt, hätte er gewiss nicht die Nordroute anzugehen gewagt. Den angeklagten Bergführer nahm er aber zu aller Überraschung in Schutz.*

Anmerkung: Die Anforderungen der Textverständlichkeit und die des Stils decken sich nicht unbedingt. Nicht immer ist verständlich schreiben gleich attraktiv schreiben.

64. Zentrum des barocken *Dresden/Dresdens*

Deklination von geografischen Namen

Ortsnamen sind Neutra, Länder- und Erdteilnamen in der Regel ebenso: *das Paris der frühen Zwanzigerjahre, das Preußen des Alten Fritz, das alte Europa.* Ausnahmen: *der Irak, der Iran, der Jemen, die Mongolei, die Arktis, die Antarktis, die Seychellen* u. a. (vgl. Fehler 57).

Im Genitiv haben diese Namen ein Genitiv-*s*, wenn sie ohne Begleiter (Artikelwort, Adjektiv) auftreten: *Englands Weidelandschaften, außerhalb Belgiens, Essens Industriegeschichte, im Zentrum Dresdens, die Institutionen Europas.*

Treten diese geografischen Namen aber mit einem Begleiter auf (etwa mit einem Artikel, Adjektiv), können sie sowohl mit als auch ohne Genitiv-*s* gebildet werden: *außerhalb des durch Politik- und Justizskandale geschüttelten Belgien/Belgiens, im Zentrum des barocken Dresden/Dresdens, die Institutionen des immer noch nicht vereinigten Europa/Europas.*

Andere geografische Namen (solche von Flüssen, Gegenden, Gebirgen, Ebenen, Meeren, Seen usw.) haben wechselndes Geschlecht (Genus) und treten kaum ohne Artikel auf. Wenn geografische Namen mit Artikel (oder sonstigem Begleiter) auftreten, wird bei den Namen im Neutrum und Maskulinum meist ein Genitiv-*s* gesetzt: *in den Schluchten des Balkans, die Ufer des Rheins, die Hänge des Kahlen Astens.* Allerdings ist es, vor allem wenn noch ein Adjektiv hinzukommt oder bei exotischeren Namen, durchaus auch üblich, auf das Genitiv-*s* zu verzichten: *die Absichten des Iran[s], der Lauf des Kongo[s], die Stromschnellen des mittleren Nil[s], die Sorgen des alten Europa[s].*

Bezieht sich der Ortsname auf ein vorangehendes Substantiv mit Artikel (und eventuell Adjektiv), dekliniert man das Substantiv, nicht den Namen: *die Probleme des Standorts Bochum, die Fußgängerzone des klassischen Altmarkzentrums Stendal, der Neid des Regierungssitzes Düsseldorf auf die Mediendichte des Nachbarn Köln.*

Geografische Namen im Neutrum oder Maskulinum, die auf einen Zischlaut enden, werden teils dekliniert, teils nicht dekliniert: *die Nadelwälder des Harzes, der Kreidesandstein des Hils, am Fuße des Taunus, die Gaststätten des Elsass/Elsasses.*

Zusammengesetzte geografische Namen, die auf *-see, -fluss, -strom, -bach, -berg, -gebirge, -wald* enden, werden stets dekliniert: *die Eisfläche des Titisees, die Erzeugnisse des Odenwaldes, der Kamm des Rothaargebirges.*

Ländernamen kann man mit oder ohne Plural-*s* in den Plural setzen: *die beiden Deutschland[s], die gegensätzlichen Südafrika[s], das schwarze und das weiße.*

Anmerkung: Besteht ein Ortsname aus einem artikellosen Substantiv und dem eigentlichen Ortsnamen, dann wird nur der eigentliche Ortsname gebeugt: *die heißen Wasser Bad Aachens, die Verwaltung Burg Stargards, die Umgebung Stift Quernheims.*

65. Gespräch über *funktionale/funktionelle* Aspekte des Steuersystems

Adjektive auf *-al* und *-ell*

Man kennt das ja. Wenn man was ganz Unterschiedliches tut, so kann das durchaus genau das Gleiche bedeuten. Aber eben auch Unterschiedliches. So ist das auch mit den Adjektiven auf *-al* und *-ell.*

Mal haben die verschiedenen Endungen keinen Einfluss auf die Bedeutung wie bei *adverbial/adverbiell, universal/universell: die adverbial/adverbiell verwendeten Präpositionalgruppen, eine universale/universelle Gültigkeit*. Ob nun *-al* oder *-ell*, ein Bedeutungsunterschied ist hier nicht auszumachen.

Mal aber macht es schon einen Bedeutungsunterschied, ob man Begriffe mit *-al* oder *-ell* bildet, etwa bei *ideal* (= besser geht's nicht) und *ideell* (= der Idee, dem Gedanken nach), *formal* (= in Bezug auf die Form) und *formell* (= förmlich): *ein idealer Gatte, ein ideelles Reich des Schönen, formal gelungen, ein formeller Einspruch*.

Bei einigen dieser Adjektive ist die Variante mit *-ell* die umfassendere, da ihr Bedeutungsumfang den der Variante mit *-al* mit einschließt: *real* (= wirklich) und *reell* (= wirklich, echt und ehrlich, zuverlässig). In Zusammenhang mit Chance und Möglichkeit wird fast nur *reell* verwendet: *Die ukrainische Turnerin hatte keine reelle Chance, trat aber dennoch tapfer an*. Auch das Paar *funktional* und *funktionell* gehört hierher: *Funktional* bedeutet so viel wie «auf die Funktion bezogen», *funktionell* bedeutet ebenfalls «auf die Funktion bezogen», aber auch «wirksam» und in medizinischer Sprache «die Leistungsfähigkeit eines Organs betreffend»: *funktionale/funktionelle Aspekte des Steuersystems,* aber nur: *funktionelle Störungen des Magen-Darm-Traktes*.

66. Ich hätte *mir/mich* in den Hintern beißen mögen

Wertigkeit (Valenz) von Verben wie *beißen* und anderen Verben der Berührung

Das Dativobjekt, das indirekte Objekt, kann in einigen Fällen ein ganzes Lebewesen oder eine ganze Sache bezeichnen, auf das ein Teil dieses Ganzen bezogen wird (Pertinenzdativ, Zugehörigkeitsdativ): *Hast du* ***dir*** (Ganzes) *auch* ***die Zähne*** (Teil) *geputzt?* ***Mir*** *brummt* ***der Schädel.***

Eine Besonderheit haben Verben zu bieten, die eine Berührung ausdrücken, wie *beißen, boxen, hauen, klopfen, kneifen, schießen, schlagen, schneiden, stechen, stoßen, treten, zwicken* usw. Sie stehen normalerweise mit dem Akkusativ: *Aua, ich hab* ***mich*** *geschnitten!* ***Dich*** *hat wohl der wilde Affe gebissen*! Weisen diese Verben jedoch zusätzlich ein Objekt auf, das mit einer Präposition angeschlossen wird, Präpositionalobjekt, ist sowohl der Akkusativ möglich als auch der oben beschriebene Pertinenzdativ: *Ich hätte* ***mir/mich*** *in den Hintern beißen mögen. Die Ärztin stach* ***der guten / die gute Rachel*** *mit der Spritze in das Ärmchen.* Wird solch ein Verb metaphorisch, also im übertragenen Sinne gebraucht, wird allerdings meist der Dativ vorgezogen: *Seine Replik stach* ***ihr*** / (seltener:) *sie in die Seele. Der schwefelige Rauch biss* ***mir*** / (seltener:) *mich in die Augen.*

Anmerkung: Dem Verb *küssen* fehlt die freie Auswahl zwischen Akkusativ und Dativ (obwohl kaum ein anderes Verb mehr ein Verb der Berührung sein könnte), ihm folgt in solchen Fällen ausschließlich der Akkusativ: *Leider küsste* ***mich*** *Viola nur auf die Stirn.*

67. Der Kurator *haute/hieb* endlich mal mit der Faust auf den Tisch

Starke oder schwache Konjugation

Ob einem das Glück *gewinkt* oder *gewunken* (vgl. Fehler 11) hat, ist die Frage danach, ob ein Verb schwach (= regelmäßig) oder stark (= unregelmäßig) konjugiert wird. Dieselbe Frage stellt sich bei vielen anderen Verben auch. Und warum werden dabei so gern Fehler gemacht? Unter anderem liegt das daran, dass zwar das Gros der Verben fein säuberlich in starke und schwache geschieden ist, aber eben nur das Gros. Einige Verben erlauben sich den Luxus, parallel sowohl mit starken als auch mit schwachen Formen aufzuwarten. Bei anderen ist es so, dass starke und schwache Formen gemischt auftreten. Meist macht das für die Bedeutung keinen Unterschied. Manchmal aber doch!

Zu einer Gruppe von Verben, die ohne Bedeutungsänderung sowohl stark als auch schwach konjugiert werden können, zählen z. B.:

- *dingen: dang* (veraltet, selten) – *gedungen*, aber auch: *dingte – gedingt* (selten)
- *gären: gor – gegoren*, aber auch: *gärte – gegärt*
- *gleiten: glitt – geglitten, gleitete* (veraltet) – *gegleitet* (veraltet)
- *glimmen: glomm – geglommen*, aber auch: *glimmte – geglimmt*

- *klimmen: klomm – geklommen*, aber auch (selten): *klimmte – geklimmt*
- *melken: molk – gemolken*, aber auch: *melkte – gemelkt*
- *saugen: sog – gesogen*, aber auch: *saugte – gesaugt*
- *schnauben*: (veraltet:) *schnob – geschnoben*, meist: *schnaubte – geschnaubt*
- *sieden: sott – gesotten*, aber auch: *siedete – gesiedet*
- *triefen: troff – getroffen*, aber auch: *triefte – getrieft*

Einen Sonderfall stellt das Verb *mahlen* dar, das nur in einer Mischform auftritt:

- *mahlen: mahlte – gemahlen*

Zu einer Gruppe von Verben, bei denen ohne Bedeutungsänderungen auch Mischformen auftreten, zählen z. B.:

- *backen: buk – gebacken*, aber häufiger: *backte – gebacken*
- *salzen: salzte – gesalzen*, aber auch: *salzte – gesalzt*
- *schallen: scholl – geschallt*, aber häufiger: *schallte – geschallt*
- *spalten: spaltete – gespalten*, aber auch: *spaltete – gespaltet* (attributiv wird *gespalten* häufiger verwendet: *mit gespaltener Zunge*)

Zu einer Gruppe von Verben, die sowohl stark als auch schwach konjugiert werden können, dabei allerdings ihre Bedeutung verändern (also im Grunde nicht dieselben Verben sind), gehören z. B.:

- *bewegen* (= jemanden veranlassen): *bewog – bewogen*: *Was hat dich dazu bewogen?* Aber: *bewegen* (= eine Ortsveränderung veranlassen, beeindrucken): *bewegte – bewegt*: *Der Waran hat sich nicht von der Stelle bewegt. Das hat mich tief bewegt.*
- *bleichen* (= bleich werden, intransitiv): *blich* (veraltet) – *geblichen* (veraltet), meist: *bleichte – gebleicht*: *Die Steppe bleichte/blich in der gnadenlosen Sonne.* Aber nur: *bleichen* (= bleich machen, transitiv): *bleichte – gebleicht*: *So bleichten sie die Wäsche.*
- *hängen* (intransitiv): *hing – gehangen*: *Mit Seil und Hacken, den Tod im Nacken, so hingen sie in der steilen Wand.* Aber: *hängen* (transitiv): *hängte – gehängt*: *Dann hängten sie die Wäsche auf* (vgl. Fehler 71).
- *hauen* (= mit einer Waffe schlagen, im Kampf versehren): *hieb – gehauen*: *Der schwäbische Ritter hieb durch bis auf den Sattelknopf, hieb auch den Sattel noch in Stücken und tief noch in des Pferdes Rücken.* Aber: *hauen* (= schlagen ganz allgemein), meist: *haute – gehauen*, selten: *hieb – gehauen*: *Als der Kurator dann*

endlich mal mit der Faust auf den Tisch haute / (selten:) *hieb, war Ruhe im Schacht.*

- *schaffen* (= schöpferisch tätig sein): *schuf – geschaffen: Die Künstlerin hat ein wesentliches Werk geschaffen.* Aber: *schaffen* (= arbeiten, erledigen): *Ich habe heute viel geschafft.*
- *scheren* (= schneiden): *schor – geschoren: Nach dem Gewinn der Weltmeisterschaft wurde dem Bundestrainer der mächtige Schnauzer geschoren.* Aber: *scheren* (= sich kümmern oder auch = sich wegbewegen): *scherte – geschert: Um die Kinder scherte er sich einen Dreck. Wenn sie sich zum Teufel geschert hat, soll's mir recht sein.*
- *schleifen* (= schärfen und auch = hart drillen): *schliff – geschliffen: Der Scherenschleifer schliff die Scheren. Wir sind von diesem Feldwebel geschliffen worden bis zum Gehtnichtmehr*! Aber: *schleifen* (= über den Boden ziehen und auch = niederreißen): *schleifte – geschleift: Sie schleiften die Leiche zum Kofferraum. Nachdem die Festung erst einmal geschleift war, gab es nur noch Brennen und Morden.*
- *schleißen* (intransitiv = sich allmählich auflösen): *schliss – geschlissen: Das fein bestickte Wams schliss doch schon sehr.* Aber veraltend: *schleißen* (transitiv = die Federfahne vom Kiel lösen, Holz in feine Späne spalten): *schliss – geschlissen* und ebenso: *schleißte – geschleißt: Vorsichtig schliss/schleißte sie die eigentlich herrlich gezeichneten Federn.*
- *weben* (in übertragener Bedeutung), meist: *wob – gewoben: Nicht von ungefähr hat die hysterische Pianistin schon beizeiten an der eigenen Legende gewoben.* Aber: *weben* (in wörtlicher Bedeutung): *webte – gewebt: Diese Teppiche wurden von Hand gewebt – von indischer Kinderhand!*
- *wiegen* (= schwer sein und auch = das Gewicht feststellen): *wog – gewogen: Wie viel wog Muhammad Ali vor diesem Kampf eigentlich? Gewogen und für zu leicht befunden.* Aber: *wiegen* (= hin- und herbewegen und auch = klein hacken): *wiegte – gewiegt: Selbst als ich den ebenso niedlichen wie störenden Schreihals ausdauernd wiegte, wollte er keine Ruhe geben. Dann sollte erst einmal der Schnittlauch gewiegt werden.*

Das transitive Verb *stecken* wird stets schwach konjugiert: *steckte – gesteckt: Der Prokurist steckte seine Finger in gefährliche Geschäfte.*

Auch das intransitive Verb *stecken* wird meist schwach konjugiert. Es kann jedoch zu einer Mischform kommen, weil das Präteritum gelegentlich stark gebildet wird (das Partizip dagegen stets schwach): *steckte – gesteckt*, gelegentlich: *stak – gesteckt*: *In den Bäumen staken/steckten noch Granatsplitter.*

68. Der Prüfling sah das Unglück unaufhaltsam auf *sich* zurasen

Personal- oder Reflexivpronomen beim a. c. i.

Wer noch den guten (oder auch nicht so sehr guten) Lateinunterricht genießen durfte, wird sich mit einem leichten Schaudern des a. c. i. (Accusativus cum Infinitivo), des Akkusativs mit Infinitiv, erinnern. Nicht so häufig und nicht so wild konstruiert wie im Lateinischen taucht er auch im Deutschen auf:

Der Prüfling sieht	***das Unglück nahen.***
	Akkusativ mit Infinitiv (a. c. i.)

Ganz schön ins Grübeln kann man geraten, wenn im Akkusativ mit Infinitiv ein Pronomen auftaucht. Muss es nun ein Personalpronomen sein oder ein Reflexivpronomen?

Bezieht sich das Pronomen auf das Akkusativobjekt, wird stets das Reflexivpronomen verwendet: *Der Prüfling sah das Unglück **sich** nähern.* (= Der Prüfling sah das Unglück. Es näherte sich.)

Bezieht sich das Pronomen dagegen auf das Subjekt, schwankt der Gebrauch. Eigentlich müsste dann das Personalpronomen verwendet werden. Dennoch wird oft das Reflexivpronomen gewählt, besonders, wenn vor dem Pronomen eine Präposition steht: *Der Prüfling sah das Unglück unaufhaltsam auf **sich*** (eigentlich: *auf ihn*) *zurasen.* (= Der Prüfling sah das Unglück. Es steuerte unaufhaltsam auf ihn zu.) Steht das Pronomen aber ohne Präposition, wird das Personalpronomen verwendet: *Der Prüfling sah die begehrenswerte Kommilitonin **ihm** zulächeln. Diese wiederum hörte den Hausmeister **ihr** etwas zurufen.*

69. Man erwartete ein *massenweises* Auftauchen von Stones-Fans

Wörter mit *-weise* – adverbial oder attributiv

Zusammensetzungen aus einem Substantiv und *-weise* werden meist als Adverbien verwendet: *Massenweise tauchten Stones-Fans auf. Normalerweise macht ihm das gar nichts.*

Sie können jedoch auch attributiv als Adjektiv eingesetzt werden – allerdings nur dann, wenn sie sich auf Substantive beziehen, die ein Geschehen ausdrücken (Nomina Actionis): *seine schrittweise Annäherung an die Weltspitze, das scharenweise Überlaufen zum Feind, das massenweise Auftreten von Stones-Fans.* Vor anderen Substantiven können sie dagegen nicht stehen: **ein schrittweises Ende, *ein sackweiser Lohn, *eine teilweise Hose.*

Zusammensetzungen aus einem Adjektiv und *-weise* werden hingegen ausschließlich als Adverbien verwendet, niemals als attributive Adjektive: *Klugerweise verschwand ich dann. Das Suchwortverzeichnis zu erstellen, hat dankenswerterweise die Lektorin übernommen.* Nicht aber: **mein klugerweises Verschwinden, *die dankenswerterweise Erstellung des Suchwortverzeichnisses.*

Anmerkung: Übrigens wird *-weise* – oder hier besser: *Weise* – in ähnlichen Zusammenhängen getrennt vom Adjektiv geschrieben und dann auch groß. Dies ist immer der Fall, wenn man *Weise* in Verbindung mit der Präposition *in* verwendet: *in kluger Weise vermitteln, in netter Weise kritisieren.*

70. Wenn man schon so viele *Worte* macht, müssen es ja nicht noch alles Fremd*wörter* sein

Plural des Wortes *Wort*

Manchmal fehlen einem die Worte, seltener die Wörter. Die fehlen allenfalls dem Aphasiker, also jemandem, der sein Sprechvermögen verloren hat. Was genau hat es denn auf sich mit den beiden unterschiedlichen Pluralformen des Wortes *Wort*?

Es geht um die Bedeutung. Das Wort *Wort* kann man unterschiedlich verstehen: zum einen in dem Sinne von «Laut-» bzw.

«Schriftgebilde», «Einzelwort», zum anderen in dem Sinne von «Begriff», «Äußerung, die einen Sinn vermittelt», «Ausspruch» u. Ä.

Im Sinne von «Einzelwort», «Laut- bzw. Schriftgebilde» hat *Wort* den Plural *Wörter*: *Alle Wörter dieses Satzes haben weniger als 18 Buchstaben und sind keine Fremdwörter. Als Plakatmalerin darf Uta ruhig große Wörter malen.*

Im Sinne von «Begriff», «Äußerung, die einen Sinn vermittelt», «Ausspruch» hat *Wort* den Plural *Worte*: *Mit ein paar rührenden Worten hatte sie das ganze Rugby-Team auf ihre Seite gezogen. Mach doch nicht wieder so große Worte!*

Anmerkung: Nicht allein das Wort *Wort* beansprucht gleich zwei Pluralformen für sich. Das kann das Wort *Stichwort* schon lange. Wenn der aufstrebende Schriftsteller sich etwa ein paar kurze Aufzeichnungen für seinen neuen nobelpreisverdächtigen Roman macht, sollten die schon einen Sinn ergeben, also eher *Stichworte* sein. Dagegen weisen die Begriffe, die in einem Lexikon erklärt werden, untereinander kaum einen Sinnzusammenhang auf, so dass hier der Plural *Stichwörter* angemessen ist.

71. Er hat die Fußballschuhe, an denen er so *gehangen* hat, endgültig an den Nagel *gehängt*

Starke und schwache Konjugation beim Verb *hängen*

Nicht korrekte Sätze wie **Der Experte hatte seine Argumentation moralisch sehr hoch gehangen* oder **Das Jackett hatte in der Garderobe gehängt* zeugen davon, dass hier zwei Verben verwechselt wurden, die es auseinanderzuhalten gilt. Der Infinitiv *hängen* kann nämlich einerseits zum intransitiven Verb *hängen*, also zu einem Verb ohne Akkusativobjekt, mit den unregelmäßigen Stammformen *hängen, hing, gehangen* gehören: *Der Ex-Manager hing wie ein Schluck Wasser über der Kantinen-Bar. Die Zahlungsunfähigkeit hatte jahrelang als Damokles-Schwert über dem Unternehmen gehangen.* Andererseits kann der Infinitiv *hängen* zum transitiven Verb *hängen* gehören, also zu einem Verb mit Akkusativobjekt (Frage: wen/was?), mit den regelmäßigen Stammformen *hängen, hängte, gehängt*: *Man hängte einen Mistelzweig über die Tür. Tom Dooley wurde gehängt und besungen. Die*

Eisprinzessin hat die Schlittschuhe endgültig an den Nagel gehängt.

Anmerkung: Auch bei Zusammensetzungen mit *hängen* wie: *abhängen, anhängen, überhängen, vorhängen* usw. ist der Unterschied zwischen transitivem und intransitivem Verb zu beachten:

Die Joint Ventures haben lange von den Subventionen der EU abgehangen. Aber: *Das Ordnungsamt hat die Hinweisschilder nicht selbst abgehängt.*

Die Nordroute kam nicht infrage, weil die Felswand doch sehr stark überhing. Aber: *Alle wussten Bescheid, als sich die Architektin noch schnell ein Cape überhängte.*

72. Übemethode/Übmethode, Legehenne/Leghenne

Fugen-*e* bei Zusammensetzungen aus Verbstamm und Substantiv

In 80 bis 90 Prozent aller Zusammensetzungen aus Verbstamm und Substantiv wird kein Fugen-*e* verwendet: *Waschmaschine, Schreibtisch, Brechreiz* usw.

Die Frage, wann ein Fugen-*e* zu setzen ist, kann nicht mit einer durchgängig gültigen Regel beantwortet werden. Es lässt sich allenfalls tendenziell angeben, wo sich Bildungen mit Fugen-*e* häufen. Es scheint so zu sein, dass Zusammensetzungen mit Verben, deren Stamm einsilbig ist und auf einen stimmhaften Obstruenten *b, d, g, s* endet, (in ungefähr der Hälfte der Fälle) zu einem Fugen-*e* neigen: *Badeanstalt, Liegewiese, Nagetier, Reibekuchen, Lesebrille, Übemethode, Legehenne.*

In einem Drittel der Fälle steht nach *t* und *ng* ein Fugen-*e*: *Haltevorrichtung, Wartesaal, Hängepartie.*

Stets folgt nach Verbstämmen auf *t* ein Fugen-*e*, wenn das Grundwort mit *t* oder einem stimmhaften *s* beginnt: *Haltetau, Ratesendung.*

Nach Verbstämmen auf *d* folgt stets ein Fugen-*e*, wenn das Grundwort mit einem Vokal oder einem *m, r, p, t* oder *k* beginnt: *Wendearsch, Bindemittel, Laderampe, Sendepause, Siedetemperatur, Scheidekunst.*

Anmerkung: Es gibt einige regionale Unterschiede. In der Schweiz neigt man häufiger zu Zusammensetzungen ohne Fugen-*e*: *Badanstalt, Wartsaal* statt: *Badeanstalt, Wartesaal.*

73. Was ist der schlimmste von *hundertundein* Fehlern?

Deklination von *ein/eins,* auch in zusammengesetzten Zahlwörtern

Das Wort *eins* meint immer die Kardinalzahl. Sie wird ausschließlich beim bloßen Zahlenaufzählen und beim Rechnen verwendet: *eins, zwei, drei… hunderteins/hundertundeins… tausendeins/tausendundeins…; hundert plus eins gleich hunderteins/hundertundeins.*

Steht diese Zahl aber vor einem Substantiv, werden also nicht bloß Zahlen aufgezählt, sondern Gegenstände gezählt, so wird nicht *eins*, sondern *ein* gebraucht.

Dabei bleibt *ein* im Plural stets undekliniert: *hundertein/hundertundein Fehler, bei hundertein/hundertundein Fehlern.*

Im Singular dagegen wird dekliniert: *bei einem Fehler, von hunderteinem/hundertundeinem Fehler, Märchen aus tausendeiner/tausendundeiner Nacht.* Ausnahme: Wenn *ein* durch *und, oder, bis* mit *zwei* oder *ander-* verbunden ist, bleibt es undekliniert: *An ein bis zwei Konkursen muss man sich schon eine goldene Nase verdient haben. Das ein oder andere wirst du noch üben müssen.*

74. Das *spiegelte* ihre Unsicherheit *wider* / Das *widerspiegelte* ihre Unsicherheit

Trennbarkeit von *widerspiegeln*

Trennbare Verben (auch unfest zusammengesetzte Verben genannt) sind zusammengesetzte Verben, die nur in den infiniten Formen (Infinitiv, Partizip I und II) zusammengeschrieben werden sowie im mit Subjunktion oder Relativpronomen eingeleiteten Nebensatz: *einkaufend, eingekauft; weil du immer diesen fabrikneuen Schrott einkaufst.* In allen anderen Fällen wird der Verbzusatz abgetrennt (daher: trennbare Verben) und nachgestellt: *Du kaufst fabrikneuen Schrott ein. Kauf doch keinen fabrikneuen Schrott ein!* Getrennt vom Verb steht der Verbzusatz in Ausdrucksstellung am Anfang des Satzes: *Hinzu rechne ich, dass du ihn schon damals so nobel unterstützt hast.*

Bei einigen trennbaren Verben wird der eigentlich getrennt nachzustellende Verbzusatz gelegentlich doch mit dem Grundverb zusammengeschrieben, vor allem bei Verben wie *aberkennen, anberaumen, anempfehlen, anerkennen, anvertrauen, vorenthalten, widerhallen, widerspiegeln* u.a.: *Er anerkannte ihre Überlegenheit. Das widerspiegelte ihre Unsicherheit.* Statt eigentlich: *Er erkannte ihre Überlegenheit an. Das spiegelte ihre Unsicherheit wider.* (Aber: Im Infinitiv mit *zu* bleibt es stets beim Muster der trennbaren Verben, das heißt, das Wort *zu* wird nie getrennt vorangestellt, sondern stets zwischen Verbzusatz und Grundverb gesetzt, allerdings mit beiden zusammengeschrieben. Nicht möglich: **Er dachte gar nicht daran, ihre Überlegenheit zu anerkennen.* Sondern nur: *Er dachte nicht daran, ihre Überlegenheit anzuerkennen.*)

Die Nichttrennung eigentlich trennbarer Verben trifft man vor allem in Süddeutschland, Österreich und der Schweiz an.

Etwas anders als bei oben genannten Verben liegen die Verhältnisse bei den Verben *obliegen, obsiegen, obwalten, übersiedeln.* Diese kann man, ohne dass sich dadurch etwas an ihrer Bedeutung ändert, verschieden betonen: *obliegen/obliegen, obsiegen/obsiegen, obwalten/obwalten, übersiedeln/übersiedeln.* Daher kann man sie ganz regelgerecht einmal als trennbar, das andere Mal als nicht trennbar auffassen: *Yvonne Marxer siedelte dann doch wieder von Wien nach Schaan über. / Yvonne Marxer übersiedelte dann doch wieder von Wien nach Schaan. Es liegt Ruth nicht ob, das zu kommentieren. / Es obliegt Ruth nicht, das zu kommentieren.*

Ein Unterschied: Zu *obliegen, obsiegen* und *obwalten* existieren bei den infiniten Formen ausschließlich die trennbaren: *obgelegen, obgesiegt, obgewaltet, obzuliegen, obzusiegen, obzuwalten.* Bei *übersiedeln* kann man dagegen sowohl die trennbaren wie auch die untrennbaren Formen verwenden: *übergesiedelt/übersiedelt, überzusiedeln / zu übersiedeln.*

75. Karin hatte *jemand Interessantes / jemand Interessanten / jemanden Interessantes* interviewt

Deklination von *jemand/niemand,* Deklination nach *jemand/niemand*

Die Pronomen *jemand* und *niemand* können im Dativ und Akkusativ sowohl mit als auch ohne Deklinationsendung verwendet werden: *Der Shareholder-Value bedeutet jemand/jemandem Ihres Gelichters wohl überhaupt nichts mehr, wie? Mit dieser Frage hast du jemand/jemanden sehr verletzt. Das nutzt niemand/niemandem.*

Nominativ	*jemand*	*niemand*
Genitiv	*jemand[e]s*	*niemand[e]s*
Dativ	*jemand[em]*	*niemand[em]*
Akkusativ	*jemand[en]*	*niemand[en]*

Wenn *jemand/niemand* vor *anders* oder einem deklinierten Adjektiv steht, wird häufiger die endungslose Form verwendet: *Das können Sie meinetwegen jemand* / (seltener:) *jemandem anders andrehen. Karin hatte jemand* / (seltener:) *jemanden Interessantes interviewt.*

Bei Kombinationen aus *jemand* und substantiviertem Adjektiv im Neutrum kann das Adjektiv in allen Kasus unverändert bleiben: *mit jemand Interessantes, ohne jemand Interessantes.* (Diese Formen haben sich aus Genitiven des Neutrums entwickelt.) Gebräuchlicher ist es allerdings zu deklinieren: *mit jemand Interessantem, ohne jemand Interessanten.*

76. Das kostet *mich* ein müdes Lächeln und *die Schalker / den Schalkern* den Sieg

Wertigkeit von kosten

Zu entscheiden, ob *kosten* nun den doppelten Akkusativ fordert oder die Kombination aus Dativ der Person und Akkusativ, kostet den Kenner nur ein müdes Lächeln. Denn er weiß, dass *kosten* in zwei unterschiedlichen Bedeutungen verwendet wird und dass von der Bedeutung die Wertigkeit dieses Verbs abhängt.

Zunächst einmal wird *kosten* gebraucht im Sinne von «etwas ist von jemandem nur über die Entrichtung eines Preises zu bekommen». In dieser Bedeutung verlangt *kosten* den doppelten Akkusativ: *Das ganze Computerzeug hat unseren guten Studienrat schließlich an die 10000 EUR gekostet. Den Trainer nicht mit Verbalinjurien zu überschütten kostete die Eisschnellläuferin eine schier unmenschliche Selbstkontrolle. Das kostet mich nur ein müdes Lächeln.*

Man verwendet *kosten* aber auch im Sinne von «etwas bringt jemanden um etwas». Dann sind sowohl der doppelte Akkusativ als auch die Konstruktion aus Dativ der Person und Akkusativ möglich: *Dieses Foul kostete die Schalker / den Schalkern den Sieg. Es wird dich/dir schon nicht den Kopf kosten.* Üblicher ist allerdings auch hier der doppelte Akkusativ.

Anmerkung: Auch die Wendung *sich eine Sache etwas kosten lassen* ist mit beiden Konstruktionen möglich: *Das hast du dich/dir ja ganz schön was kosten lassen.*

77. Du *trankst/trankest* so seltsam schwarzen Wein und *aßest* dazu ein Warzenschwein

Präteritum-Konjugation

Im heutigen Deutsch lässt man das *-e-* der unregelmäßigen Verben in der 2. Person Singular oder Plural des Präteritums meist weg: *Du trankst einen hervorragenden Wein. Ihr trankt einen hervorragenden Wein.* Die Verwendung des *-e-* gilt als veraltet: *Du sangest, du für sie in deiner Jugend nicht singend // Du sprachest zur Gottheit ...* (Hölderlin).

Ist der letzte Buchstabe des Verbstammes jedoch ein *-d-* oder *-t-*, wird aus lautlichen Gründen das *-e-* in der 2. Person Plural stets gesetzt: *Ihr fandet mich bass erstaunt.* In der 2. Person Singular kommen beide Formen vor: *Du fand[e]st mich bass erstaunt.*

Bei unregelmäßigen Verben, deren Stamm auf einen Zischlaut endet, bleibt das *-e-* in der 2. Person Singular immer erhalten: *du aßest, lasest, wiesest, schissest, wuschest* usw. In der 2. Person Plural dagegen kann es durchaus wegfallen: *ihr aß[e]t, las[e]t, wies[e]t, schiss[e]t, wusch[e]t* usw.

78. *D. h.*, wir wollten *u. a.* die hier heimische Fischfauna dokumentieren: Barsche, Elritzen, Karauschen, Moderlieschen, Schleien, Schneider …

Leerschritte bei Abkürzungen und Auslassungspunkten

Bei Abkürzungen wie *d. h.*, *e. V.*, *i. A.*, *i. d. R.*, *m. E.*, *z. B.*, *u. a.*, *u. Ä.* usw., also bei solchen, die für mehr als ein Wort stehen und bei denen jedes Wort für sich durch einen Punkt abgekürzt ist, wird nach DIN 5008 jeweils ein Leerschritt zwischen die einzelnen Abkürzungselemente gesetzt. Duden empfiehlt einen geschützten kleineren Wortzwischenraum.

Vor und nach Auslassungspunkten wird ein Leerschritt gesetzt, wenn sie für ein selbständiges Wort oder mehrere Wörter stehen: *Wenn du, mehr oder weniger liebe Laura, das wirklich glaubst, dann …*

Wenn nur ein Wortteil ausgelassen ist, schließt man ohne Leerschritt unmittelbar an den Rest des Wortes an: *Wörter mit …ung vermeiden wir nach Möglichkeit.*

79. *Aufgrund des inhomogenen Baugrundes* waren die Fundamente einfach abgesackt und gekippt

Die Präposition *durch* oder *wegen, aufgrund, von, infolge*?

Möchte sich etwa die Präpostion *durch* durch und durch durchsetzen? Man erspäht sie nämlich immer häufiger an Stellen, wo sie den Üblichkeiten gemäß eigentlich nicht zu erwarten wäre: **Durch die Verspätung des Zuges habe ich meinen Anschluss verpasst*. Üblicherweise wird *durch* instrumental verwendet, d. h., *durch* gibt ein Mittel oder Werkzeug an, durch das etwas umgesetzt wird: *Beantworte dir die Frage doch durch einfaches Überlegen selbst!* Dagegen gibt die Präposition *durch* kein Ursache-Wirkungs- oder Grund-Folge-Verhältnis wieder. Daher nicht: **Durch den inhomogenen Baugrund waren die Fundamente einfach abgesackt und gekippt*. Sondern: *Wegen / aufgrund des inhomogenen Baugrundes waren die Fundamente einfach abgesackt und gekippt. Aufgrund der Verspätung des Zuges habe ich meinen Anschluss verpasst.*

Im Passivsatz wird der/die/das Handelnde im Allgemeinen mit *von*, nicht mit *durch* eingebracht: *Hasis ungebührliches Verhalten wurde auch von der Cutterin* (nicht: **durch die Cutterin) bezeugt. Bei diesem Sturm ist die kleine Pfadfinderin fast von einem stürzenden Dachziegel erschlagen worden.*

Aber natürlich kann auch im Passivsatz ein Mittel bzw. Werkzeug angegeben werden, das dann mit *durch* eingebracht würde: *Die Unterschlagung ist [von der Chefsekretärin] nur durch den Einsatz unglaublicher Akribie aufgedeckt worden.* Dieses Mittel käme dann in dem entsprechenden Aktivsatz genauso vor: *Die Chefsekretärin hat die Unterschlagung nur durch den Einsatz unglaublicher Akribie aufgedeckt.*

Gelegentlich aber sind Mittel bzw. Werkzeug und der/die/das Handelnde auch identisch. Dann kann man sowohl *durch* als auch *von* verwenden: *Die Aufklärung des Falles war vom / durch das Gericht selbst behindert worden.* Das Beispiel zeigt, dass hier zwar beide Präpositionen eingesetzt werden können, dass es aber einen Bedeutungsunterschied gibt. Denn *vom* bedeutet: Das Gericht hat bewusst behindert. Bei *durch* bleibt das offen.

Bei einigen Verben ist allerdings oft nur *durch* möglich: *Die Patienten werden durch das neue Medikament keineswegs vor diesen Nebenwirkungen bewahrt.*

Anmerkung: Die Präposition *infolge* weist auf eine(n) zurückliegende(n) Ursache/Grund: *Die Programmierer mussten infolge meines Denkfehlers die ganze Nacht durcharbeiten.* Die Präposition steht ausschließlich vor Ausdrücken, die Sachverhalte, nicht vor solchen, die eine Sache oder Person wiedergeben: *Dass Helge infolge ihrer Hinhaltetaktik das kleine Hightech-Unternehmen aufgeben musste, hat Mareike sehr getroffen.* Aber nicht: **Infolge des gewonnenen Geldes ist er nun stinkreich.* Sondern: *Aufgrund des gewonnenen Geldes / Infolge des Geldgewinnes …*

80. Früher grundsätzlich nur die *lila* Latzhose und heute ein *orange/oranges* Haute-Couture-Kleid

Deklination von fremdsprachigen Farbbezeichnungen

Vielleicht sollte man nicht so nostalgisch den Zeiten von *lila* bzw. *lilafarbenen Latzhosen* nachtrauern, denn so ein *oranges Haute-Couture-Kleid* hat ja seinen Reiz. Und in den Zeiten besagter Hosen hätte es solch ein Kleid ja auch gar nicht gegeben – allenfalls ein *orange* oder *orangefarbenes* oder *orangefarbiges Haute-Couture-Kleid.* Denn dass man Farbbezeichnungen wie *beige, türkis* oder *orange* dekliniert, ist ziemlich neu. Doch ist die undeklinierte Form auch weiterhin möglich wie auch die Erweiterungen mit *-farben* und *-farbig*: *unsere beige/beigen/beigefarbenen/beigefarbigen Polster, die gewagte türkise Lackierung ihres Borgward Isabella.*

Bei fast allen anderen Farbbezeichnungen aus Fremdsprachen (die meisten aus Substantiven abgeleitet) bleibt es allerdings bei der Undeklinierbarkeit, solange sie nicht durch *-farben* oder *-farbig* erweitert sind: *eine lila Latzhose, ein rosa Schweinchen.* Bei einigen dieser Farben ist die undeklinierte Form aber arg gewöhnungsbedürftig: *ein bleu Notebook, die cognac Leder-Chefsessel.* Wenn die Gewöhnung nicht gelingen mag und einem die Erweiterung mit *-farben* und *-farbig* zu umständlich erscheint, kann man auch auf so etwas ausweichen wie: *ein Notebook in Bleu, die Leder-Chefsessel in Cognac* (Letzteres könnte natürlich missverstanden werden und den Anlass für Einkaufsfahrten nach Frankreich liefern).

81. Frau Dr. Wassong vermisste den dynamischen Start-up-Unternehmer. *An ihn* dachte sie gelegentlich nicht ohne Sympathie. Mehr aber vermisste sie ihr Venture-Capital, *woran* sie täglich denken musste

Pronominaladverbien oder Präposition + Pronomen

Pronominaladverbien wie *dabei, dafür, damit, davon, hierbei, hiermit, wobei, wodurch, woran, worauf, worüber, wovon, wozu* u.v.m. stehen für eine Präpositionalgruppe: *Habt ihr schon das neue Buch von Mackowiak durchgearbeitet? Wir haben schon gespannt darauf* (= auf das neue Buch von Mackowiak) *gewartet* oder für eine(n) ganze(n) Satz, Nebensatz, Infinitivgruppe: *Wir wandern im Sommer durch den französischen Nationalpark des Ecrins. Darauf* (= dass wir im Sommer durch den französischen Nationalpark des Ecrins wandern) *freuen wir uns schon seit Jahren.*

Ein Pronominaladverb verwendet man, wenn man sich auf eine Sache, einen Begriff oder etwas Satzwertiges bezieht: *Kannst mir mal diese Mangelsdorff-CD leihen? Ich will mir eine Kopie davon machen. Du und deine Tricksereien: Irgendwann fällst du damit mal böse rein. Stimmt: Swetlana ist gefeuert worden. Aber dafür kann Nele nichts.*

Dagegen verwendet man die Kombination aus Präposition und Pronomen, wenn man sich auf eine Person bezieht: *Nele war für Mangelsdorff. Wie bitte? Für den war sie doch noch nie!*

Allerdings sind *darunter* und *davon* Ausnahmen, mit *darunter* und *davon* kann man sich auch auf Personen (aber immer nur mehrere) beziehen: *In Moers traf und trifft man zu Pfingsten viele Jazzmusiker. Unter ihnen / Darunter auch etliche Posaunisten. War Mangelsdorff eigentlich auch einer von ihnen / davon?*

Auch in Relativsätzen verwendet man die Kombination von Präposition und Relativpronomen, wenn man sich auf Personen bezieht: *Ein Tempomacher, auf den ich warten muss, nutzt nun wirklich nichts.*

Aber auch wenn man sich auf eine Sache oder einen Begriff bezieht, wird meist die Präposition-Relativpronomen-Kombination eingesetzt: *Die Kooperative züchtet Möhren, mit denen nur Heldenkaninchen gefüttert werden. Ein Wissen, von dem Kai gänzlich unbeleckt ist, kann ihn auch nicht weiter belasten.*

In Fragefunktion (interrogativ) wird bei Sach- und Begriffsbezug das Pronominaladverb gebraucht: *Womit nur füttert man Heldenkaninchen?* (*Mit wem nur füttert man Heldenkaninchen?* dagegen könnte man sowohl als Frage danach deuten, wer einem bei der Fütterung hilft, wie auch danach, wer dem Tier zum Fraß vorgeworfen wird.) *Wovon Kai nichts weiß, macht ihn nicht heiß.*

Das Pronominaladverb zieht man oft vor, wenn man sich auf ein unbestimmtes Pronomen oder Zahlwort im Neutrum bezieht: *Da gibt's nichts, worum / (um was) es sich mehr zu kämpfen lohnte. Es gibt einiges, womit / (mit dem) ich durchaus gerechnet hätte, und anderes, woran / (an das) ich nie im Leben zu denken für nötig gehalten hätte.*

Fehlt dem Relativsatz ein Bezugswort im übergeordneten Satz, gilt die Präposition-Relativpronomen-Kombination als umgangssprachlich: *Mit was sie rechnet, rechnet sich nicht. Ihr wollt wissen, um was es geht?* Als standard(schrift)sprachlich gilt nur das Pronominaladverb: *Womit sie rechnet, rechnet sich nicht. Ihr wollt wissen, worum es geht?*

Anmerkung: Die Trennung von Pronominaladverbien gilt als umgangssprachlich: *Da kann der Kleine wirklich nichts für.* Besser: *Dafür kann der Kleine wirklich nichts.*

82. Nicht dass die Rekruten *geschrien* hätten wie am Spieß, aber doch wie einer – wo sie doch sonst vor dem Feldwebel geradezu *niederknien*

e-Ausfall bei *schreien* und *knien*

Nach *-ie* fällt bei den Verben *schreien* und *knien* das *-e* der Endung *-en* weg: *geschrien, wir knien.*

Nach *-ei* wird es standardsprachlich verwendet: *wir schreien, wir könnten schreien.* Weggelassen wird es oft aber in der Umgangssprache und aus metrischen oder reimtechnischen Gründen auch in der Lyrik: *Wir müssen hier schrein: // Wie kann das nur sein?*

Anmerkung: Einen Apostroph setzt man in den Fällen, in denen das *-e* ausfällt, nicht.

83. **Von diesem Dozenten* befürchten die Studenten, dass sie nicht viel beigebracht bekommen

Falsche Satzgliedstellung von Angaben und Präpositionalobjekten

An vielen Sätzen zeigt sich heute die Tendenz, dass man als Leser keinen Anstoß mehr nimmt. Für letzteren gilt dies wohl weniger. Hier werden wohl die meisten Leser Anstoß nehmen an der Stellung des Satzgliedes *an vielen Sätzen* und so etwas fordern wie: *Heute zeigt sich die Tendenz, dass man an vielen Sätzen keinen Anstoß mehr nimmt*. Denn die Tendenz zeigt sich nicht *an vielen Sätzen*, an ihnen wird vielmehr Anstoß genommen. Daher gehört *an vielen Sätzen* in den *dass*-Satz. Ein Satz allerdings wie **Von diesem Dozenten befürchten die Studenten, dass sie nicht viel beigebracht bekommen* hätte wahrscheinlich größere Chancen, unbeanstandet davonzukommen, obwohl er den gleichen satzlogischen Fehler aufweist. Auch hier wäre umzustellen: *Die Studenten befürchten, dass sie von diesem Dozenten nicht viel beigebracht bekommen*. Ähnlich verhält es sich bei: *Der Feldwebel war nicht im Depot. *Dort hatte ich nämlich versucht, ihn anzurufen*. Richtig dagegen: *Der Feldwebel war nicht im Depot. Ich hatte nämlich versucht, ihn dort anzurufen.*

84. Mit so einem Gesicht brauchst du mir gar nicht erst an*zu*treten

Schwankende Formen bei *nicht brauchen* + Infinitiv

Offenbar regen ja verschiedene Umgebungen auch verschieden stark an, sich auf den Weg zu machen. So scheint die Umgangssprache das verneinte oder eingeschränkte *brauchen* (= *nicht brauchen / bloß, erst, nur brauchen*) + Infinitiv angeregt zu haben, sich auf den Weg zu machen, ein Modalverb wie *dürfen, können, müssen* usw. zu werden. Denn in der Umgangssprache neigt man stark dazu, *nicht brauchen* + Infinitiv die Eigenheiten eines Modalverbs zuzugestehen. So lässt man wie bei den Modalverben gerne schon mal das *zu* beim Infinitiv weg: *Mit so einem Gesicht brauchst du gar nicht erst antreten. Die Rekruten brauchten bloß die Bierflaschen einsammeln*. Auch das *-t* der 3. Person Singular wird schon mal nach dem Vorbild der Modalverben geschludert: *Dieser Schlag ins Wasser brauch dich nicht wundern. Das Notstromaggregat brauch erst nach dem dritten Versuch eingeschaltet werden*. Auch die Konjunktiv-II-Form *bräucht-* mit Umlaut (neben *braucht-*) kann man vielleicht als Anlehnung an *dürft-, könnt-, müsst-, möcht-* deuten (aber ja auch: *sollt-, wollt-*): *Nach dem zweiten Versuch bräuchte das Notstromaggregat noch nicht eingeschaltet werden.*

Diesen Weg scheint *nicht brauchen* + Infinitiv in der Standardsprache (noch) nicht ganz hinter sich gebracht zu haben oder scheint zumindest noch nicht so weit gekommen zu sein. Denn in der Standardsprache heißt es immer noch: Beim Infinitiv gibt's ein *zu*: *Mit so einem Gesicht brauchst du gar nicht erst anzutreten. Die Rekruten brauchten bloß die Bierflaschen einzusammeln.* Die 3. Person Singular bekommt ein *-t*: *Dieser Schlag ins Wasser braucht dich nicht zu wundern. Das Notstromaggregat braucht erst nach dem dritten Versuch eingeschaltet zu werden.* Und der Konjunktiv II wird ohne oder mit Umlaut gebildet: *Nach dem zweiten Versuch brauchte/bräuchte das Notstromaggregat noch nicht eingeschaltet zu werden.* Allenfalls beim *zu* des Infinitivs zeigen sich Tendenzen, es vielleicht doch schon mal – wie in der Umgangssprache häufig – wegzulassen.

Anmerkung: Die Perfektzeiten von *nicht brauchen* + Infinitiv werden auch standardsprachlich wie die der Modalverben nicht – wie sonst üblich – mit Partizip II gebildet: *Die Rekruten haben bloß die Bierflaschen eingesammelt*, sondern mit dem Infinitiv: *Die Rekruten haben bloß die Bierflaschen einzusammeln brauchen.*

85. Waren die letzten Tour-de-France-Sieger alle bis zum Überlaufen mit Epo, Testosteron und mit was sonst noch abgefüllt – also auch der alte und *[der]* neue?

Nicht mögliche Auslassungen (Ellipsen)

Wer sich die Fähigkeit erhalten hat, Realitäten zu ignorieren, wird auch gegenwärtig noch unbeschwert *den alten und den neuen Tour-de-France-Sieger* feiern können. Schwieriger wird es vielleicht, wenn man *den alten und neuen Tour-de-France-Sieger* feiern möchte. Denn bei dem Ausdruck *den alten und den neuen Tour-de-France-Sieger* handelt es sich eventuell um zwei Sieger, beim Ausdruck *den alten und neuen Tour-de-France-Sieger* auf jeden Fall um einen. Und ob noch einmal ein Radfahrer zweimal hintereinander eine Tour gewinnt, wird ja unwahrscheinlich, wenn es Sitte wird, dem Sieger den Sieg wegen Dopings abzuerkennen. Grammatisch geht es aber nur darum, dass es in einem Fall wie unserem nicht möglich ist, den Artikel wegzulassen, wenn man zwei verschiedene Gegenstände/Personen meint.

Dagegen ist es durchaus möglich, wenn auch nicht unbedingt üblich, in zusammengefassten Sätzen von zwei Verbformen eine auszusparen, auch wenn die Formen eigentlich nicht übereinstimmen: *Waren die letzten Tour-de-France-Sieger alle bis zum Überlaufen mit Epo, Testosteron und mit was sonst noch abgefüllt – also auch der neue / der alte und neue?* statt eigentlich: ... *– also war auch der neue / der alte und neue mit dem Zeug abgefüllt?* Oder: *Annelie übernachtet im Kinderzimmer, Anne und Jürgen in der Scheune* statt eigentlich: *Annelie übernachtet im Kinderzimmer, Anne und Jürgen übernachten in der Scheune.*

Nicht möglich ist eine solche Auslassung der Verbform, wenn die identischen Verbformen unterschiedlichen Konstruktionen angehören, Unterschiedliches bedeuten: **Die Polizistin hielt sowohl das Auto an als auch den Fahrer, nicht so zu rasen.*

Anmerkung: Die in der normalen Rede nicht mögliche Auslassung einer Verbform wird – meist (wenn auch nicht immer) in humoristischer Absicht – als Stilmittel, Zeugma, bewusst eingesetzt: *Tom Smith nahm seinen Mantel, seinen Hut, seinen Abschied, keine Notiz von seinen Freunden, einen Wagen, den Revolver aus der Tasche und sich das Leben* (nach Mark Twain).

86. Mit künstlicher Intelligenz ausgestattete Roboter wären *denkfähig*. Aber sind sie auch *denkbar*?

Wortbildungen mit *-fähig* und *-bar*

Adjektive, die aus einem Verbstamm + *-bar* bestehen, werden in der Regel passivisch verwendet: *ein durchaus lernbares Programm* = ein Programm, das durchaus gelernt werden kann.Weitere Beispiele: *annehmbar, dehnbar, denkbar, recycelbar, unfassbar, zerlegbar* usw.

Dagegen haben Adjektive, die aus einem Verbstamm + *-fähig* bestehen, in der Regel eine aktive Bedeutung: *ein lernfähiger Regieassistent* = ein Regieassistent, der lernen kann. Weitere Beispiele: *denkfähig, erbfähig, leitfähig, saugfähig* usw.

Allerdings gibt es in beiden Gruppen Ausnahmen. So werden die folgenden beiden Adjektive aus Verbstamm + *-bar* durchaus aktivisch verwendet: *brennbar, explodierbar,* und andererseits haben die beiden folgenden aus Verbstamm + *-fähig* eine passive Bedeutung: *strapazierfähig, streichfähig.*

Anmerkung: Während die überwiegende Anzahl der Bildungen mit *-bar* von Verbstämmen abgeleitet ist: *anspielbar, belastbar, essbar, greifbar, lesbar, wiederverwendbar* usw., ist bei *-fähig* die Ableitung von Verbstämmen eher selten. Hier spielen Substantive die viel, viel größere Rolle: *anpassungsfähig, geschäftsfähig, leistungsfähig, salonfähig, teamfähig, unzurechnungsfähig* usw.

87. Die lustigen Kaninchen, inmitten *deren/derer* unser krankes Heldenkaninchen sofort auffiel, wussten ja nichts von alledem

Genitiv des Relativpronomens *der, die, das*

Bisweilen testen Wörter ihr darstellerisches Talent und schlüpfen in die unterschiedlichsten Rollen – was durchaus manch Verwirrung stiften kann. So treten *der, die, das* einmal als Artikel auf: *die feine Sache, den Werwölfen*, ein andermal als Demonstrativpronomen: *Die ist doch völlig durchgeknallt. Denen geben sie nie etwas* und ein weiteres Mal als Relativpronomen: *das Boot, in dem wir alle sitzen.* Das Gemeinste ist, dass die Formen der einzelnen Auftritte auch noch sehr ähnlich, aber leider nicht gleich sind.

Der bestimmte Artikel wird nämlich so dekliniert:

		Singular		Plural
	Mask.	Fem.	Neutr.	Alle drei Genera
Nominativ	*der*	*die*	*das*	*die*
Genitiv	*des*	*der*	*des*	*der*
Dativ	*dem*	*der*	*dem*	*den*
Akkusativ	*den*	*die*	*das*	*die*

Die Deklination des Relativ- und Demonstrativpronomens weicht davon etwas ab:

		Singular		Plural
	Mask.	Fem.	Neutr.	Alle drei Genera
Nominativ	*der*	*die*	*das*	*die*
Genitiv	*dessen*	*deren/derer*	*dessen*	*deren/derer*
Dativ	*dem*	*der*	*dem*	*denen*
Akkusativ	*den*	*die*	*das*	*die*

Demonstrativ- und Relativpronomen unterscheiden sich also im Genitiv Singular und Plural und im Dativ Plural vom Artikel. Unsicherheiten tauchen auf, wenn es darum geht: Wann verwende ich *deren*, wann *derer*?

Die Üblichkeiten sind gar nicht so kompliziert. Nimmt das Relativpronomen im Relativsatz selbst die Stelle eines Genitivobjektes ein (Frage: wessen?) oder steht es nach einer Präposition, ist sowohl *deren* als auch *derer* möglich: *Die Unfähigkeit, deren/derer die Trainerin beschuldigt wurde, war objektiv nicht festzustellen. Die Hacker verbraten alle Back-ups, deren/derer sie habhaft werden können. Die lustigen Kaninchen, inmitten deren/derer unser krankes Heldenkaninchen sofort auffiel, wussten ja nichts von alledem.*

Nimmt aber das Relativpronomen die Stelle eines Genitivattributs ein (Frage: wessen + Substantiv?) ist es von einem Substantiv abhängig, wird stets *deren* verwendet: *Das sollen also die Soft Skills sein, deren Integration ins Management Sie für so förderlich halten* (wessen Integration?)? *Top-down- oder Bottom-up-Prinzip? Das gehört zu den Fragen, deren Beantwortung überlebenswichtig für unser Joint Venture sein kann.* (Zur Verwendung von *deren* bzw. *derer* beim Demonstrativpronomen vgl. Fehler 28.)

Anmerkung: Die Genitive *deren* und *dessen* noch mit einer Dativendung zu versehen: **derem* bzw. **dessem*, ist nicht korrekt: **Die lustigen Kaninchen, in derem Kreis unser Heldenkaninchen sofort auffiel, wussten ja nichts von alledem.* Sondern nur: *Die lustigen Kaninchen, in deren Kreis unser Heldenkaninchen sofort auffiel, wussten ja nichts von alledem.*

88. Vermisst du nicht auch die Löcher im Schweizer/schweizerischen Käse?

Von geografischen Namen abgeleitete Adjektive auf *-(i)sch* oder *-er*

Adjektive leitet man von geografischen Namen (Orten, Ländern, Staaten) immer häufiger mithilfe von *-er* ab statt mithilfe von *-(i)sch*. So trifft man häufiger auf Bildungen wie: *Schweizer Käse* oder *ein Wiener Kaffeehaus* als auf die Bildungen: *schweizerischer Käse* oder *ein wienerisches Kaffeehaus.*

Allerdings unterscheiden sich die Bedeutungen oft mehr oder weniger fein. So drückt man die Zugehörigkeit zu Berlin und den Berlinern heute meist durch das Wort *Berliner* aus. Abgeleitet ist es von der Einwohnerbezeichnung *Berliner* (*Berliner Flughäfen* = die Flughäfen der Berliner). *Berliner* wird hier als flexionsloses attributives Adjektiv verwendet: *die Berliner Flughäfen, eine Berliner Weiße, die Berliner Mauer*. Die Adjektive *berlinisch* und *berlinerisch* bezeichnen eher charakteristische Eigentümlichkeiten des Berliners, vor allem seine Sprache. Die Form *berlinisch* ist die ältere, sie wird vor allem in der Sprachwissenschaft verwendet: *das Berlinische, die berlinische Mundart, ein berlinischer Ausdruck*. Allgemeiner gebräuchlich ist *berlinerisch*: *ein typisch berlinerisches Wort; sie unterhalten sich berlinerisch*.

Die von Einwohnerbezeichnungen abgeleiteten Adjektive auf *-er* werden nicht dekliniert und sie werden großgeschrieben. Da spielt eben die substantivische Herkunft eine Rolle. Aber gerade diese Herkunft macht es, dass die *-er*-Varianten einiges nicht können, was ihre Konkurrenten auf *-(i)sch)* ganz selbstverständlich parat haben.

Prädikativer Gebrauch: Die Adjektive auf *-er* können nicht prädikativ verwendet werden. Aus *Pariser Chic* kann man nicht ableiten: **Der Chic ist Pariser*. Aber durchaus: *Der Chic ist pariserisch*.

Steigerung: Die Adjektive auf *-er* können nicht gesteigert werden. Nicht möglich: **Dieser Chic mutet etwas Pariserer an.* Aber durchaus: *Dieser Chic mutet etwas pariserischer an.*

Adverbiale Erweiterung: Die Adjektive auf *-er* kann man nicht durch ein Adverb erweitern. *Nicht möglich: *der eindeutig Pariser Chic.* Aber durchaus: *der eindeutig pariserische Chic.*

Substantivierung: Die Adjektive auf *-er* kann man nicht substantivieren. Nicht möglich: **das Pariser dieses Chics.* Aber durchaus: *das Pariserische dieses Chics.*

Anmerkung: Wo mündet eigentlich der Wortfluss in den *Wörther See*? Oder: *Wörthersee*? Zusammengeschrieben wird so etwas in Österreich schon gern und in der Schweiz: *Genfersee*, *Vierwaldstättersee* u. a.

89. Hm ..., kann man nun eine *leichte Verwüstung* wirklich als *seltene Rarität* auffassen?

Pleonasmen

Wenn ich mit meinen eigenen Augen die seltene Rarität schwerer Verwüstungen wahrnehme, dann ist das doppelt gemoppelt – mehrfach doppelt gemoppelt sogar. Denn wenn ich etwas mit meinen Augen wahrnehme, kann man – wenn nicht ganz unwahrscheinliche Umstände vorliegen – schon davon ausgehen, dass es die eigenen sind. Eigentlich ist *eigene* überflüssig, denn dieser Bedeutungsaspekt ist schon mit *meine* erledigt. Dass eine Bedeutung zweifach wiedergegeben wird, nennt man auch Pleonasmus (von griech. *pleonazo* = mehr sein, überflüssig sein). Den Pleonasmus entdeckt man auch leicht in der *seltenen Rarität* (was man auch daran erkennt, dass der Ausdruck *häufig vorkommende Rarität* widersprüchlich wäre). Schwieriger wird es schon bei *schweren Verwüstungen*, *dicken Trossen* oder einem *großen Blauwal*. Zunächst ist man vielleicht geneigt, Verwüstungen per se als schwer zu denken, Trossen als dick und Blauwale als groß, mithin auch hier Pleonasmen anzunehmen. Aber gerade bei bestimmten spezifizierenden Adjektiven wie *schwer, groß, dick, lang* usw. ist zu bedenken, dass sie stets als relativ zu einem mitgedachten Maßstab zu verwenden sind. So kann eine Mücke als Mücke durchaus ungewöhnlich groß sein (im Mückenmaßstab eben), bleibt aber wohl (solange die Gentechnolgie da noch nicht eingreift) stets kleiner als selbst der kleinste Elefant. So sind eben auch widerspruchsfreie Sätze denkbar wie: *Der Welpe hat dann schon leichtere Verwüstungen in unserem Wohnzimmer angerichtet. Diese dünnen Trossen sind aber immer noch viel dicker als diese sehr dicken Fäden. Das ist aber ein recht kleiner Blauwal.*

Echte Pleonasmen aus Adjektiv und Substantiv sind aber: *weißer Schimmel, schwarzer Rappe, blöder Trottel, begabtes Genie* u. Ä.

Die Überfülle kann aber auch in Verbindungen von Adverb und Verb liegen: *nutzlos vergeuden*, in Verbindungen von Adverb und Adverb: *lediglich nur, bereits schon, ebenso auch* oder in Wortzusammensetzungen: *zusammenaddieren, Einzelindividuum.*

Sehr häufig werden Pleonasmen wie *mit seinen eigenen Augen sehen* bewusst eingesetzt, um eine Ausdrucksverstärkung zu erreichen. Es muss nur eindeutig klar sein, dass man den Pleonasmus ganz bewusst als Stilmittel einsetzt und dass er einem nicht nur unterlaufen ist.

Pleonasmen, die einem recht gern unterlaufen, sind solche, bei denen ein Substantiv, das schon eine Modalität (ein Dürfen, Können, Müssen, Sollen) ausdrückt, mit einer Infinitivgruppe (oder einem *dass*-Satz) verbunden wird, die dann noch einmal das entsprechende Modalverb (*dürfen, können, möchten, müssen, sollen, wollen*) enthält. Das ist falsch: **Die Cutterin nutzt die Möglichkeit, den Film noch einmal sehen zu können.* Richtig ist vielmehr: *Die Cutterin nutzt die Möglichkeit, den Film noch einmal zu sehen.* Ebenso nicht: **Der Intendant wollte die Notwendigkeit, dass das Theater eisern sparen muss, partout nicht einsehen. Der Kriegsberichterstatter hat sich über das Verbot, nicht in die Sperrzone eindringen zu dürfen, halsstarrig hinweggesetzt.* Richtig ist vielmehr: *Der Intendant wollte die Notwendigkeit, dass das Theater eisern spart, partout nicht einsehen. Der Kriegsberichterstatter hat sich über das Verbot, in die Sperrzone einzudringen, halsstarrig hinweggesetzt.*

Oft passiert es einem auch, dass man einem Modalverb oder einem modifizierenden Verb (*drohen, pflegen, scheinen* u. a.) noch ein überflüssiges entsprechendes Adverb beifügt. Nicht: **Der Softwareunternehmer soll* ***angeblich*** *sein gesamtes Vermögen karitativen Organisationen vermacht haben.* Sondern: *Der Softwareunternehmer soll sein gesamtes Vermögen karitativen Organisationen vermacht haben.* Nicht: **Die Assistenten pflegen sich* ***gewöhnlich*** *in der Cafeteria noch über das Projekt auszutauschen.* Sondern: *Die Assistenten pflegen sich in der Cafeteria noch über das Projekt auszutauschen.*

90. Zugriffssperre **auf/*für/*von* verschiedenen Websites

Anschluss von Beifügungen (Präpositional- oder Genitivattribute) an zusammengesetzte Substantive

Wird ein Genitiv- oder Präpositionalattribut auf ein zusammengestztes Substantiv bezogen, ist zu beachten, dass sich das Attribut nur auf das Grundwort, nicht aber auf das Bestimmungswort beziehen kann. Daher nicht: **der Ablehnungsbescheid Ihres Antrages*, **Zugriffssperre auf verschiedene Websites*, sondern: *Bescheid über die Ablehnung Ihres Antrages / Bescheid, dass Ihr Antrag abgelehnt wurde, Sperre des Zugriffs auf verschiedene Websites / der Zugriff auf verschiedene Websites ist gesperrt.*

91. Was für ein Bösewicht, dieser Igor – und George ebenso: also gleich zwei *Bösewichte/Bösewichter*

Schwierige Pluralformen

Nicht nur bei Fremdwörtern kommt man gelegentlich ins Grübeln, was denn die richtige Pluralform sein könnte (vgl. Fehler 82). Auch bei heimischen Wörten ist das nicht ausgeschlossen. Manchmal können durchaus zwei oder gar drei Formen richtig sein. Hier ein paar Beispiele:

Singular	Plural
Aas	standardsprachlich: *Aase* = verwesende Tierleichen; Kadaver umgangssprachlich: *Äser* = durchtriebene, niederträchtige Menschen
Armbrust	*Armbrüste*, seltener: *Armbruste*
Bösewicht	*Bösewichte/Bösewichter*
Fachfrau	*Fachleute*, seltener: *Fachfrauen;* geschlechtsneutral häufig: *Fachkräfte* von *Fachkraft*
Fachmann	*Fachleute*, seltener: *Fachmänner;* geschlechtsneutral häufig: *Fachkräfte* von *Fachkraft*
Faden	allgemein: *Fäden*; als Längenmaß dagegen: *Faden*
Fensterladen	*Fensterläden*, seltener: *Fensterladen*
Frack	*Fräcke*, seltener: *Fracks*
Horn	allgemein: *Hörner*; als Stoffbegriff: *Horne* (etwa: *verschiedene Kunsthorne*)
Laden	allgemein: *Läden*; als Bezeichnung für «Fensterverschluss»: *Läden*, seltener: *Laden*
Mal	in der Bedeutung «kennzeichnender Fleck, Hautverfärbung»: *Male* (auch in Zusammensetzungen:

Muttermale, Brandmale etc.); auch in den Bedeutungen „Merkzeichen; Monument; Markierung“: *Male*, aber in Zusammensetzungen mit *Mal* in diesen Bedeutungen: *Male/Mäler* (etwa in: *Reiterdenkmale/ Reiterdenkmäler, die indischen Grabmale/Grabmäler* etc.)

Mann allgemein: *Männer;* altertümlich in der Bedeutung von «Gefolgschaft, Anhänger», heute meist nur noch ironisch verwendet: *Mannen (die Kanzlerin mit ihren Mannen)*; als Maßeinheit: *Mann* (*hundert Mann und ein Befehl*); in Zusammensetzungen ohne Geschlechtsbezug: *-leute* (*Kaufleute, Edelleute* etc.); in Zusammensetzung mit Geschlechtsbezug: *-männer* (*Ehemänner, Hampelmänner, Lebemänner*, *Strohmänner* etc.); in Zusammensetzungen, die man sowohl mit als auch ohne Geschlechtsbezug verwenden kann, entsprechend wechselnde Pluralformen: *-männer/ -leute* (*Amtsmänner/Amtsleute, Ersatzmänner/ Ersatzleute, Obmänner/Obleute* etc.)

Mast *Masten*, seltener: *Maste*

(Hosen-)Matz *Matze/Mätze*

Morast *Moraste*, seltener: *Moräste*

Nachlass *Nachlasse/Nachlässe*

Puff in der Bedeutung «Stoß»: *Püffe*, seltener: *Puffe*; in der Bedeutung «Wäschepuff»: *Puffe/Puffs* ; in der Bedeutung «Bordell»: *Puffs*

Reling *Relings*, seltener: *Relinge*

Sau *Säue*, weidmännisch und landwirtschaftlich: *Sauen*

Schal *Schals*, seltener: *Schale*

Stichwort in der Bedeutung «am Anfang eines Eintrages stehender erläuterter Begriff in Nachschlagewerken»: *Stichwörter* (*Das findet man unter dem Stichwort «Labyrinthfische»*); in der Bedeutung «Einsatzwort» (z.B. eines Schauspielers): *Stichworte* (*Da gibst du mir passende Stichworte*); in der Bedeutung «kurze Zusammenfassung in zen-

	tralen Wörtern»: *Stichworte* (*Ich kann das jetzt nicht in wenigen Stichworten wiedergeben*)
Vormund	*Vormunde/Vormünder*
Wort	in der Bedeutung «Lautgebilde, Einzelwort»: *Wörter* (*Eigenschaftswörter, Fremdwörter, ein Satz mit sieben Wörtern*); in den Bedeutungen «bedeutungshaltige Äußerung, zusammenhängende Rede, Ausspruch, Begriff» u. Ä.: *Worte* (*Unsere Chefdesignerin spricht große Worte gelassen aus*)
Wrack	*Wracks*, seltener: *Wracke*
Zwieback	*Zwiebacke/Zwiebäcke*

92. Überall werden wir mit Botschaften bombardiert. Von den Medien. Von der Werbung. Von den Politikern. Von allen, die glauben, uns etwas sagen zu müssen

Scheinellipsen

Manchmal ärgern uns ja Nichtigkeiten – etwa Texte wie: *Überall werden wir mit Botschaften bombardiert. Von den Medien. Von der Werbung. Von den Politikern. Von allen, die glauben, uns etwas sagen zu müssen.* Oder: *Ihre Kunden lustwandeln im Feel-good-Einkaufszentrum. In einem nahezu mediterranen Ambiente. Von höchstem Niveau. Um das uns die Konkurrenz ganz offen beneidet.* Sehen wir uns an, was da geschehen ist: Das letzte Beispiel etwa besteht formal aus vier Sätzen – aus vier verkürzten Sätzen, Ellipsen. Das machen die Punkte deutlich. Im Grunde ist das Ganze aber nur ein Satz. Man könnte – bis auf den letzten Punkt – die Punkte auch weglassen. Daher handelt es sich um Scheinellipsen. Das muss stilistisch nicht unbedingt dumm sein. Es hat durchaus eine Funktion, eine Wirkung. Das hat damit zu tun, dass im deutschen Aussagesatz in der Regel der Informationsschwerpunkt, das Neue, am Ende zu erwarten ist. Machen wir aus einem Satz zwei, drei oder vier, haben wir auch zwei, drei oder vier solcher Schwerpunkte. Wollen wir alle Informationen als wichtig vorstellen, kann das stilistisch durchaus sinnvoll sein. So weit, so wenig ärgerlich. Ärgern könnte den Adressaten aber eine übermäßige Verwendung des Stilmittels «Scheinellipse». Gerade in Werbe- und PR-Texten wird dieses Mittel durchaus nicht selten bis zum Überdruss und darüber hinaus verwendet. Und was gewöhnlich seine Stilwirkung bloß schlicht entfaltet, nervt bei penetranter Wiederholung. Denn wenn so vieles wichtig sein soll, inflationiert Wichtigkeit, d. h., die Unterscheidung zwischen wesentlich und nicht so wesentlich wird eingeebnet und der Text nähert sich dem Geräusch (so gesprochen) respektive dem Gekrakel (so geschrieben). Zudem könnte sich das Ganze auch gegen den Autor wenden: «Kann der denn rhetorisch nur das und sonst gar nichts? Und der will Profi im Überzeugen sein?» Wenn aber der Adressat einer Botschaft erst einmal an den Fertigkeiten des Autors, an dessen Kompetenz zweifelt, ist auch sehr zweifelhaft, ob die Botschaft sonderlich gut angenommen wird: Einem Dilettanten glaubt man nicht, wenn er auch die Wahrheit spricht.

93. Eine *Wanderin* zwischen den Welten

Mit *-in* abgeleitete weibliche Bezeichnungen

Die allgemein übliche Bildung von weiblichen Formen mithilfe von *-in* gilt auch für Stämme, die auf *-er* oder *-rer* enden: *Kanzlerin, Taxifahrerin, Lehrerin, Managerin, Priesterin* usw., aber keineswegs bei solchen auf *-erer*. Bei diesen ersetzt die Endung *-in* das letzte *-er*: *Wanderin, Wegelagerin, Weltverbesserin, Zauberin* usw. Fällt in der zugrunde liegenden maskulinen Form aber das *-e-* vor dem vorletzten *-r-* aus, wird also *-erer* auf *-rer* verkürzt, bleiben beide *r* erhalten: *Wandrerin, Zaubrerin* usw.

94. Wer soll das verstehen, was du da so radebrechst?

Starke oder schwache Konjugation

Nicht alles ist so stark, wie man denken möchte. Das gilt auch für das Verb *radebrechen*, das gern nach dem Muster von *brechen* gebeugt wird, was standardsprachlich als nicht korrekt gilt. Also nicht: *Wer soll das verstehen, was du da so *radebrichst*, sondern: *Wer soll das* *verstehen, was du da so radebrechst.* Entsprechend auch: *Niemand verstand, was die chinesische Atomphysikerin da so radebrechte.*

Anmerkung: Das Verb *radebrechen* hat seinen Ursprung tatsächlich in der Strafe des Räderns: einem Menschen auf dem Rad die Knochen zerbrechen. Später wurde das dann auf die Sprache übertragen im Sinne von: die Sprache grausam malträtieren.

95. «An Ort und Stelle angekommen, sah man bei dem *Scheine* des wieder brennenden Feuers die beiden Lassoenden von den Ästen herabhängen» (Karl May, Das Vermächtnis des Inka)

Dativ-*e*

Im Dativ Singular stark gebeugter Maskulina und Neutra wird, ohne dass es gänzlich ausgeschlossen wäre, heute – anders als noch bei Karl May – im Allgemeinen kein Dativ-*e* mehr verwendet: *Man sah es beim Schein des Feuers. Gebt dem Mann am Klavier noch ein Bier.* In Redewendungen dagegen hält sich das Dativ-*e* noch ganz wacker: *das Kind im Manne, das Kind mit dem Bade ausschütten, im Grunde genommen, zu Kreuze kriechen* u. Ä.

Nahezu durchgängig ohne Dativ-*e* gebraucht man

- Substantive, die auf einen Diphthong enden: *dem Stau, dem Heu, dem Brei* usw.
- mehrsilbige Substantive, die man nicht auf der letzten Silbe betont: *dem Sinkflug, dem Häftling* usw.

Durchgängig ohne Dativ-*e* verwendet man

- Substantive, die auf *-en, -em, -el, -er* enden: *dem Wagen, dem Problem, dem Esel, dem Nager* usw.
- Substantive, die auf einen Vokal enden: *dem Klima, dem See, dem Hadschi, dem Büro, dem Uhu* usw.
- die Kurzformen der Himmelsrichtungen: *von Ost nach West*
- Stoffsubstantive ohne Artikel und mit Präposition: *ein Mann aus Eisen, ein Kopf aus Holz, in Öl gesotten* usw.
- stark flektierte Fremdwörter: *dem Autor, vom Chor, mit Esprit* usw.

Ansonsten ist das Dativ-*e* eher unüblich, aber möglich. Gelegentlich wird es aus rhythmischen Gründen verwendet.

96. Ein Rudel *gleich gesinnter* Abenteurer zeigte sich mir *wohlgesinnt/wohlgesonnen*

Der Unterschied zwischen *gesinnt* und *gesonnen*

Den Unterschied zwischen *gesinnt* und *gesonnen* zu erklären, kann man durchaus gesonnen sein, wohl kaum aber gesinnt. Denn *gesinnt* heißt so viel wie «die Gesinnung habend»: *gleich Gesinnte / Gleichgesinnte, anders gesinnte Herausgeber, eine übel gesinnte / übelgesinnte Salesmanagerin.* Also nicht: **eine übel gesonnene Salesmanagerin.*

Dagegen heißt *gesonnen* so viel wie «die Absicht / Intention / den Willen habend»: *Die Salesmanagerin war nicht gesonnen, etwas umgänglicher aufzutreten.* Also nicht: **Die Salesmanagerin war nicht gesinnt, etwas umgänglicher aufzutreten.* Das Adjektiv *gesonnen* tritt nur prädikativ (mit den Verben *sein* und allenfalls noch *bleiben*) auf, nicht aber attributiv. Also nicht: **die zu lächeln gesonnene Salesmanagerin.*

Bei *wohlgesinnt* und *wohlgesonnen* allerdings unterscheidet man heute nicht mehr, sie gelten mittlerweile als Synonyme: *Bleiben Sie mir wohlgesinnt/wohlgesonnen.*

97. *Juhu,* oben links in den Winkel!

Wortbildung, Rechtschreibung und Zeichensetzung bei Ausdruckspartikeln (Interjektionen)

Mit Ausdruckspartikeln reagiert man (emotional) auf Sachverhalte und bewertet sie oder drückt eine Aufforderung aus. Vermittelt werden etwa Abscheu: *igitt[igitt], pfui* u. a., Abwertung: *phh, pff* u. a., die Aufforderung, sich zu entfernen: *ksch*, Befremden: *hä, nanu* u. a., Bestürzung: *herrjemine, [o]jemine, ogottogott* u. a., Bitte um Stille: *pst*, Erschrecken, Erstaunen (evtl. Bewunderung): *ach, boah* [*ey*], *Donnerwetter, huch, mein lieber Scholli, oho, o, oh, Potz Blitz, ui, um Himmels willen* u. a., Enttäuschung: *ach, oje* u. a., Erleichterung: *puh* u. a., Heischen um Aufmerksamkeit: *he, hallo, huhu* u. a., Freude, Jubel: *hurra, juchhu, juhu* u. a., Schadenfreude: *ätsch, ätschibätschi* u. a., Schmerz: *aua, autsch* u. a., Zweifel: *hm* u. a.

Einfache Ausdruckspartikeln ähneln anderen Wörtern nicht, einige sind durch Lautnachahmung entstanden.

Komplexe Ausdruckspartikeln dagegen sind als lexikalische Strukturen erkennbar: *Donnerwetter, ogottogott, mein lieber Scholli, manno[mann], Mann, Mensch*. Zu den komplexen Ausdruckspartikeln zählen auch die besonders aus der Comicsprache bekannten Verben, die auf den Stamm reduziert sind, die sogenannten Inflektive: *ächz, krach, seufz, würg* usw.

Gerade einfache Ausdruckspartikeln entziehen sich oft bestimmten Regeln der Wortbildung und Rechtschreibung. Oft werden sie zum Beispiel gedehnt: *aaaaaah, ohhhhhh, hmmmm* oder vervielfacht: *igittigitt, huiuiui*. Hier hat der Schreiber erhebliche Freiheiten.

Auch bei der Kommasetzung gibt es Freiheiten. Hier kann man einerseits die Ausdruckspartikel als satzwertig auffassen. Sie kann dann entweder allein stehen bzw. vom restlichen Satz durch Komma geschieden werden: *Pst! Igitt! Pst, sei doch mal leise. Igitt, der ganze Kühlschrank voll von Schimmel.*

Andererseits kann die Ausdruckspartikel eng mit dem folgenden Text verwoben sein. Dann setzt man kein Komma: *Ach nicht immer Heike! O wie wohl ist mir zumute. Heiners igitt so ekeligen Kühlschrank fass ich nicht an. Der Roten Karte gerade knapp entgangen, genas der Vorstopper in o wundersamer Geschwindigkeit.*

Anmerkung: In Ernst Jandls berühmten Gedicht «ottos mops» kommt die lexikalisierte Ausdruckspartikel *ogottogott* zu Ehren. Es spricht aber auch nichts dagegen, in einem Pendantgedicht wie «annas katz» eine parallele Ausdruckspartikel wie *achmannachmann* zu bilden:

annas katz
Hommage à Ernst Jandl

annas katz kratzt
anna: ab katz ab
annas katz trabt ab
anna: nana
anna hat lachs
anna hat angst
anna starrt

anna: katz katz
anna ahnt
annas katz klagt
anna: wart katz wart
annas katz harrt
annas katz kackt
anna: achmannachmann

98. Die ebenso erotischen wie einflussreichen wie gefährlichen Mätressen Ludwigs *XIV*.

Römische Zahlen

So ganz unbedeutend waren die alten Römer für unsere Geschichte ja nun wirklich nicht. Kein Wunder, dass die römischen Zahlen nie ganz aus der Mode gekommen sind. Dennoch herrscht hier und da eine gewisse Unschlüssigkeit darüber, wie genau man denn solche Zahlen zusammenbastelt. Das kann auch auch daran liegen, dass dies im Lateinischen selbst über das große Imperium und die Jahrhunderte hinweg durchaus nicht einheitlich gehandhabt wurde. Wie macht man es denn heute?

Sieben (Groß-)Buchstaben des lateinischen Alphabets haben auch eine Zahlbedeutung. Es sind dies:

I = 1, *V* = 5, *X* = 10, *L* = 50, *C* = 100, *D* = 500, *M* = 1000.

Alle anderen Zahlen werden nach bestimmten Regeln aus diesen Zahlzeichen zusammengesetzt. Dabei gilt heute:

1. Stehen gleiche Zahlzeichen nebeneinander, wird zusammengezählt:
   II = 1 + 1 = 2, *CCC* = 100 + 100 + 100 = 300.
2. Dabei dürfen I, X und C nicht mehr als dreimal vorkommen: *XXX* = 30.
3. *V*, *L* und *D* dürfen in einer Zahl nur einmal vorkommen: *XV* = 15, *CCL* = 250, *MD* = 1500.
4. M kann beliebig oft vorkommen: *MMMMMMMV* = 7005.
5. Zeichen, die rechts neben einem Zeichen für eine größere Zahl stehen, werden hinzuaddiert:
   VII = 5 + 1 + 1 = 7, *MCCCLXXVI* = 1000 + 100 + 100 + 100 + 50 + 10 + 10 + 5 + 1 = 1376.

6. Ein Zeichen, das links neben einem Zeichen für eine größere Zahl steht, wird abgezogen:
   IX = 10 – 1 = 9, *XM* = 1000 – 10 = 990.
7. Wichtig: Es steht nie mehr als ein Zeichen für eine kleinere Zahl vor der größeren, es wird also höchstens eine Zahl abgezogen. Also auf keinen Fall: *IIX* für 8, sondern nur: *VIII*, auf keinen Fall: **XXD* für 480, sondern nur: *CDLXXX*.
8. Zudem pflegt man auch nur von einer Zahl abzuziehen, die aus einem einzigen Zeichen besteht:
   Also: *CXC* für 190, eher nicht: *XCC*.
9. Selbst wenn man die Üblichkeiten 1 – 8 streng befolgt, sind bisweilen immer noch mehrere Schreibweisen möglich. Dann empfiehlt es sich, die kürzeste zu wählen. Also statt *CDXC* für 490 besser *XD*, statt *MCMXCIX* oder *MCMIC* für 1999 besser *MIM*.

Anmerkung: Ein nettes, renommeeförderndes Spiel für den (Bildungs-)Urlaub ist die Auflösung von Chronogrammen. Unter einem Chronogramm versteht man eine Inschrift in lateinischer Sprache, in der hervorgehobene Großbuchstaben als Zahlzeichen die Jahreszahl z. B. der Fertigstellung eines Gebäudes ergeben. Hier werden die einzelnen Zahlzeichen einfach zusammengezählt. So kann man das Entstehungsjahr eines Gebäudes aus einer lateinischen Inschrift ermitteln, ohne Latein zu können. Ein Beispiel: *sanCta MarIa regIna rosarII DepreCare pro nobIs* (= Heilige Maria, Königin des Rosenkranzes, bete/bitte für uns) ergibt: *C* + *M* + *I* + *I* + *I* + *I* + *D* + *C* + *I* = 100 + 1000 + 1 + 1 + 1 + 1+ 500 + 100 + 1 = 1705 (St.-Pauls-Kirche in Aachen am Rosenkranzportal).

99. Ein kurioser *Glaube/Glauben* an die heilsame Kraft des Kapitalismus oder einfach nur kein *Funke/Funken* Verstand?

Doppelte Formen des Nominativs von Substantiven

Manche Substantive verdanken ihre doppelte Nominativ-Singular-Form dem Übergang von der schwachen zur starken Deklination. Dabei wurde das *-n*, das ja in der schwachen Deklination in allen Fällen außer dem Nominativ auftritt, von diesen Fällen auch auf den Nominativ übertragen, dann aber stark dekliniert: *der Name/(Namen), des Namens, die Namen; der Wille/(Willen), des Willens, (die Willen).*

Andere Wörter mit doppelter Form im Nominativ Singular sind zunächst stark dekliniert worden: *der Friede, des Friedes*, später aber schwach: *der Friede, *des Frieden.* Dann fügte man wiederum das *-n* der schwachen Deklination an den Nominativ an, kehrte aber wieder zur starken Deklination mit Genitiv-*s* zurück: *der Frieden, des Friedens.*

Die beiden Nominativformen werden teils gleich häufig verwendet, teils veraltet eine der beiden Formen: *der Friede/Frieden, der Funke/(Funken), der Gedanke/(Gedanken), der Glaube/(Glauben), der Haufen/(Haufe), Name/(Namen), der Samen/(Same), der Schaden/(Schade), der Wille/(Willen).*

Bei einigen Wörtern sind mit den unterschiedlichen Formen auch unterschiedliche Bedeutungen verbunden: *Friede* = Eintracht, Ruhe: *der träge Friede des sich niedersenkenden Spätsommerabends* / *Frieden* = nicht im Krieg (seltener auch: Eintracht, Ruhe): *Der Frieden wurde herbeigesehnt*; *Drache* (*des Drachen* [!]) = (zoologisch nicht gesichertes) Tier: *Der Drache lachte sich kaputt über den witzigen Prinzen* / *Drachen* (*des Drachens* [!]) = Fluggerät: *Heute wird der Drachen nicht mehr geflogen.*

Andere Doppelformen variieren zwischen endungslos und Endung auf *-en.* Einige davon sind weitgehend bedeutungsgleich, etwa: *der Fleck/Flecken, der Propf/Propfen.* Andere unterscheiden sich in der Bedeutung, etwa: *der Lump* = übler Bursche / *der Lumpen* = Lappen, schlechtes Kleidungsstück; *der Reif* = Ring / *der Reifen* = großer Ring, der nicht als Schmuckstück verwendet wird; *der Schreck* = plötzliches, überraschendes und nicht lange anhaltendes starkes Angstgefühl / *der Schrecken* = länger andauernde, Angst hervorrufende Wirkung eines Geschehens.

100. Die Zugabe: Formalkram

Wie gliedert man Telefonnummern?
Setzt man ein Länderkennzeichen vor die Postleitzahl?
Zusätze am Briefschluss
Wie verwendet man Fußnoten?
Wie zitiert man üblicherweise Quellen, wie Bücher und wie Internetadressen?
Wie ist in Zweifelsfällen alphabetisch einzuordnen?

Wer Texte verfasst, dem stellen sich etliche Fragen, die nicht unmittelbar mit der deutschen Grammatik zusammenhängen, sondern sich eher auf Formelles beziehen. Hier einige Antworten.

Gliederung von Telefon- und Telefaxnummern

Telefon- und Telefaxnummern werden durch je einen Leerschritt zwischen Landesvorwahl bzw. Anbieter, Ortsnetzkennzahl und Einzelanschluss gegliedert. Bei der Ortskennzahl wird die einleitende 0 weggelassen, wenn es sich um eine internationale Angabe handelt. Gibt es in größeren Institutionen oder Unternehmen Durchwahlnummern, werden diese mit Mittestrich ohne Leerschritt angeschlossen. Ist bei Sondernummern nach der Nummer des Anbieters eine Gebührenziffer vorhanden, wird davor und dahinter ein Leerschritt gesetzt.

International: +49 201 1234567-123
National: 0201 1234567-123
Sondernummer: 0190 3 56789

Auslandsanschriften (Länderzeichen vor der Postleitzahl?)

Auslandsanschriften sind immer in lateinischen Buchstaben und arabischen Ziffern zu schreiben, Bestimmungsort und Bestimmungsland in Großbuchstaben. Vor die Postleitzahl (so vorhanden) wird k e i n Länderzeichen gesetzt. Den Ort gibt man in der Sprache des Bestimmungslandes an. Das Bestimmungsland schreibt man in deutscher Sprache in die letzte Zeile der Anschrift:

Mevrouw Antje Verkerk
Lieve Vrouwe Straat 293
6291 JA VAALS
NIEDERLANDE

Zusätze am Briefschluss: i. V. / i. A. / ppa.

Man sieht sie allenthalben, diese Zusätze am Briefschluss wie *i. A.*, *i. V.* und *ppa.* Aber häufig werden sie falsch eingesetzt. Was also bedeuten sie genau?

Die Abkürzung *i. A.* bedeutet «im Auftrag», das heißt, wer so einen Brief unterschreibt, ist genau dazu befugt (oder behauptet dies zumindest).

Das Kürzel *i. V.* dagegen bedeutet «in Vollmacht» bzw. «in Vertretung» und umfasst mehr: Wer so unterzeichnet, behauptet, vom entsprechend Befugten eine allgemeine Handlungsvollmacht erhalten zu haben.

Die Abkürzung *ppa.* steht für lateinisch *per procura*. Diese Abkürzung besagt, dass der/die Unterzeichner/-in die Prokura hat, das heißt die handelsrechtliche Vollmacht, alle Arten von Rechtsgeschäften für seinen/ihren Betrieb zu tätigen, bzw. dass er/sie Prokurist/-in ist.

Diese Abkürzungen können entweder vor der handschriftlichen Namenszeichnung oder vor der maschinenschriftlichen Wiedergabe des Namens stehen. Der oder die Ranghöhere unterschreibt links.

Fußnoten

Heute verwendet man als Fußnotenzeichen meist hochgestellte Ziffern ohne Klammern, vor dem Fußnotenzeichen wird kein Wortzwischenraum gesetzt:

Für Greta Garbos ersten Tonfilm «Anna Christie» hat Walter Hasenclever[1] die deutschen Dialoge geschrieben.

---

[1] Auch Walter Hasenclever hatte seine Schriftstellerlaufbahn im Expressionistenkreis um Kurt Wolff begonnen.

Oft stellt sich die Frage, ob eine Fußnote vor oder hinter ein Satzzeichen zu setzen ist. Wenn sich das in der Fußnote Gesagte nur auf das direkt vor dem Satzzeichen stehende Wort bzw. die unmittelbar vor dem Satzzeichen stehende Wortgruppe bezieht, setzt man das Fußnotenzeichen vor das Satzzeichen:

Walter Hasenclever[1], der für Greta Garbos ersten Tonfilm «Anna Christie» die deutschen Dialoge geschrieben hatte, arbeitete für MGM auch noch an anderen Filmprojekten[2].

---

[1] *Auch Walter Hasenclever hatte seine Schriftstellerlaufbahn im Expressionistenkreis um Kurt Wolff begonnen.*
[2] *So war Hasenclever wohl auch an der deutschen Version von «The Big House» (deutsch: «Menschen hinter Gittern» mit Heinrich George) beteiligt.*

Bezieht sich dagegen das in der Fußnote Gesagte auf den gesamten Abschnitt vor dem Satzzeichen, steht das Fußnotenzeichen nach dem entsprechenden Satzzeichen:

Walter Hasenclever, der für Greta Garbos ersten Tonfilm «Anna Christie» die deutschen Dialoge geschrieben hatte,[1] arbeitete für MGM auch noch an anderen Filmprojekten.[2]

---

[1] *Allerdings beklagte Hasenclever heftig, dass man ihm keinerlei künstlerische Freiheit zugestanden hat.*
[2] *MGM ließ etliche seiner Publikumsfilme in einer deutschen Version nachdrehen.*

Wenn Fußnoten nicht aus einem selbstständigen Satz bestehen, kann man zwar auf einen Schlusspunkt verzichten, meist wird aber doch einheitlich hinter alle Fußnoten ein Punkt gesetzt:

Walter Hasenclever, der für Greta Garbos ersten Tonfilm «Anna Christie»[1] die deutschen Dialoge geschrieben hatte, arbeitete für MGM[2] auch noch an anderen Filmprojekten.

---

[1] *Aus dem Jahr 1930.*
[2] *Abkürzung für «Metro-Goldwyn-Mayer».*

Fußnoten werden nach dem Textende als Block zusammengefasst (Endnoten); oder sie werden (heute meist) gleich unten auf der Seite wiedergegeben, zu der sie gehören – meist in kleinerer Schrift. Jede Fußnote beginnt in einer neuen Zeile mit dem hochgestellten Fußnotenzeichen, gefolgt von einem Wortzwischenraum. Man grenzt die Fußnoten in der Regel mit dem Fußnotenstrich vom restlichen Text ab. Vor dem Fußnotenstrich wird mindestens eine Leerzeile eingefügt. Auch wenn eine Seite nicht ganz mit Text gefüllt ist, werden die Fußnoten stets ganz unten auf die Seite platziert.

Zitate, bibliografische Angaben

Wörtliche Zitate werden in Anführungszeichen gesetzt. Ausgelassene Textstellen werden stets durch (drei) Auslassungspunkte in eckigen Klammern gekennzeichnet. Hinter dem Zitat folgt unmittelbar der Hinweis auf den Verfasser. Das kann auf unterschiedliche Arten geschehen. Detaillierteres dazu ist in der DIN 1505 zu finden. In Texten mit Literaturverzeichnis ist heute ein Kurzhinweis in Klammern üblich mit dem Nachnamen des Verfassers, dem Erscheinungsjahr der zitierten Quelle und der Seitenangabe. Die genauen Angaben folgen dann im Literaturverzeichnis am Ende des Textes. Beispiel:

«Nein, wer fortging, den befiel irgendwann in den Augen der Zurückbleibenden eine Art Totenstarre. Man war noch auf der Welt, spielte aber keine Rolle mehr» (Achten 1999, 63).

Im Literaturverzeichnis fände sich dann:

Achten, Willi (1999): Von Liebe und Blau. Blieskastel.

Dies ist die gängige Kurzform. Aber auch hier gibt es Varianten, vor allem, was die Ausführlichkeit angeht. Hier gibt die DIN 1502, Teil 2, Auskunft. Gemäß dieser Norm hätte unser Titel wie folgt auszusehen:

Achten, Willi: Von Liebe und Blau. Blieskastel. Gollenstein 1999.

Bei unselbstständig erschienenen Werken ist folgende Kurzform üblich:

Schmidt, Gerhart (1994): Ontologische Fragen zum Spätwerk Nietzsches. In: Berlinger, Rudolph; Fink, Eugen; Imamichi, Tomonobu; Schrader, Wiebke (Hg.): Perspektiven der Philosophie. Neues Jahrbuch. Bd. 20. Amsterdam/Atlanta.

Internetquellen zitiert man nach deutscher Zitierweise meist wie folgt (Literaturverzeichnis):

Nachname, Vorname: Titel (Stand: Datum der letzten Überarbeitung). URL der Website. [Datum des letzten Aufrufs].

Beispiel:

Mackowiak, Klaus: Verdichtete Dichter (letzte Revision nicht angegeben). http://www.klaus-mackowiak.de/belletristisches-nonsens_lyrisches. [18.06.2019].

Geht es nicht darum, ein Zitat zu belegen, sondern um einen allgemeinen Hinweis auf eine Homepage (etwa als Zusatz zu einem Literaturverzeichnis), reicht meist die kürzere Form: *Klaus Mackowiak: <http://www.klaus-mackowiak.de>*.

Alphabetische Einordnung

Generelle Reihenfolge:

- Leerschritt
  vor Bindestrich
  vor Buchstaben des lateinischen Alphabets
- Kleinbuchstaben vor Großbuchstaben
- Grundbuchstaben wie Umlaute; nur wenn die Buchstabenfolge sonst gleich ist, Grundbuchstabe vor Umlauten
- *ß* wie *ss*; nur wenn die Buchstabenfolge sonst gleich ist, *ss* vor *ß*
- Buchstaben mit diakritischen Zeichen wie Grundbuchstaben; nur wenn die Buchstabenfolge sonst gleich ist, Grundbuchstabe vor Buchstabe mit diakritischem Zeichen (genaue Liste der Rangfolge diakritischer Zeichen in DIN 5007, 6.2.3)
  vor Buchstaben aus nicht lateinischen Alphabeten
  vor römischen Zahlen
  vor arabischen Ziffern
  Beispiel:
  a – à – hohe Tauern – Hohenstaufen – ideal – Ideal – imaginär – imaginativ – Masse – Maße – Mucke – Mücke – λογος – MMIV – 2004

Genaueres entnehme man der DIN 5007 und 5007-2. Diese Normen sind Empfehlungen; kaum ein Wörterbuch hält sich in allen Punkten daran.

Bei der alphabetischen Auflistung von Namen ist Folgendes zu beachten:

Für den Platz in der alphabetischen Auflistung von Namen ist im Allgemeinen der Familienname ausschlaggebend.

Der Vorname bzw. die Vornamen folgen nach einem Komma dem Familiennamen: *Caprius, Rolf.*

Bei gleichen Familiennamen ist die alphabetische Reihenfolge der Vornamen ausschlaggebend: *Caprius, Ingrid – Caprius, Rolf – Caprius, Zita.*

Namenszusätze wie *van, von, de, de la* usw. und Adelstitel folgen nach dem Vornamen:

In der Regel werden – entgegen der DIN – aber Namenszusätze, die großgeschrieben werden, mit dem Familiennamen alphabetisiert: *Du Bois, William Edward Burghardt – Van Aken, Carl Clinton.*

Wenn der Namenszusatz allerdings mit dem Familiennamen verschmolzen ist, bleibt er auch nach DIN beim Namen und geht mit in die Alphabetisierung nach dem Familiennamen ein: *DiCaprio, Leonardo – MacArthur, Douglas – O'Neill, Eugene Gladstone.*

Akademische Grade und Titel werden wie Namenszusätze behandelt, folgen also dem/den Vornamen: *Gatzemeier, Matthias [Prof. Dr.].* Allerdings werden akademische Grade meist gar nicht aufgeführt.

Also: *Caprius, Anne von – Caprius, Ingrid – Caprius, Rolf – Caprius, Zita – Caprivi, Georg Leo Graf – DiCaprio, Leonardo – Du Bois, William Edward Burghardt – Gatzemeier, Matthias [Prof. Dr.] – Loo, Adrian van – MacArthur, Douglas – O'Neill, Eugene Gladstone – Van Doren, Carl Clinton.*

101. Die Zugabe zur Zugabe: Einiges zur Rechtschreibung und Zeichensetzung

Laut-Buchstaben-Zuordnungen

BEDINGERADER STRASSE/STRAẞE

SS oder *ß* bei Schreibung in Großbuchstaben?

Seit 2017 ist das große ẞ ein offizieller Buchstabe des Deutschen. Man kann ẞ einsetzen bei der Schreibung mit Großbuchstaben: *FUẞBALL, STRAẞE.* Empfohlen wird aber nach wie vor, bei der

Schreibung in Großbuchstaben SS zu schreiben: *FUSSBALL, STRASSE.*

Getrennt- oder Zusammenschreibung

Aufsehen erregende / aufsehenerregende* Enthüllungen über *allein Erziehende / Alleinerziehende

Getrennt- oder Zusammenschreibung bei Fügungen aus Substantiv und Partizip

Dass Aufsehen und Erregung zusammengehören, mag lebenspraktisch einsichtig sein, in der Rechtschreibung allerdings ist es freigestellt, ob man *Aufsehen* und *erregend* zusammen- oder getrennt schreibt. Dies gilt – erst einmal – für alle Verbindungen aus Substantiv, Adjektiv, Verb, Pronomen, Adverb oder Partikel mit attributiv verwendetem Partizip: *Aufsehen erregende / aufsehenerregende, Ekel erregende / ekelerregende Machenschaften, weit reichende / weitreichende Theorien, selbst gestricktes / selbstgestricktes Gedicht, allein verziehender / alleinverziehender Opa* u. Ä.

Aufgepasst: Bei erweiterten oder auch gesteigerten Formen kommt es darauf an, ob nur der erste Teil oder die ganze Fügung von der Erweiterung bzw. der Steigerung betroffen ist! Daher nur getrennt: *der äußersten Ekel erregende Manager-Habitus, weiter reichende Berechnungen.* Aber nur zusammen: *der äußerst ekelerregende Manager-Habitus, weitreichendere Berechnungen.*

Stets zusammengeschrieben wird, wenn

- der erste Bestandteil mit einer Wortgruppe umschreibbar ist: *freudestrahlende Fans* (= vor Freude strahlend), *computergesteuerte Anlage* (= von Computern gesteuert)
- ein Fugenelement enthalten ist: *arbeitssuchende Azubis*
- einer der Bestandteile so nicht selbstständig vorkommt: *schwerstbehinderte Menschen, ressourcensparendstes Verfahren*
- das zugrunde liegende Verb nur zusammengeschrieben wird: *eislaufender Postbote, irregeleitete Jugendliche*

Diese Regelungen gelten auch für Verbindungen aus Substantiv und Partizip, die substantiviert werden: *Vor den Schaltern versammelten sich viele Rat Suchende / Ratsuchende. Vor allem allein Erziehende / Alleinerziehende sind von der Gesetzesänderung betroffen.*

Anmerkung: Bei Substantivierungen neigt man, auch wenn Getrenntschreibung grundsätzlich möglich wäre, doch eher zur Zusammenschreibung: *viele Ratsuchende, verarmte Alleinerziehende.*

Worauf ist das *zurückzuführen*?

Getrennt- oder Zusammenschreibung bei Infinitiven mit *zu*

Die Zusammenschreibung von *zurückzuführen* ist auf *zurückführen* zurückzuführen. Das heißt: Die Getrennt- oder Zusammenschreibung von Infinitiven mit eingeschobenem *zu* ist von der Getrennt- oder Zusammenschreibung des einfachen Infinitivs abhängig. Schreibt man den einfachen Infinitiv zusammen, wird auch der Infinitiv mit dem eingeschlossenen *zu* zusammengeschrieben: *zurückführen* → *zurückzuführen*, *hintereinanderlegen* → *hintereinanderzulegen*. Schreibt man den einfachen Infinitiv getrennt, wird auch der Infinitiv mit dem eingeschlossenen *zu* getrennt geschrieben: *Rad fahren* → *Rad zu fahren*, *spazieren gehen* → *spazieren zu gehen*.

Ansichten einer *hochgebildeten* Richterin

Getrennt- oder Zusammenschreibung bei Fügungen mit *hoch*

Ausgesprochen fehlerträchtig sind die Verbindungen aus *hoch* und Verb, Partizip oder Adjektiv. Denn nicht immer ist leicht zu entscheiden, ob man getrennt schreibt oder zusammen. Bei ***Verbindungen aus hoch und Verb*** wird getrennt geschrieben, wenn man *hoch* durch «in großer Höhe» (Frage: wo?), zusammen, wenn man es durch «nach oben» (Frage: wohin?) umschreiben kann:

Es wird schön, weil heute die Gänse hoch (= in großer Höhe) *fliegen. Weil man dort hoch* (= in großer Höhe) *arbeiten muss, setzt man beim Bau der Wolkenkratzer schwindelfreie Indianer ein.*

Ich sah, wie die Gänse hochflogen (= nach oben flogen). *Mit ihrer Pfiffigkeit hat sich Alexa schnell hochgearbeitet* (= nach oben gearbeitet). *Willst du dir nicht die Haare hochstecken* (= nach oben stecken)?

Zusammen schreibt man, wenn die Verbindung eine übertragene Bedeutung hat: *Unser Willi soll hochleben. Musst du denn immer in solcher Weise hochstapeln? Ihr wollt mich hochnehmen, oder?*

In etlichen Fällen lässt sich nicht eindeutig entscheiden, ob eine übertragene Bedeutung vorliegt oder nicht. Dann bleibt es dem Schreibenden überlassen, ob er getrennt oder zusammenschreibt: *Unseren Willi kann man nur hoch achten / hochachten.*

Bei ***Verbindungen aus hoch und einem Partizip*** schreibt man stets zusammen, wenn das zugrunde liegende Verb ausschließlich zusammengeschrieben wird: *Die sich immer noch hocharbeitende Alexa ist einfach nur geschlaucht. Die hochfliegenden* (= nach oben) *Gänse machen ganz schön Radau. Ute wirkt auch mit hochgesteckten Haaren ungemein reizvoll.*

Man schreibt auch zusammen, wenn es sich um Verbindungen mit übertragener Bedeutung handelt: *Ach, schon wieder solch hochfliegende Pläne, solch hochgestochene Phrasen!*

In etlichen Fällen lässt sich nicht eindeutig entscheiden, ob eine übertragene Bedeutung vorliegt oder nicht. Dann bleibt es dem Schreibenden überlassen, ob er getrennt oder zusammenschreibt: *Selbst hoch geschätzte / hochgeschätzte Wissenschaftler haben ihre Schwierigkeiten mit der Rechtschreibung.*

In ***Zusammensetzungen mit Partizipien und Adjektiven*** fungiert *hoch* oft als rein intensivierender Wortbestandteil. Man schreibt zusammen: *Das war hochanständig von dem hochbetagten Künstler. Ich bin hocherfreut über die Ansichten der hochgebildeten Richterin. Das sind schon hochaktuelle Nachrichten über diese hochgiftigen Rückstände.*

Ansonsten kann man Verbindungen aus *hoch* und Partizip sowohl zusammen- als auch getrennt schreiben: *hoch fliegende / hochfliegende* (= in großer Höhe fliegende) *Gänse, hoch dotierte / hochdotierte Verträge, das einst hoch industrialisierte / hochindustrialisierte Ruhrgebiet.*

Der Aufsichtsrat hatte dem Vorstand seine Bedenken zwar ausführlich *auseinandergesetzt,* sich mit diesem aber dann doch nicht allzu ernsthaft *auseinandergesetzt*

Getrennt- oder Zusammenschreibung bei Partikelverben

Ob man den Silberstreif am Horizont wieder sieht oder ob man ihn wiedersieht, ist schon was anderes. Das zeigt hier schon die unterschiedliche Getrennt- und Zusammenschreibung. Aber das ist nicht durchgängig so. Denn: Unabhängig davon, was wir mit *Der Lehrer wird euch etwas auseinandersetzen* meinen, wird *auseinandersetzen* stets zusammengeschrieben.

Das liegt daran, dass für die Schreibung von Fügungen aus Adverb + Verb das entscheidende Kriterium die Betonung ist. Liegt der Hauptakzent auf dem Adverb, schreibt man im Infinitiv, in den Partizipien und im Nebensatz bei Endstellung des Verbes zusammen: *Werden wir den Silberstreif am Horizont wiedersehen? Dafür müssen wir alle zusammenarbeiten. Der Aufsichtsrat hatte dem Vorstand seine Bedenken zwar ausführlich auseinandergesetzt, sich mit diesem aber dann doch nicht allzu ernsthaft auseinandergesetzt.* Liegt der Hauptakzent nicht auf dem Adverb, sondern auf dem Verb, schreibt man getrennt: *Nachdem sich der Rauch verzogen hatte, konnte man den Silberstreif am Horizont so langsam wieder sehen. Wir haben zusammen gefeiert, jetzt können wir auch zusammen arbeiten.*

Wenn einem die Betonung nicht recht weiterhilft, kann man auch testen: Zwischen Adverb und Verb können nämlich andere Satzglieder eingeschoben werden, zwischen Verbpartikel und Verb nicht: *Sind einige davon* **die ganze Zeit** *geblieben?* Aber nicht: **Du solltest lieber davon* **die ganze Zeit** *bleiben!* (Richtig: *Du solltest lieber die ganze Zeit davonbleiben!*)

Wenn einem die Felle davonschwimmen, kann man schon annehmen, dass sie flussabwärts treiben. Aber warum nur schreibt man *davonschwimmen* zusammen und *flussabwärts treiben* getrennt? Der Hauptakzent liegt doch in beiden Fällen auf dem Adverb. Also beides zusammen? Nun: Adverbien, die eine gewisse Komplexität überschreiten – vor allem solche, die aus einem Substantiv und einem Adverb zusammengesetzt sind wie *flussabwärts* –, gelten nie als Verbzusätze und sind daher stets vom Verb getrennt zu schreiben: *landeinwärts laufen, hangabwärts schlittern* usw.

Grundsätzlich mit dem Verb zusammengeschrieben werden dagegen Bestandteile, die nicht mehr frei als Wort vorkommen, etwa: *abhanden-, anheim-, bevor-, dar-, überein-, überhand-, zurecht-* u. a. Daher: *anheimstellen, vorliebnehmen* usw.

Adverbien, die man – als Wortgruppe aufgefasst – auch getrennt schreiben könnte (*instand / in Stand, zugrunde / zu Grunde* u. a.), schreibt man nie mit dem Verb zusammen: *Möchten Sie Ihren wertvollen Oldtimer wirklich selbst* **instand / in Stand setzen***? Wollen Sie da nicht mal* **infrage / in Frage stellen***, ob Sie damit überhaupt* **zu-**

***rande* / *zu Rande kommen*, *ohne daran finanziell* ***zugrunde* / *zu Grunde zu gehen*?** Daher nie: **instandsetzen*, **zurandekommen*, sondern nur: *in Stand setzen* oder *instand setzen*, *zu Rande kommen* oder *zurande kommen*.

Als sie gehört hat, dass der Staatssekretär *fallen gelassen / fallengelassen* worden ist, hat die Journalistin doch glatt die Kanne *fallen gelassen*

Getrennt- oder Zusammenschreibung von Fügungen aus Verb + Verb

Wortgruppen aus Verb + Verb werden in der Regel getrennt geschrieben: *spazieren gehen*, *baden gehen*, *lieben lernen* usw.

Bei *kennen lernen / kennenlernen* ist sowohl Getrennt- wie auch Zusammenschreibung möglich.

Bei Verbindungen, die das Grundwort *bleiben* oder *lassen* aufweisen und gleichzeitig eine übertragene Bedeutung haben, kann man ebenfalls getrennt oder zusammenschreiben: *Das musste die Intrigantin dann wohl doch bleiben lassen / bleibenlassen. Man hat den Staatssekretät fallen gelassen / fallengelassen.* Aber nur: *Sie hat die Kanne fallen gelassen.*

Streckenführung über die *Oberhausener Straße* und die *Eschweilerstraße*

Getrennt- oder Zusammenschreibung von Straßennamen

Nicht immer entsprechen die amtlichen Schreibweisen von Straßennamen den Regeln der Rechtschreibung. Das verunsichert natürlich schon ein wenig.

Substantiv (Name) und Grundwort

Zusammen schreibt man Straßennamen, wenn sie aus e i n e m undeklinierten Substantiv (oder e i n e m undeklinierten Namen) und einem Grundwort bestehen. Meist ist das Grundwort *Straße*, es kommen aber auch viele andere vor, etwa: *Allee, Au[e], Bach, Gasse, Gracht, Markt, Weg, Pfad, Platz: Viktoriaallee, Wiedbach, Heumarkt, Hasencleverstraße, Preusweg.*

Gelegentlich tritt auch ein Name im Genitiv auf, dann wird die

Fügung oft als Wortgruppe aufgefasst und getrennt geschrieben: *Geisers Pfad, Höfchens Weg*. Meist allerdings wird das *s* als Fugen-*s* gedeutet und die Wortgruppe zusammengeschrieben: *Geiserspfad, Höfchensweg*.

Häufig sind auch durch eine Präposition eingeleitete Wortgruppen: *Auf der Hüls, In den Atzenbenden, Zur Scheidmühle*.

Ist ein Name als Bestandteil des Straßennamens mehrteilig, wird durchgekoppelt, das heißt mit Bindestrichen geschrieben: *Walter-Hasenclever-Straße, Professor-Bourdieu-Steig, Karl-Marx-Allee*.

Adjektiv(e) und Grundwort

Ist der erste Bestandteil ein Adjektiv, schreibt man nur zusammen, wenn das Adjektiv nicht dekliniert ist: *Neumarkt, Blautal*.

Bei dekliniertem Adjektiv schreibt man getrennt: *Neuer Markt, Blaues Tal*.

Das gilt natürlich auch für Ableitungen von Orts- oder Ländernamen auf *-er*: *Oberhausener Straße, Osterburger Straße, Hernalser Hauptstraße*. Man beachte auch: *Alte Haarener Straße*, aber: *Alt-Haarener Straße*.

Allerdings ist die Endung *-er* nicht immer nur ein Zeichen dafür, dass es sich um eine solche Ableitung handelt. Denn *-er* kann gleichzeitig schon Teil des Ortsnamens sein, etwa bei: *Eschweiler, Marienwerder, Speyer*. Dann «gewinnt» der Ortsname und man schreibt zusammen: *Eschweilerstraße, Marienwerderweg*.

Anmerkung: Besteht ein Straßenname aus einer Wortgruppe, wird stets dekliniert. Also nicht: **Wir sind auf der Breite Straße in Köln spazieren gegangen*, sondern: *Wir sind auf der Breiten Straße in Köln spazieren gegangen*.

Der Polier hat den geknickten Bewehrungsdraht einfach *gerade gebogen / geradegebogen*. Die Sache mit den illegalen Leiharbeitern dagegen war einfach nicht mehr *geradezubiegen*

Getrennt- oder Zusammenschreibung von Fügungen aus Adjektiv und Verb

Bei Verbindungen aus Adjektiv und Verb ist zunächst einmal festzustellen, ob die Verbindung trennbar ist oder untrennbar.

Untrennbar ist eine solche Verbindung, wenn die Reihenfolge

von Adjektiv und Verb stets unverändert bleibt, etwa *voll + ziehen: vollziehen, du vollziehst, du hast vollzogen*. Untrennbare Verbindungen von Adjektiv und Verb werden stets zusammengeschrieben: *frohlocken, langweilen, liebäugeln, vollbringen, vollenden, vollziehen, weissagen* usw.

Trennbar ist eine solche Verbindung dagegen, wenn die Reihenfolge von Adjektiv und Verb wechseln oder die Vorsilbe *ge-* bzw. ein *zu* zwischen Adjektiv und Verb treten kann: *Antonia beizt den Schrank dunkel. Antonia hat den Schrank dunkel gebeizt. Antonia hat den Schrank dunkel zu beizen*.

Man kann wahlweise getrennt oder zusammenschreiben, wenn ein einfaches(!) Adjektiv das Resultat des Vorgangs darstellt, den das Verb beschreibt, und sich dieses Adjektiv auf das Objekt des Satzes bezieht. Betrachten wir den Satz: *Die Maine-Coon-Katze will den Flokati kaputt machen / kaputtmachen*. In diesem Satz beschreibt das Verb *machen* die Handlung, das einfache Adjektiv *kaputt* stellt das Resultat der Handlung dar und bezieht sich auf das Objekt des Satzes: *den Flokati*. Daher kann man *kaputt machen / kaputtmachen* getrennt oder auch zusammenschreiben. So zum Beispiel auch: *blank putzen / blankputzen, glatt hobeln / glatthobeln, klein schneiden / kleinschneiden, kalt stellen / kaltstellen, leer essen / leeressen, matt setzen / mattsetzen, rot streichen / rotstreichen* usw.

Zwei Dinge seien noch einmal hervorgehoben. Erstens: Das Adjektiv muss einfach sein, damit man zusammenschreiben kann, d. h., es darf nicht morphologisch komplex oder erweitert sein. Also: *Das Schachgenie Igor Jentschura hat mich matt gesetzt / mattgesetzt*. Aber nur: *Das Schachgenie Igor Jentschura hat mich schachmatt gesetzt*. Und auch nur: *Das Schachgenie Igor Jentschura hat mich völlig matt gesetzt*. Zweitens: Das resultative Adjektiv muss sich auf das Objekt des Satzes beziehen, wenn auch Zusammenschreibung möglich sein soll. Also: *Der Ober will das Mahl warm stellen / warmstellen*. Denn *warm* bezieht sich auf das Akkusativobjekt *das Mahl*. Aber nur: *Der Motor muss noch warm laufen*. Denn hier ist *warm* zwar auch ein resultatives Adjektiv, aber es bezieht sich nicht auf ein Objekt, sondern auf das Subjekt des Satzes: *Der Motor*.

Zusammengeschrieben wird stets, wenn das Adjektiv zusammen mit dem Verb eine neue, idiomatisierte Gesamtbedeutung bildet, die nicht durch die Bedeutungen der einzelnen Teile bestimmt werden kann, zum Beispiel: *krankschreiben, freisprechen, (sich) krank-*

lachen; festnageln (= festlegen), *geradebiegen* (= das Schlimmste abwenden), *heimlichtun* (= geheimnisvoll tun), *kaltstellen* (= ausschalten), *krummnehmen, kürzertreten* (= sich einschränken), *richtigstellen* (= berichtigen), *schwerfallen* (= Mühe verursachen), *heiligsprechen* usw.

Kann man nicht eindeutig entscheiden, ob eine idiomatisierte Gesamtbedeutung vorliegt, so kann man sowohl getrennt als auch zusammenschreiben.

Groß- oder Kleinschreibung

Kalter/kalter Krieg

Groß- oder Kleinschreibung bei mehrteiligen Eigennamen und anderen Wortgruppen

Das Grenzgebiet zwischen mehrteiligen Eigennamen (*Holbein der Jüngere, Rheinisch-Westfälische Technische Hochschule Aachen, Hohe Pforte, Kahler Asten, Stiller Ozean* usw.) und anderen mehrteiligen, oft als «feststehende Ausdrücke» bezeichneten Wendungen (*schwarzes/Schwarzes Brett, rote/Rote Karte, italienischer/Italienischer Salat, neue/Neue Medien* usw.) erweist sich immer wieder als Fehlerquelle für die Groß- und Kleinschreibung. Denn:

1. In mehrteiligen Eigennamen werden nicht nur substantivisch verwendete Wörter großgeschrieben, sondern grundsätzlich auch das erste Wort und alle weiteren Wörter außer Artikeln, Präpositionen und Konjunktionen. Doch: Was ist ein Eigenname?

Bei festen Verbindungen aus Adjektiv und Substantiv, die insgesamt als begriffliche Einheit zu sehen sind, gibt es solche, in denen das Adjektiv (sozusagen ganz normal) stets kleingeschrieben, und solche, in denen es stets großgeschrieben wird, aber auch solche, in denen es großgeschrieben werden kann, aber nicht muss. Wann macht man nun was?

Zu 1.: Die Regel, dass das erste Wort und alle weiteren Wörter einer Wendung großgeschrieben werden außer Artikeln, Präpositionen und Konjunktionen, gilt ausschließlich für mehrteilige Eigennamen. Was aber ein Eigenname ist, sagt die Regelung nicht explizit. Es werden lediglich einige Gruppen von Eigennamen beispielhaft aufgeführt, und zwar

- Personennamen, Eigennamen aus Religion und Mythologie sowie Beinamen, Spitznamen usw.: *der Apokalyptische Reiter, der Alte Fritz, Katharina die Große, Klein Fritzchen* u. Ä.
- geografische und geografisch-politische Eigennamen von Erdteilen, Ländern, Staaten, Verwaltungsgebieten; Städten, Dörfern, Straßen, Plätzen; Landschaften, Gebirgen, Wäldern, Wüsten, Fluren; Meeren, Meeresteilen und -straßen, Flüssen, Inseln und Küsten: *Vereinigte Arabische Emirate, Freie und Hansestadt Hamburg, Klein Vielen, Wendisch Rietz, Alte Vaalser Straße, Breite Straße; Wilder Kaiser, Sächsische Schweiz; Schwarzes Meer, Kleine Antillen, Krumme Lanke, Großer Belt* u. Ä.
- Eigennamen von Objekten unterschiedlicher Klassen; Sternen, Sternbildern und anderen Himmelskörpern; Fahrzeugen, bestimmten Bauwerken und Örtlichkeiten; einzeln benannten Tieren, Pflanzen und gelegentlich auch Einzelobjekten weiterer Klassen; Orden und Auszeichnungen: *Kleiner Bär, Großer Wagen, Halley'scher Komet; Wahre Liebe* (Schiff), *der Blaue Enzian* (Eisenbahnzug); *die Blaue Grotte* (auf Capri, Italien), *das Blaue Wunder* (Brücke, Dresden), *der Schiefe Turm* (in Pisa); *der Geölte Blitz* (ein bestimmter Windhund), *die Garstige Linde* (ein bestimmter Baum); *das Blaue Band des Ozeans, Großer Österreichischer Staatspreis für Literatur* u. Ä.
- Eigennamen von Institutionen, Organisationen, Einrichtungen; staatlichen bzw. öffentlichen Dienststellen, Behörden und Gremien; Bildungs- und Kulturinstitutionen; Parteien, Verbänden, Vereinen; Betrieben, Firmen, Genossenschaften, Gaststätten, Geschäften; Zeitungen und Zeitschriften: *Bayerische Staatskanzlei, Mecklenburgisches Staatstheater Schwerin, Grünes Gewölbe* (in Dresden); *Erstes Deutsches Fernsehen, Eidgenössische Technische Hochschule, Vereinte Nationen, Internationales Olympisches Komitee; Allgemeiner Deutscher Automobilclub, Börsenverein des Deutschen Buchhandels; Dresdener Bank, Bibliographisches Institut, Weiße Flotte, Hotel Vier Jahreszeiten, Gasthaus zum Wilden Stier; Aachener Nachrichten, Süddeutsche Zeitung* u. Ä.
- inoffizielle Eigennamen, Kurzformen sowie Abkürzungen von Eigennamen: *Dritte Welt, Schwarzer Kontinent, Ferner Osten; SPD* (= Sozialdemokratische Partei Deutschlands), *EU* (= Europäische Union), *MDR* (= Mitteldeutscher Rundfunk) u. Ä.

- bestimmte historische Ereignisse und Epochen: *der Westfälische Friede, der Deutsch-Französische Krieg 1870/1871, der Zweite Weltkrieg, die Goldenen Zwanziger, die Jüngere Steinzeit, der Kalte Krieg* (aber: *ein kalter Krieg*).

Hier jeweils nachzuschauen ist recht umständlich. So wird gelegentlich empfohlen, auf Eigennamenkriterien aus der philosophischen Logik zurückzugreifen, um mehrteilige Eigennamen von anderen mehrteiligen festen Wendungen zu unterscheiden. Das ist umstritten, hilft aber in der alltäglichen Schreibpraxis durchaus. Danach zeichnet sich ein Eigenname durch mehrere Eigenschaften aus, vor allem aber durch zwei, die in jedem Fall stets b e i d e erfüllt sein müssen:

- das «Highlander-Kriterium»: Es kann nur einen geben
- das «Baptisterium»: Ein Taufakt ist zu unterstellen

Das «Highlander-Kriterium» besagt: Eigennamen werden nur bestimmten ausgesuchten Einzelgegenständen gegeben, etwa einem bestimmten Gebirge: *Hohe Tatra*, einem bestimmten Tier: *Rin Tin Tin*, einem bestimmten Land: *Heiliges Römisches Reich Deutscher Nation* (bzw. *Sacrum Romanum Imperium Nationis Germanicae*), einem bestimmten Menschen: *Karl der Kahle* usw. Gattungsbegriffe und Abstrakta können daher nicht zu den mehrteiligen Eigennamen gehören. Denn Gattungsbegriffe gelten nicht für ein einzelnes Exemplar der Gattung, sondern für alle. So ist etwa *schwarzes/Schwarzes Brett* kein Eigenname. Denn es benennt keinen einzelnen Gegenstand. Vielmehr bezeichnet *schwarzes/Schwarzes Brett* eine ganze Gattung. Alle *schwarzen/Schwarzen Bretter* fallen unter diese Bezeichnung. Auch Abstrakta, z. B. *schwarze Magie*, sind grundsätzlich keine konkreten Einzeldinge, die Eigennamen tragen können. Ein Grenzfall sind historische Epochen und Ereignisse, da sie im Grunde keine Konkreta sind. Man hat sie aber zu den Eigennamen hinzugerechnet.

Das «Baptisterium» besagt: Alles, was einen Eigennamen trägt, muss getauft, muss als Individuum mit einem Namen belegt worden sein. Es geht um die Frage: I s t dieser Gegenstand lediglich ein x oder h e i ß t er x? Dieses Kriterium hilft in solchen Fällen zwischen Eigennamen und allgemeinen Gattungsbegriffen zu unterscheiden, in denen ein Gattungsbegriff gleichzeitig als Eigenname verwendet wird. Das ist natürlich immer möglich. Niemand wird mir verwehren können, meinen Hund *Hund* zu nennen statt *Bello* oder *Lumpi*. Sehr häufig ist eine solche Namensgebung bei Institutionen: *Lehrstuhl für Neuere Deutsche Literaturgeschichte, Städtische Krankenanstalten, Deutsche Physikalische Gesellschaft* usw. So ist hier etwa der Lehrstuhl für *Neuere Deutsche Literaturgeschichte* (Eigenname) nicht nur ein Lehrstuhl für neuere deutsche Literaturgeschichte (Gattungsbegriff), sondern er heißt auch so, ist quasi so getauft. Ob ein Gegenstand etwas ist (Gattungsbegriff) oder so heißt (Eigenname), davon hängt auch die unterschiedliche Groß- und Kleinschreibung in Sätzen wie diesen ab: *Die Städtischen Krankenanstalten sind nicht die einzigen städtischen Krankenanstalten in unserer Stadt. Der Große Teich* (= Spitzname für den Atlantischen Ozean) *ist eigentlich gar kein großer Teich*.

Zu 2.: Bei Verbindungen aus Adjektiv und Substantiv, die insgesamt eine begriffliche Einheit darstellen:

a) wird das Adjektiv stets kleingeschrieben, wenn die Verbindung ganz wörtlich verwendet wird: *die letzte Ehre, die freie Mitarbeiterin, das stille Wasser, die natürliche Person, das geistige Eigentum etc.*, aber auch, wenn einer der beiden Bestandteile oder die Verbindung insgesamt eine bildliche, übertragene Bedeutung hat: *ein dicker Hund, die biologische Uhr, lahme Ente, der schwarze Markt, faule Geschäfte, ein offenes Ohr, ein teures Pflaster* etc.
b) kann man das Adjektiv groß- oder auch kleinschreiben, wenn die Verbindung als Ganzes eine neue lexikalische Bedeutung gewonnen hat: *mein alter/Alter Herr, das schwarze/Schwarze Brett, der blaue/Blaue Brief, der runde/Runde Tisch* etc. und in fachsprachlich verwendeten Verbindungen: *der grüne/Grüne Pfeil* (Verkehrswesen), *der italienische/Italienische Salat* (Kochkunst), *die dringliche/Dringliche Anfrage* (Politik), *das gelbe/Gelbe Trikot* (Sport), *das schwarze/Schwarze Loch* (Astronomie) etc. oder in terminologisch verwendeten Verbindungen: *die erste/Erste Hilfe, die mittlere/Mittlere Reife, das große/Große Latinum* etc. sowie bei Funktionsbezeichnungen: *der technische/Technische Direktor, die zweite/Zweite Vorsitzende* etc. und bei Bezeichnungen für besondere Anlässe oder Kalendertage: *die goldene/Goldene Hochzeit, das neue/Neue Jahr* etc.
c) wird das Adjektiv stets großgeschrieben bei fachsprachlichen Klassifikationsbezeichnungen der Botanik und Zoologie: *Fleißiges Lieschen, Zottige Fahnenwicke, Schöne Riemenzunge,*

Dreistacheliger Stichling, Patagonischer Skunk etc. und bei Titeln, Ehren- und Amtsbezeichnungen: *Vorsitzender Richter, Königliche Hoheit, Regierende Bürgermeisterin, Heiliger Vater* etc. sowie bei offiziellen und kirchlichen Feier- und Gedenktagen: *der Internationale Frauentag, der Heilige Abend, der Erste Mai* etc.

Anmerkung: Mehrteilige Berufsbezeichnungen zählen nicht zu den Titeln und Ehrenbezeichnungen. Daher werden enthaltene Adjektive kleingeschrieben: *medizinisch-technische Assistentin, technische Zeichnerin, wissenschaftlicher Mitarbeiter* etc.

Ein vorangestellter Artikel gehört normalerweise nicht zu einem Eigennamen und wird daher kleingeschrieben: *der Blaue Planet.* Davon gibt es Ausnahmen: *die Zeitschrift Die Zeit* (vgl. Fehler 101 GK weiter unten).

Augen: *blau*; sich auf *Französisch* unterhalten

Groß- oder Kleinschreibung von Farb- und Sprachenadjektiven

Bei Farb- und Sprachenadjektiven können bisweilen Zweifel aufkommen, ob sie klein- oder großgeschrieben werden sollen. Das liegt daran, dass sie sehr häufig endungslos vorkommen und ohne Artikel oder sonstige Begleiter als Hinweise auf eine Substantivierung. So lässt sich bei *ins Blaue hinein* noch leicht auf Großschreibung schließen. Denn hier gibt der Artikel *das* (ins = in das) den entscheidenden Hinweis auf eine substantivische Verwendung des Farbadjektivs. Wie sieht es aber aus in Fällen wie: *Ihre Augen waren blau/Blau, und sie trug auch eine Brille in blau/Blau*? Hier kommt es darauf an, wie man das Farbadjektiv sinnvollerweise erfragt. Fragt man «wie?», folgt Kleinschreibung. Fragt man «was?/ wessen?/wem?», folgt Großschreibung. W i e waren ihre Augen? *Ihre Augen waren blau.* Also schreibt man *blau* im ersten Fall klein. Eine Brille in w a s (in was für einer Farbe) trug sie? Sie trug eine Brille *in* (der Farbe) *Blau.* Also schreibt man im zweiten Fall *Blau* groß.

Wenn ein Farbadjektiv substantivisch eingesetzt wird, muss es auch wie jedes gängige Substantiv ein dekliniertes Adjektivattribut binden können. Auch dies kann man als Test der Substantivierung nutzen: **Ihre Augen waren schönes blau.* Nein, das geht nicht, es müsste heißen: *Ihre Augen waren schön blau.* Hier ist *schön* undekliniert als Adverb eingesetzt. Also kann *blau* nicht substantivisch verwendet sein und wird kleingeschrieben. Aber: *Sie trug eine Brille in schönem Blau.* Das klappt. Hier ist *schönem* als dekliniertes Adjektiv eingesetzt. Also wird *Blau* substantivisch verwendet und großgeschrieben.

Zu ermitteln, ob man «wie?» oder mit «was?/wessen?/wem?» fragt und ob man das Adjektiv durch ein dekliniertes Adjektivattribut erweitern kann oder nicht, hilft in gleicher Weise bei der Frage nach der Substantivierung von Sprachenadjektiven: *Die Entführer unterhielten sich französisch mit den Touristen, die Französisch auf der Schule gelernt hatten.* Denn: Wie unterhielten sich die Entführer? Was hatten die Touristen auf der Schule gelernt? Und: *Sie unterhielten sich passabel* (undekliniert) *französisch.* Aber: *Sie hatten ein passables* (dekliniert) *Französisch gelernt.*

Anmerkung: Manchmal ist sowohl Groß- als auch Kleinschreibung möglich: *Sie sprachen (passabel) französisch* (wie?) *miteinander. / Sie sprachen (passables) Französisch* (was?) *miteinander.*

Und dann gab's da noch die Schleiflackfabrik: *Als/als* skurriles Industriedenkmal aus einer Zeit, in der Technik noch nachvollziehbar war, durchaus schützenswert

Groß- oder Kleinschreibung nach Doppelpunkt

Ob verwahrloste Hunde oder verstörte Papageien oder was auch immer nach dem Doppelpunkt erscheint – für die Groß- oder Kleinschreibung spielt es keine Rolle, was hinter dem Doppelpunkt auftaucht, entscheidend ist, wie es auftaucht.

So sagt etwa die offizielle Regelung dazu: «Wird die nach dem Doppelpunkt folgende Ausführung als Ganzsatz verstanden, so schreibt man das erste Wort groß.»

Nur: Was kann man als Ganzsatz verstehen? Was nicht? Unproblematisch sind Beispiele wie: *Und dann kam das Beste: Der Kerl war auch noch von seiner einsamen Klasse überzeugt.*

Genauso unproblematisch: *Wir nehmen in Pension: verwahrloste Hunde, Pferde im Gnadenbrot, streunende Katzen, verstörte Papageien u. v. m.*

Auch wenn nach dem Doppelpunkt ein Nebensatz steht, ist klar: Ein Nebensatz ist immer von einem Hauptsatz abhängig, kann also allein kein Ganzsatz sein. Daher: *Wir werden Sie, Herr Dr. Weise, bestimmt nicht einstellen: weil wir nur fähiges Personal einstellen, weil uns Ihre Eskapaden bei der Busch AG durchaus bekannt sind, weil wir keinen weiteren Mitarbeiter benötigen.* Aber: *Wir werden Sie, Herr Dr. Weise, bestimmt nicht einstellen: Denn wir stellen nur fähiges Personal ein, uns sind Ihre Eskapaden bei der Busch AG durchaus bekannt, wir benötigen keinen weiteren Mitarbeiter.* In seltenen Fällen kann es natürlich sein, dass nach einem Doppelpunkt ein Nebensatz groß beginnt, weil es sich um einen verkürzten oder abgebrochenen Ganzsatz handelt: *So haben wir überhaupt keine Rücklagen mehr: Wenn das mal gut geht …*

Wie sieht es aber mit Fällen aus wie diesen: *Und dann gab's da noch die Schleiflackfabrik: Als/als skurriles Industriedenkmal aus einer Zeit, in der Technik noch nachvollziehbar war, durchaus schützenswert.* Oder: *Trinken Sie ruhig noch einen Kognak: Wenn's/wenn's hilft.* Wie fasst man hier das auf, was nach dem Doppelpunkt steht? Im ersten Fall könnte man es z.B. als Apposition verstehen: *Und dann gab's da noch die Schleiflackfabrik, als skurriles Industriedenkmal aus einer Zeit, in der Technik noch nachvollziehbar war, durchaus schützenswert.* Dann wäre nach dem Doppelpunkt kleinzuschreiben. Man kann den Teil nach dem Doppelpunkt aber auch als verkürzten Satz auffassen: *Und dann gab's da noch die Schleiflackfabrik. Als skurriles Industriedenkmal aus einer Zeit, in der Technik noch nachvollziehbar war, [war sie] durchaus schützenswert.* In diesem Fall wäre großzuschreiben. Da hier beide Auffassungen zu vertreten sind, ist sowohl Groß- als auch Kleinschreibung möglich. Das gilt auch für das zweite Beispiel: *Trinken Sie ruhig noch einen Kognak: wenn's hilft* wegen: *Trinken Sie ruhig noch einen Kognak, wenn's hilft.* Aber auch möglich: *Trinken Sie ruhig noch einen Kognak: Wenn's hilft* wegen: *Trinken Sie ruhig noch einen Kognak. Wenn's hilft[, kann man nichts dagegen einwenden].*

So etwas kommt im Schreiballtag häufiger vor. Da hilft es oft, sich zu überlegen, wie man das Ganze mit genau den gleichen Wörtern schreiben würde, wenn der Doppelpunkt verboten wäre. Müsste man dann ein Satzbinnenzeichen setzen, das heißt ein Komma oder einen Gedankenstrich? Wenn ja, wäre nach dem Doppelpunkt kleinzuschreiben. Oder wäre ein Satzschlusszeichen verlangt, das heißt ein Punkt, ein Fragezeichen oder ein Ausrufezeichen? Dann wäre nach dem Doppelpunkt großzuschreiben. Es ist gar nicht selten, dass beides geht.

Die *einen/Einen* wollen, dass jeder *Einzelne* Verantwortung übernimmt, die *anderen/Anderen*, dass auch die Gemeinschaft *etliches* leistet
Groß- oder Kleinschreibung der unbestimmten Zahladjektive *viel, wenig, (der, die, das) eine, (der, die, das) andere*

Zum einen ist *die einen* in diesem Satz ein unbestimmtes Zahladjektiv; zum anderen aber werden die unbestimmten Zahladjektive *viel, wenig,* (der, die, das) *eine,* (der, die, das) *andere* in der Regel kleingeschrieben, auch wenn sie als Stellvertreter von Substantiven auftreten: *Was dem einen sein Sportwagen, ist dem anderen sein Kafka. Kein Programm für viele, sondern ein Programm für etwas andere.*

Doch es gibt auch hier eine Ausnahme: Wenn man das Zahladjektiv als substantivisch verwendet auffasst (etwa wenn man sie in einem besonderen, quasi «philosophischen» Sinn verwendet), kann man es großschreiben. Gemeint ist, dass man solch unbestimmtes Zahlwort dann wie ein Substantiv als Gattungsbezeichnung verwendet, etwa die Gattung des grundsätzlich ganz Anderen in den Blick nimmt: *das ganz Andere dieser Erklärung.* Weitere Beispiele: *Das **Eine** ist nicht etwa bloß weniger als das **Viele**, sondern kategorial davon zu unterscheiden. Die **Einen** sagen dies, die **Anderen** sagen das.*

Anmerkung: Achtung! Keine Pronomen, sondern Adjektive sind *einzelne/einzelner/einzelnes* und *einzige/einziger/einziges.* Sie werden daher durchwegs großgeschrieben, wenn sie substantivisch verwendet werden (auch in nichtphilosophischer Sprechweise): *Jeder **Einzelne** und jede **Einzelne** müssen wirklich engagiert mitziehen. Das ist das **Einzige**, das sicherzustellen in der Lage ist, **einiges/etliches** davon umsetzen zu können. Im **Einzelnen** werden wir ja noch **einiges/etliches** modifizieren müssen.*

Wir wünschen ein glückliches *neues/Neues* Jahr
Groß- oder Kleinschreibung von *neu/Neu*

Seit 2017 lässt die offizielle Rechtschreibung auch die Schreibung *Neues Jahr* zu. Dies folgt der Neureglung für die Schreibung von Adjektiven in festen Funktionsbezeichnungen und für Benennungen für besondere Anlässe und Kalendertage. Hier kann nun grundsätzlich klein- oder großgeschrieben werden: *der erste/Erste*

Vorsitzende, der technische/Technische Direktor, das neue Jahr/Neue Jahr, die goldene Hochzeit etc. (Vgl. oben: *Kalter/kalter Krieg.*)

In *der* Zeit war zu lesen …

Groß- oder Kleinschreibung der Artikel bei deklinierten mehrteiligen Zeitungs-/Zeitschriftennamen

Zeitungsnamen werden normal gebeugt, auch wenn sie kursiv gesetzt sind oder in Anführungszeichen stehen: *Wie in der «Süddeutschen Zeitung» zu lesen war,… In der neuesten Ausgabe der «Welt» stand davon nichts.*

Bei manchen Zeitungen oder Zeitschriften gehört der Artikel zum Namen. Er wird in die Anführungszeichen bzw. in die Kursivierung mit eingeschlossen und großgeschrieben, wenn der Name im Nominativ steht oder in einem Fall, der sich in der Form nicht vom Nominativ unterscheidet: *So hat «Die Zeit» eine Art Hausrechtschreibung installiert. Anna liest «Die Zeit»*. Steht der Name in einem Fall, der sich in der Form vom Nominativ unterscheidet, bleibt der Artikel außerhalb der Anführungszeichen bzw. der Kursivierung und wird kleingeschrieben: *So wurde in der «Zeit» eine Art Hausrechtschreibung installiert.* Wird der Name (durch andere Artikelwörter, Adjektive, Partizipien o. Ä.) erweitert, gehört der Artikel ebenfalls nicht in die Anführungszeichen bzw. zur Kursivierung und wird kleingeschrieben, auch wenn der Name im Nominativ steht: *So hat die schon immer recht snobistische «Zeit» eine Art Hausrechtschreibung installiert.*

Soll der Zeitungsname ungebeugt wiedergegeben werden, obwohl er nicht im Nominativ steht, kann man ihn als Beifügung an einen entsprechenden Gattungsbegriff anhängen: *So wurde in der Wochenzeitung «Die Zeit» eine Art Hausrechtschreibung installiert.*

Anmerkung: Wie bei den Zeitungen wird es auch bei Buchtiteln u. Ä. gehandhabt: *Auch «Der Idiot» von Dostojewski enthält dieses Zitat. Das Zitat stammt aus dem «Idioten» von Dostojewski. Das Zitat stammt aus dem Roman «Der Idiot» von Dostojewski.*

Herzlich *willkommen*!
Groß- oder Kleinschreibung von *willkommen*

Die richtige Groß- oder Kleinschreibung von *willkommen/Willkommen* ist vielleicht nicht direkt herzlich willkommen, kann aber auch nicht wirklich schaden. Die Frage ist immer die, ob es sich um das Adjektiv *willkommen* handelt, das kleinzuschreiben ist, oder um die Substantivierung *das/ein Willkommen*, die großzuschreiben ist. Um das Adjektiv handelt es sich in Wendungen wie: *Herzlich willkommen. Seien Sie uns herzlich willkommen. Sie geben uns den willkommenen Anlass dazu.* Um die Substantivierung geht es in Wendungen wie: *Ein herzliches Willkommen Ihnen allen!* Die Substantivierung erkennt man hier am Artikel *ein* und an der Endung *-es* bei *herzliches.*

Getrennt oder Zusammen-, Groß- oder Kleinschreibung und Bindestrich kombiniert

Gelegenheit *zum Kennenlernen*
Getrennt- oder Zusammen-, Groß- oder Kleinschreibung und Bindestrich bei (erweiterten) substantivierten Infinitiven

Die Schreibung von Infinitiven ist manchmal zum *Aus-der-Haut-Fahren.* Die meisten Grammatiker zählen Infinitive zu den Formen des Verbs. Daher schreibt man sie in der Regel klein: *Ich muss nach Hause gehen. Von der Möglichkeit, von diesem kuriosen Vertrag zurückzutreten, machen Sie bitte ausdrücklich Gebrauch.* Infinitive fungieren häufig als Ergänzungen (Subjekt oder Objekt) oder Angaben (Umstandsbestimmungen, adverbiale Bestimmungen). Dabei können sie auch wie ein Substantiv, das heißt substantiviert, verwendet werden. Dann schreibt man sie groß: *Das Gehen fällt mir schwer. Das Prellen von Zechen aller Art war schon immer ihre Spezialität.*

Unklar ist allerdings häufig, wann ein Infinitiv als substantiviert gilt und wann nicht. Um das zu entscheiden, muss man sich anschauen, wie der Infinitiv auftritt.

Als substantiviert gilt ein Infinitiv – man schreibt ihn also groß –, wenn zu diesem Infinitiv

- ein Artikel hinzutritt: *Ein Tun ist noch kein Handeln. Am Hoffen und Harren erkennt man den Narren.*

- ein Artikelwort hinzutritt: *Sein Zögern war verständlich.*
- ein attributives Adjektiv/Partizip (mit Endung) hinzutritt: *Demonstratives Gähnen schien ihr da nicht ganz unangebracht. Verweigertes Hoffen macht stumpf.*
- eine Präposition hinzutritt: *Das Management setzt auf Abwarten. Die Aufgabe lässt sich nicht allein durch Nachdenken lösen.*
- ein Genitiv- oder Präpositionalattribut hinzutritt: *Denn Markieren der Fahrbahn nutzt nichts. Dann zählen folgende Rituale zu den Unerlässlichkeiten internationaler politischer Konferenzen: Verlesen inhaltsloser Kommuniqués, Schütteln von Unmengen feuchter Politikerhände, Vertagen von dringlichsten Entscheidungen, Delegieren der Probleme in Ausschüsse.*

Ein Infinitiv gilt als Verb – man schreibt ihn also klein –, wenn zu diesem Infinitiv

- ein Objekt hinzutritt: *Denn die Fahrbahn markieren nutzt nichts. Dann zählen folgende Rituale zu den Unerlässlichkeiten internationaler politischer Konferenzen: inhaltslose Kommuniqués verlesen, Unmengen feuchter Politikerhände schütteln, dringlichste Entscheidungen vertagen, Probleme in Ausschüsse delegieren.*
- ein adverbial verwendetes Adjektiv (ohne Endung), ein Adverb oder eine Partikel hinzutritt: *Demonstrativ gähnen schien ihr da nicht ganz unangebracht. Nur noch hoffen macht stumpf.*

Wenn ein Infinitiv als Ergänzung oder Angabe auftritt, aber keine weitere Bestimmung (Artikelwort, Adjektiv, Adverb, Partikel, Partizip, Präposition, s. o.) aufweist, bleibt unklar, ob er als Verb oder Substantiv aufzufassen ist. Dann ist es freigestellt, ob man ihn klein- oder großschreibt: *Dabei sein / Dabeisein ist alles. Anja und Jakob lernen schwimmen/Schwimmen, üben Rad fahren / Radfahren und trainieren inlineskaten/Inlineskaten.*

Beziehen sich allein stehende Infinitive aber als Beispiele auf ein substantivisches Bezugswort, werden sie meist großgeschrieben: *Freizeitbeschäftigungen wie Golfen, Tennisspielen oder Segeln fand die Preisträgerin schon immer geschmacklos.* Aber: *Freizeitbeschäftigungen wie dilettantisch golfen, fein gewandet Tennis spielen oder hochnäsig durch die Karibik segeln fand die Preisträgerin schon immer geschmacklos.*

Übersichtliche Zusammensetzungen mit einem substantivierten Infinitiv werden nicht nur groß-, sondern auch zusammengeschrieben: *ein Kräftemessen, das Boulespielen, zum Haareausraufen, beim Großwerden, ein Sichausleben, absichtliches Falschverstehen, beim Schwimmengehen, zum Kennenlernen, das Inkrafttreten.*

Unübersichtliche Zusammensetzungen dieser Art werden durchgekoppelt, das heißt mit Bindestrichen geschrieben. Großgeschrieben werden dann immer das erste Wort der Zusammensetzung, der am Schluss stehende Infinitiv und alle in der Zusammensetzung auftretenden substantivisch verwendeten Wörter: *das Sich-gehen-Lassen, zum Junge-Hunde-Kriegen, das Auf-den-St.-Nimmerleinstag-Verschieben, ihr Nicht-aufgeben-Wollen, das In-Acht-Nehmen, das Außer-sich-Sein, das In-Gang-Bringen, das Zu-spät-Kommen.*

Wenn es bei dem/den Bestimmungswort/-wörtern des substantivierten Infinitivs freigestellt ist, ob man zusammenschreibt oder getrennt, ist für die entsprechenden Zusammensetzungen sowohl Zusammenschreibung als auch Durchkopplung möglich: *beim Zustandekommen/Zu-Stande-Kommen, das Instandhalten/In-Stand-Halten, am Zutagetreten/Zu-Tage-Treten, das Braindrainbeweinen/Brain-Drain-Beweinen, das Staubsaugenmüssen/Staub-saugen-Müssen.*

Heavy Metal, Hard Rock / Hardrock, Dread-Disease-Deckung / «dread disease»-Deckung

Groß- oder Klein-, Getrennt- oder Zusammenschreibung und Bindestrich bei Zusammensetzungen mit Wörtern aus dem Englischen oder anderen Fremdsprachen

Gerade bei Wörtern aus dem Englischen bleibt nicht selten unklar, was eigentlich deren Status ist: Handelt es sich um zitierte fremde Wörter: *seine «hire in the morning and fire in the afternoon»-Mentalität* oder um (vielleicht erst vor kurzem) eingeführte Fremdwörter: *ein Asset-Liability-Management* oder um bereits eingedeutschte Lehnwörter: *unsere Partner in Havanna*? Dies macht es schwer zu entscheiden, ob groß- oder klein-, getrennt oder zusammengeschrieben werden soll.

Groß- und Kleinschreibung

Substantivisch verwendete Wörter aus Fremdsprachen werden großgeschrieben – auch wenn sie in der Ursprungssprache kleingeschrieben würden: *Solch ein Way of Life mutet dann doch gewöhnungsbedürftig an. Wer mag in diesem Jahr die Awards der Academy einheimsen? Käse ist doch eine Conditio sine qua non für ein Cordon bleu.*

In mehrteiligen substantivischen Ausdrücken aus anderen Sprachen wird der erste Teil stets großgeschrieben – auch wenn dieser kein Substantiv ist: *Grand Cru, Soft Skills, Big Band, Corned Beef* usw. Steht aber der nichtsubstantivische Teil hinter dem substantivischen, bleibt es bei der Kleinschreibung des nichtsubstantivischen Teils: *Concerto grosso, Enfant terrible, Laterna magica* usw.

Das gilt auch für Schreibungen mit Bindestrich: *After-Work-Clubbing, First-Mover-Advantage, High-Yield-Bond, Me-Incorporated, Plug-and-play-Mitarbeiter* usw.

Allerdings bleibt es bei der Kleinschreibung der Substantive, wenn sie in festen Wendungen auftauchen, die nur als Angabe verwendet werden und nie als Ergänzung (Subjekt, Objekt): *a cappella, a fresco, al dente, per annum, in vitro, en bloc, par force, across the board, below the line, just in time* usw. Beispiel: *Wir haben a cappella* (Frage: wie?, Modalangabe) *gesungen.*

Die Kleinschreibung bleibt dann auch in Durchkoppelungen erhalten: *A-cappella-Gesang, In-vitro-Fertilisation, Just-in-time-Garantie.*

Naheliegend ist dann natürlich die Frage: Was wird zusammengeschrieben, was getrennt und was mit Bindestrich?

Getrennt- und Zusammenschreibung

Substantiv und Substantiv. Bei Zusammensetzungen aus dem Englischen kommt es darauf an, um welche Wortarten es sich handelt. Zusammensetzungen aus Substantiven werden in der Regel wie solche aus deutschen Wörtern zusammengeschrieben: *Headhunter, Braindrain, Cashflow, Centercourt, Airbag, Beautycontest, Callcenter, Jobsharing, Flowerpower, Ghostwriter, Weekend, Mountainbike, Timesharing, Mailbox* usw.

Grundsätzlich ist aber auch die Schreibung mit Bindestrich

möglich: *Brain-Drain, Center-Court, Flower-Power, Mountain-Bike.*

Werden solche Zusammensetzungen um ein weiteres Grundwort erweitert, sind alternative Schreibungen möglich. Etwa: *Flowerpowerzeit/Flowerpower-Zeit/Flower-Power-Zeit, Mountainbikerennen/Mountainbike-Rennen/Mountain-Bike-Rennen.*

Kurze und/oder allgemein eingeführte Zusammensetzungen werden aber meist ohne Bindestrich geschrieben: *Cashflow, Airbag, Gameboy, Ghostwriter.* Erweiterung: *Airbagkontrolle/Airbag-Kontrolle, Ghostwritersuche/Ghostwriter-Suche.*

Auch Zusammensetzungen, die im Englischen bereits zusammengeschrieben werden, verwendet man im Deutschen meist in der Version ohne Bindestrich: *Headhunter, Weekend, Mailbox.*

Zusammensetzungen mit Einzelbuchstaben oder Abkürzungen werden, wie im Deutschen allgemein üblich, stets mit Bindestrich geschrieben: *E-Business, E-Commerce, E-Content, E-Mail, DNA-Chip, Junk-DANN, LAN-Party* usw. Erweiterung: *E-Mail-Adresse, LAN-Party-Freaks.*

Adjektiv/Partizip/Artikelwort und Substantiv. Fügungen aus Adjektiv/Partizip/Artikelwort und Substantiv werden in der Regel getrennt geschrieben: *Big Band, Hot Dog, Soft Drink, Added Value, Dread Disease, High Fidelity, High Potential, Digital Hub, Soft Drink, Hard Rock, Heavy Metal, Corporate Identity, Prime Time, Soft Skill, Alma Mater, Alter Ego, Accent aigu, Jour fixe, Nouvelle Cuisine, Alta Moda, Spaghetti carbonara.*

Man kann sie aber auch zusammenschreiben, wenn der Hauptakzent auf dem ersten Bestandteil liegt: *Bigband, Hotdog, Softdrink, Hardrock.*

Immer zusammengeschrieben werden Zusammensetzungen, die auch im Englischen schon zusammengeschrieben werden: *Software, Hardware, Highway, Highlight* u. Ä.

Erweiterung: *Big-Band-Arrangement/Bigband-Arrangement/Bigbandarrangement, Corporate-Identity-Konzept, Dread-Disease-Deckung, Heavy-Metal-Konzert, Nouvelle-Cuisine-Geseire, Accent-aigu-Übung* usw.

Substantivische Fremdwörter, die aus dem Englischen entlehnt sind und aus Verb und Präposition/Adverb zusammengesetzt sind, werden in der Regel mit Bindestrich geschrieben. Man kann sie aber auch ohne Bindestrich zusammenschreiben: *Burn-out/Burnout, Coming-out/Comingout, Count-down/Countdown, Fall-out/Fallout, Know-how/Knowhow, Pay-back/Payback, Rooming-in/Roomingin, Stand-by/Standby.*

Erweiterung: *Burn-out-Syndrom/Burnout-Syndrom/Burnoutsyndrom, Stand-by-Modus/Standby-Modus/Standbymodus.*

Fremdsprachliche Fügungen, die auch nach deutscher Wortbildung kein Wort, sondern eine Wortgruppe wären (weil z.B. das Grundwort nicht am Ende der Fügung steht o.Ä.), bleiben wie in der Ursprungssprache auch im Deutschen getrennt: *Point of Sale, Rock and Roll / Rock 'n' Roll, State of the Art, Table d'Hôte, Tour de Force, Sinfonia concertante, Tema con Variazioni, Corpus Delicti, Nervus Rerum, Terminus ad quem.* (Ausnahme: Man kann in einigen Fällen Verbindungen aus Adjektiv und Substantiv, die aus dem Englischen stammen, auch zusammenschreiben: *Bigband, Hardrock*, s.o.)

Mit einem zusätzlichen Grundwort können allerdings auch solche Fügungen ein zusammengesetztes Wort bilden. Man koppelt in diesem Fall durch: *Rock-and-Roll-Kurs, Table-d'Hôte-Gespräch, Tema-con-Variazioni-Geplänkel, Terminus-ad-quem-Regelung.*

In zitierender Redeweise allerdings bleiben Groß- und Klein-, Getrennt- und Zusammenschreibung, Schreibung mit Bindestrich oder diakritische Zeichen (z.B. Akzente) der Fremdsprache erhalten: *Das «rien ne va plus» des Croupiers drang kaum noch in Sylvies Bewusstsein. So stellt sich wohl nur Mick Jagger des Teufels Erinnerung an die Zeiten vor, «when the blitzkrieg raged and the bodies stank». In Großbritannien spricht man schon länger von «dread disease»-Produkten. Auch Ciceros «summum ius summa iniuria» sollten wir «sine ira et studio» diskutieren.*

dass-Satz/Dasssatz, Ich-Sucht/Ichsucht

Groß- oder Klein-, Getrennt- oder Zusammenschreibung, Schreibung mit Bindestrich

Zusammensetzungen aus Wörtern (*Ichsucht, Sollbruchstelle*) oder aus Wörtern und Wortableitungen (*hochprozentig, vielseitig* mit den Wortableitungen *-prozentig* und *-seitig*) werden normalerweise ohne Bindestrich zusammengeschrieben. Zur Hervorhebung kann aber auch der Bindestrich eingesetzt werden: *Ich-Sucht, Soll-Bruchstelle, viel-seitig*.

Eine solche Zusammensetzung kann auch ein Bestimmungswort enthalten, das nur zitierend, ohne seine Bedeutung beizusteuern, verwendet wird: *Dasssatz, Undprobe, Alsanschluss, dasssatzartig*. Bei der immer möglichen und meist zu bevorzugenden Bindestrichschreibweise ist dann zu beachten, dass dieses Wort in Bezug auf seine Groß- oder Kleinschreibung stets in seiner lexikalischen Normalform auftritt, egal, um welche Wortart es sich handelt: *dass-Satz, und-Probe, als-Anschluss, dass-Satz-artig*.

100-prozentiger FKKler wurde *13facher/13-facher* Hallenmeister

Bindestrich bei Zusammensetzungen mit Ziffern, Abkürzungen und Einzelbuchstaben

In etlichen Fällen ist sowohl die Schreibung mit Bindestrich wie auch die ohne akzeptabel; das macht den Bindestrich zur Fehlerquelle. Denn oft gewinnt so die Vorstellung überhand, hier sei alles egal. Und so ist es nun auch wieder nicht.

Wir wollen hier einige besonders problematische Anwendungsbereiche genauer untersuchen, und zwar die Zusammensetzungen mit Ziffern, die mit Abkürzungen und auch die mit Einzelbuchstaben.

Zusammensetzungen mit Ziffern und Abkürzungen

Zusammensetzungen aus Ziffern/Abkürzungen und Wörtern/Wortableitungen werden mit Bindestrich geschrieben: *24-mal, 24-Stunden-Service, 24-seitig* (*-seitig* = Ableitung von «Seite»), *150-prozentig* (*-prozentig* = Ableitung von «Prozent»), *24-jährig* (*-jährig* = Ableitung von «Jahr»), *FKK-begeistert, US-amerikanisch, EDV-gestützt, km-Zähler*. (Die Groß- bzw. Kleinschreibung von Abkürzungen bleibt übrigens in Zusammensetzungen grundsätzlich erhalten, unabhängig davon, zu welcher Wortart die Zusammensetzung zu zählen ist.)

Werden Ziffern oder Abkürzungen aber nicht mit Wörtern oder Ableitungen aus Wörtern zusammengesetzt, sondern mit bloßen Präfixen oder Suffixen, dann wird ohne Bindestrich zusammengeschrieben: *24fach, 24ste, die alten 68er, 6er im Lotto, ver256fachen, DKPler, FKKler.*

Im Falle der Zusammensetzungen mit *-fach* gilt auch die Schreibung mit Bindestrich als korrekt, da der Wortbestandteil *-fach* einer Grauzone zwischen unselbstständigem Grundmorphem und Suffix zuzuordnen ist.

Zusammensetzungen mit Einzelbuchstaben

Zusammensetzungen mit Einzelbuchstaben werden grundsätzlich mit Bindestrich geschrieben. Hier spielt es auch keine Rolle, ob der Buchstabe mit einem Wort, einer Wortableitung oder einer Vor- bzw. Nachsilbe zusammengesetzt wird: *S-Kurve, o-beinig, y-Achse, ver-x-fachen, x-beliebig, T-Träger.*

Anmerkung: Man beachte die Schreibung: *150%ig.* Hier wird ohne Bindestrich zusammengeschrieben.

Zeichensetzung

Komma

Die Möglichkeit, in die Chefetage aufzusteigen, stand ihr weiterhin offen

Komma bei Infinitivgruppen mit *zu*

Meist ist es freigestellt, ob man Infinitivgruppen mit *zu* durch Komma abtrennt bzw. in das paarige Komma einschließt oder nicht: *Es war Evelyne einfach zu doof[,] sich dieses ständige Gejammer auf höchstem Niveau anzuhören. Sie weigerte sich[,] zuzuhören. Sein Gejammer völlig zu ignorieren[,] wollte ihr dann aber doch nicht gelingen.*

Wenn solch eine Infinitivgruppe in den Satz eingeschlossen ist, also kein Repräsentant des paarigen Kommas durch Satzanfang oder Punkt ersetzt wird, ist darauf zu achten, dass entweder beide Repräsentanten des paarigen Kommas gesetzt oder beide weggelassen werden. Nur ein Komma zu setzen wäre in jedem Fall nicht korrekt: *Wir hoffen, Ihnen damit gedient zu haben, und verbleiben… / Wir hoffen Ihnen damit gedient zu haben und verbleiben…*

In einigen Fällen ist eine Infinitivgruppe mit *zu* allerdings unbedingt durch ein Komma (bzw. durch zwei Kommas) vom übergeordneten Satz zu trennen, und zwar:

1. wenn der Satz ohne Komma missverständlich wäre: *Der Bundeskanzler droht, morgen vom Amte zurückzutreten. Der Bundeskanzler droht morgen, vom Amte zurückzutreten.*
2. wenn die Infinitivgruppe mit *um, ohne, anstatt, außer, als* eingeleitet wird: ***Ohne** mit der Wimper zu zucken, ließ sie ihren Sohn stehen. Was Schöneres, **als** über den Gletscher zu wandern, konnte sich Heike nicht vorstellen.*
3. wenn die Infinitivgruppe durch ein Wort oder eine Wortgruppe wieder aufgenommen wird: *Wegen der Pressekampagne auf ihre Karriere zu verzichten, **das** kam ihr überhaupt nicht in den Sinn. Dr. Richtler mit dem Versprechen unübertreffbar guter Arbeitsbedingungen zum Superteleskop auf den Andengipfel zu locken, **diese perfide Idee** konnte nur Frau Dr. Stadler ausgebrütet haben.*
4. wenn die Infinitivgruppe von einem Verweisort bzw. von einem Korrelat abhängt: ***Darauf**, die Qualität des eigenen Hauses geschwächt zu haben, kam Stadler nicht. Herrn Dr. Thadeus Richtler versetzte **es** nahezu in Ekstase, mit einem der bestausgerüsteten Superteleskope der Welt forschen zu können. Ziel war **es**, bei gleichem Umsatz den Gewinn um 4,5 % zu steigern.* (Aber: *Ziel war[,] bei gleichem Umsatz den Gewinn um 4,5 % zu steigern.*)
5. wenn die Infinitivgruppe von einem Substantiv abhängt: *Ihre **Absicht**, mit Klaus eine Gletscherwanderung zu unternehmen, konnte Heike dann doch nicht verwirklichen.*

Ebenso gibt es nach neuer Rechtschreibung einige Fälle, in denen die Infinitivgruppe nach wie vor ***generell ohne Komma*** auftritt, und zwar wenn sie:

1. von *haben, sein, brauchen, pflegen* oder *scheinen* abhängig ist: *Berechtigungsscheine sind in dreifacher Ausführung beim Entsorgungsamt zu beantragen. Das hat aber nichts zu sagen und braucht Sie auch weiter nicht zu interessieren. Wir pflegen nur das gemeine Volk so ein wenig abzuschrecken, was auch ganz gut zu funktionieren scheint.*
2. mit dem übergeordneten Satz verschränkt ist: ***Diese Berechtigungsscheine** will ich **Ihnen – gegen eine kleine Anerkennung – unbürokratisch zu verschaffen** versuchen.*

3. den übergeordneten Satz umschließt: ***Die Berechtigungsscheine** rate ich **vorerst nicht in Deutschland, sondern nur im EU-Ausland einzusetzen.***
4. in der verbalen Klammer steht: *Die zuständige Behörde werde ich **die Berechtigungsscheine umgehend auszustellen** anweisen.*

Die Hochschule Magdeburg-Stendal, Osterburger Straße 25, 39576 Stendal[,] feiert im Februar ihr Hochschulfest
Kommasetzung bei mehrteiligen Ortsangaben

Bei mehrteiligen Ortsangaben kommt es für die Kommasetzung vor allem darauf an, ob die einzelnen Angaben durch eine Präposition eingeleitet werden. Ortsangaben ohne Präposition werden durch Komma(s) gegliedert. Dabei ist das Komma nach der letzten Angabe freigestellt, da man die einzelnen Angaben entweder als Appositionen (in Kommas eingeschlossen) oder als Glieder einer Aufzählung (ohne schließendes Komma) deuten kann: *Informieren Sie doch bitte auch Herrn Timo Bezold, Altenfurtplatz 243, 16775 Ribbeck[,] umgehend über die dramatischen Entwicklungen. Wir sollten versuchen, Frau Dörte Krause, 45357 Essen-Borbeck, Hagedornstraße 1 c[,] für diese Aufgabe zu gewinnen. Für ein numismatisches Gutachten dieser Komplexität wenden wir uns am besten gleich an Frau Prof. Dr. Yvonne Beckers, 1170 Wien, Hernalser Landstraße 2.*

Ortsangaben mit Präpositionen stehen dagegen ohne Komma: *Informieren Sie doch bitte auch Herrn Timo Bezold am Altenfurtplatz 243 in 16775 Ribbeck umgehend über die dramatischen Entwicklungen. Wir sollten versuchen, Frau Dörte Krause in 45357 Essen-Borbeck in der Hagedornstraße 1 c für diese Aufgabe zu gewinnen. Für ein numismatisches Gutachten dieser Komplexität wenden wir uns am besten gleich an Frau Prof. Dr. Yvonne Beckers in 1170 Wien in der Hernalser Landstraße 2.*

Selbstverständlich sind auch Mischformen denkbar: *Informieren Sie doch bitte auch Herrn Timo Bezold in 16775 Ribbeck, Altenfurtplatz 243[,] umgehend über die dramatischen Entwicklungen. Wir sollten versuchen, Frau Dörte Krause in 45357 Essen-Borbeck, Hagedornstraße 1 c[,] für diese Aufgabe zu gewinnen. Für ein numismatisches Gutachten dieser Komplexität wenden wir uns am besten gleich an Frau Prof. Dr. Yvonne Beckers in 1170 Wien, Hernalser Landstraße 2.*

Eng zusammengehörende Angaben können mit oder ohne Komma stehen: *Informieren Sie doch bitte auch Herrn Timo Bezold, Altenfurtplatz 243, 4. Stock[,] links, 16775 Ribbeck[,] umgehend über die dramatischen Entwicklungen. Wir sollten versuchen, Frau Dörte Krause, 45357 Essen-Borbeck, Hagedornstraße 1 c, Mansardgeschoss[,] hinten[,] für diese Aufgabe zu gewinnen. Für ein numismatisches Gutachten dieser Komplexität wenden wir uns am besten gleich an Frau Prof. Dr. Yvonne Beckers in 1170 Wien, Hernalser Landstraße 2, Mezzanin[,] unten.*

Anmerkung: Adressenangaben, die einem Personennamen nachgestellt werden, hemmen meist den Lesefluss. Es empfiehlt sich hier, die Hauptaussage und die Angabe der Adresse auf zwei Sätze zu verteilen: *Informieren Sie doch bitte auch Herrn Timo Bezold umgehend über die dramatischen Entwicklungen. Seine Adresse: Altenfurtplatz 243, 16775 Ribbeck.*

Stellen, angefangen bei Lehraufträgen über befristete Dozenturen, über Junior-Professor-Stellen bis hin zu Stellen von Akademischen Oberräten

Kommasetzung bei Fügungen mit *von/bei … über … bis [zu] …*

Wer schreibt, dass er mit der Bahn von Essen-Katernberg über Köln Hbf. nach Aachen-Rothe Erde gefahren sei, verwendet in seinem Satz Präpositionalgruppen als Richtungsangaben. Diese Angaben sind allerdings nicht gleichrangig. Vielmehr spezifizieren die ersten beiden Angaben *von Essen-Katernberg* und *über Köln Hbf.* lediglich die Angabe *nach Aachen.* Es kann sich also nicht um eine Aufzählung handeln. Daher setzt man kein Komma zwischen die Angaben. Dies gilt auch, wenn solche Konstruktionen mit *bei/von … über … bis [hin zu]/nach* in anderen als geografischen Zusammenhängen verwendet werden: *Im Rahmen der Mittelkürzungen droht allen Stellen der Prüfstand, angefangen bei Lehraufträgen über befristete Dozenturen bis hin zu Stellen von Akademischen Oberräten.*

Es kann jedoch vorkommen, dass innerhalb einer solchen Fügung eine Aufzählung gleichrangiger Angaben auftritt, zwischen die ein Komma zu setzen ist: *Helmut ist seinerzeit mit der Bahn von Essen-Katernberg über Düsseldorf Hbf., [über] Köln Hbf. und [über] Düren Hbf. nach Aachen-Rothe Erde gefahren. Im Rahmen der Mittelkürzungen droht allen Stellen der Prüfstand, angefangen bei Lehraufträgen über befristete Dozenturen, über Junior-Professor-Stellen bis hin zu Stellen von Akademischen Oberräten.*

Anmerkung: Für Spitzfindige sei bemerkt, dass im Grunde auch folgende Kommasetzung richtig sein kann: *Sie fahren von Murnau, über Landsberg, nach Augsburg.* Denn gleichrangig könnten solche Angaben sein, wenn etwa gemeint ist, einer fährt von Murnau (z. B. über Lindau nach Schaffhausen), ein anderer fährt unabhängig davon über Landsberg (z. B. von Weilheim nach Kaufering) und wieder ein anderer nach Augsburg (z. B. von Schrobenhausen über Aichach). Es könnten auch dieselben sein, aber zu unterschiedlichen Zeitpunkten. Dann fahren sie halt einmal von Murnau (irgendwohin), ein anderes Mal (von irgendwo) über Landsberg (irgendwohin) und wieder ein anderes Mal (von irgendwo) nach Augsburg.

Die Ausstellung wird vom Akademiepräsidenten[,] Prof. Dr. Hieronymus van Loo[,] eröffnet. Unser ehemaliger Schüler Heinrich Böll hat wie so viele unserer Schüler in der Wehrmacht gedient
Kommasetzung bei Ausdrücken aus Funktions-/Berufsbezeichnung und Personennamen

In der Regel hat man bei Ausdrücken, die aus Funktions- bzw. Berufsbezeichnungen und Personennamen bestehen, die Möglichkeit, den Personennamen in das paarige Komma einzuschließen oder das nicht zu tun. Allerdings ist die Bedeutung jeweils eine andere.

Schließt man den Personennamen in das paarige Komma ein, steht die Funktions- bzw. Berufsbezeichnung im Vordergrund. *Die Ausstellung wird vom Akademiepräsidenten, Prof. Dr. Hieronymus van Loo, eröffnet* könnte man umschreiben: *Die Ausstellung wird vom Akademiepräsidenten eröffnet. Übrigens: Das ist zurzeit Prof. Dr. Hieronymus van Loo.*

Schließt man den Personennamen aber nicht in das paarige Komma ein, steht die Person im Vordergrund. *Die Ausstellung wird vom Akademiepräsidenten Prof. Dr. Hieronymus van Loo eröffnet* könnte man umschreiben: *Die Ausstellung wird von Prof. Dr. Hieronymus van Loo eröffnet. Übrigens: Der ist zurzeit der Akademiepräsident.*

Keine Wahl aber hat man, wenn der Personenname semantisch notwendiger Bestandteil des Satzes ist, wenn er nicht weggelassen werden kann, ohne dass der Satz sinnlos oder missverständlich wird: *Unser ehemaliger Schüler Heinrich Böll hat wie so viele unserer Schüler in der Wehrmacht gedient.* Würde man den Namen in paarige Kommas setzen, hieße das, man könnte ihn auch weglassen, da er ja nur eine Beifügung wäre, eine Apposition. Das geht in diesem Fall aber nicht. Denn der Satz würde sinnlos: **Unser ehemaliger Schüler hat wie so viele unserer Schüler in der Wehrmacht gedient.* Ebenso verhält es sich mit Sätzen wie: *Die Therapeutin Dr. Eva Maria Couch hat den Fernfahrer Henri Dutroux geheiratet. Eure Mitarbeiterin Andrea Schneider hat in diesem Monat mehr durch Prämien für Verbesserungsvorschläge verdient als durch ihren kärglichen Lohn.*

Operationen am dritten[,] tiefer liegenden Brustwirbel

Komma zwischen Adjektiven

Eine Horrorvorstellung ist es, ohnmächtig auf dem Operationstisch zu liegen und am falschen Körperteil operiert zu werden – vielleicht gar, weil die Kommasetzung in der Beschreibung des Orthopäden: *der dritte[,] tiefer liegende Brustwirbel* falsch war oder vom Chirurgen falsch gedeutet worden ist. Denn *der dritte tiefer liegende Brustwirbel* muss nicht unbedingt identisch sein mit *dem dritten, tiefer liegenden Brustwirbel.* Wieso nicht?

Das einfache Komma, das Aufzählungskomma, steht zwischen gleichrangigen (und gleichartigen) Satzgliedern (Wörtern, Wortgruppen, Nebensätzen, Hauptsätzen usw.). Wenn es zwischen Adjektivattributen steht, heißt das: Die Adjektive beziehen sich grammatisch gleichrangig auf das entsprechende Substantiv: *eine warme, hübsch dekorierte Zwischenmahlzeit; ein großer, dicker Hund; der dritte, tiefer liegende Brustwirbel.* Damit wird ausgedrückt: Die Zwischenmahlzeit ist s o w o h l warm a l s a u c h hübsch dekoriert, der Hund ist groß u n d dick, der Brustwirbel ist der nach allgemein üblicher Zählung dritte und liegt zufällig auch noch tiefer. Wenn man also von der Bedeutung her zwischen die Adjektive statt des Kommas ein *und* setzen könnte, ist ein Komma erforderlich: *ein großer und dicker Hund* also: *ein großer, dicker Hund.*

Anders sieht es aus bei: *eine hübsch dekorierte warme Zwischenmahlzeit; ein großer dicker Hund; der dritte tiefer liegende Brustwirbel.* Hier bezieht sich das erste Adjektiv nicht wie das zweite allein auf das entsprechende Substantiv, sondern auf die gesamte Wortgruppe aus zweitem Adjektiv und Substantiv. Das heißt: Wir nehmen zunächst einmal die warmen Zwischenmahlzeiten in den Blick und unterscheiden diese dann in hübsch dekorierte und weniger hübsch dekorierte bzw. wir kümmern uns bei der Gruppe der dicken Hunde nur um die großen, nicht aber um die kleinen. Und bei den Brustwirbeln? Wenn kein Komma gesetzt ist, meinen wir aus der Gruppe der tiefer liegenden Brustwirbel den dritten. Das heißt aber: Wir benötigen einen Referenzwirbel, von dem aus wir abzählen. Und das kann dann natürlich zu einem ganz anderen Ergebnis führen als die allgemein übliche Zählung.

Man achte also auf die Unterschiede in der Bedeutung bei Ausdrücken wie: *ein batteriebetriebener geräuscharmer Motor* (= es gibt auch andere geräuscharme Motoren) / *ein batteriebetriebener, geräuscharmer Motor* (= der Motor ist sowohl batteriebetrieben als auch geräuscharm); *die oberen felsigen Hänge* (= auch die unteren sind felsig) / *die oberen, felsigen Hänge* (= die Hänge liegen oben und sind felsig, über die Beschaffenheit der unteren ist nichts ausgesagt); *ein distinguierter älterer Herr* (= es gibt auch ganz andere ältere Herren) / *ein distinguierter, älterer Herr* (= der Herr ist distinguiert und unabhängig davon auch schon etwas älter).

Hier ist ja überhaupt nichts los[,] und wenn erst Heiner kommt, geht auch noch Maria. Wetten, dass[,] wenn die Staupe erst einmal behandelt ist, Rex ein prima Wachhund wird?
Kommasetzung bei aufeinanderfolgenden Konjunktionen

Betrachten wir zunächst folgenden Fall: An einen Hauptsatz wird mit einer nebenordnenden Konjunktion ein weiterer Hauptsatz angeschlossen. Diesem zweiten aber geht noch ein Nebensatz voran, der wiederum mit einer Subjunktion (einer unterordnenden Konjunktion) eingeleitet wird. In einem solchen Fall steht zwischen der nebenordnenden und der unterordnenden Konjunktion (Subjunktion) kein Komma. Also gibt es in den folgenden Beispielen weder zwischen *oder* und *falls* noch zwischen *und* und *wenn* ein Komma: *Wir tummeln uns erst mal im Thermalbad[,] oder falls es dort zu voll ist, findet ihr uns irgendwo in der Saunalandschaft. Hier ist ja überhaupt nichts los[,] und wenn erst Heiner kommt, geht auch noch Maria.*

Ein anderer Fall ist der zweier aufeinanderfolgender Subjunktionen. Hier ist das Komma freigestellt: *Wetten, dass[,] wenn die Staupe erst einmal behandelt ist, Rex ein prima Wachhund wird?*

Anmerkung: Zwar ist bei zwei aufeinanderfolgenden Subjunktionen das Komma freigestellt, doch ist um der deutlicheren Gliederung des Satzes willen doch zu empfehlen, das Komma zu setzen: *Karlchen wusste, dass, wenn ihm das nicht gelänge, seine Felle bald gehörig ins Schwimmen gerieten.*

Punkt

Wir haben alle griechischen Philosophen drauf: Thales, Pythagoras, Sokrates, Platon, Aristoteles, Plotin …
Punkt nach Abkürzungspunkt oder Auslassungspunkten

Endet ein Satz mit einem Abkürzungspunkt oder auf Auslassungspunkte, setzt man keinen zusätzlichen Satzschlusspunkt: *Wir haben alle griechischen Philosophen drauf: Thales, Pythagoras, Sokrates, Platon, Aristoteles, Plotin etc. Wir haben alle griechischen Philosophen drauf: Thales, Pythagoras, Sokrates, Platon, Aristoteles, Plotin …*

Zu beachten sind aber Fälle wie: *Geradezu konsterniert reagierte der Tutor auf Klaras unwirsches «Völlig wurscht sind sie mir, diese Vorsokratiker Hesiod, Thales, Anaximenes, Pythagoras, Zenon, Empedokles usw.»*.

Im Vordergrund kniend, von links nach rechts: Marco Reus, Julian Brandt, Leroy Sané, Kai Harvertz und Leon Goretzka
Punkt oder kein Punkt bei Bildunterschriften

Besteht eine Bildunterschrift aus nicht mehr als einem Satz, wird sie wie eine Überschrift behandelt und erhält keinen Schlusspunkt:

Unsere Niederlassung in Taipeh

Frau Dr. Niepenberg, Niederlassungsleiterin in Taiwan, begrüßt die deutsche Delegation

Besteht die Bildunterschrift aus mehr als einem Satz, wird sie wie normaler Text behandelt; es werden also alle Schlusspunkte gesetzt:

Frau Dr. Niepenberg, Niederlassungsleiterin in Taiwan, begrüßt die deutsche Delegation. Im Hintergrund ist der revolutionäre Gelenkarmroboter zu sehen.

Wird ein Doppelpunkt verwendet, ist zu entscheiden, ob das, was vor und hinter dem Doppelpunkt steht, ein einziger Satz ist (= kein Punkt) oder ob es zwei Sätze sind (= Punkt):

Im Vordergrund kniend, von links nach rechts: Marco Reus, Julian Brandt, Leroy Sané, Kai Harvertz und Leon Goretzka

Wir haben fünf Leistungsträger kurz vor dem alles entscheidenden Spiel befragt: Noch sind Marco Reus, Julian Brandt, Leroy Sané, Kai Harvertz und Leon Goretzka guter Dinge.

Gedankenstriche

Wir folgen unserem Beppo, dem größten Clown der Hemisphäre, – er feiert gerade sein 25-jähriges Arenajubiläum – bei seinen Abenteuern mit einem Stuhl
Der Gedankenstrich in Verbindung mit anderen Satzzeichen

Grundsätzlich gilt: Paarige Gedankenstriche verändern die sonstige Zeichensetzung nicht:

Wenn ihr wollt, besuchen wir heute Abend das Völkerkundemuseum. → *Wenn ihr wollt – und auch könnt –, besuchen wir heute Abend das Völkerkundemuseum.*

Dr. Karstens-Weil sagte ganz deutlich, dass ihr diese sprachanalytische Pseudoherleitung mehr als suspekt erscheint. → *Dr. Karstens-Weil sagte ganz deutlich – bzw. schrieb sie dies –, dass ihr diese sprachanalytische Pseudoherleitung mehr als suspekt erscheint.*

Verächtlich äußerte sich der Bundestagsabgeordnete: «Mit Verlaub, Herr Bundestagspräsident, Sie sind ein Arschloch.» → *Verächtlich äußerte sich der Bundestagsabgeordnete – und tat dabei äußerst kontrolliert –: «Mit Verlaub, Herr Bundestagspräsident, Sie sind ein Arschloch.»*

Der in paarige Gedankenstriche eingeschlossene Satz bzw. das eingeschobene Satzglied wird zwar nie durch einen Punkt abgeschlossen, doch ist ein Ausrufe- oder Fragezeichen denkbar:

In dieser Angelegenheit – auch in jeder anderen – hält Frau Dr. Karstens-Weil Sie für völlig inkompetent. In dieser Angelegenheit – auch in jeder anderen! – hält Frau Dr. Karstens-Weil Sie für völlig inkompetent. In dieser Angelegenheit – auch in jeder anderen? – hält Frau Dr. Karstens-Weil Sie für völlig inkompetent.

Folgt der in paarige Gedankenstriche eingeschlossene Satz bzw. das eingeschlossene Satzglied einer nachgestellten Apposition oder einer nachgestellten genaueren Bestimmung, setzt man das Komma, das diese Apposition bzw. Bestimmung abschließt, in der Regel vor den ersten Gedankenstrich:

Die Heinz Stark AG, Velbert, – das Unternehmen spielte in den Weltkriegen eine nicht gerade rühmliche Rolle – engagiert sich auch im Kultur-Sponsoring. Wir folgen unserem Beppo, dem größten Clown der Hemisphäre, – er feiert gerade sein 25-jähriges Arenajubiläum – bei seinen Abenteuern mit einem Stuhl.

Wenn sich der Einschub allerdings ausschließlich auf die Apposition bzw. die nachgestellte genauere Bestimmung bezieht, steht das entsprechende Komma erst nach dem zweiten Gedankenstrich:

Die Heinz Stark AG, Velbert – die Stadt insgesamt arbeitet hart am Strukturwandel –, engagiert sich auch im Kultur-Sponsoring. Wir folgen unserem Beppo, dem größten Clown der Hemisphäre – und ist Hemisphäre nicht zu wenig gesagt? –, bei seinen Abenteuern mit einem Stuhl.

Anmerkung: Der paarige Gedankenstrich kann auch durch das paarige Komma oder durch Klammern ersetzt werden. Je nach Zeichenpaar wird ein anderer Grad der Hervorhebung erreicht. Am schwächsten hebt man den Einschub hervor, wenn man ihn in Klammern setzt (eher eine beiläufige Erwähnung), am stärksten, wenn man ihn in Gedankenstriche setzt.

Apostroph

Wie geht's/gehts Carlo's/Carlos' verwegenen Kumpanen?

Eine ansteckende Infektionskrankheit grassiert in deutschsprachigen Landen: die «Apostrophitis». Die Symptome sehen ungefähr so aus: **Heidi's Häkellädchen, *Udo's Pausentheke, *mehr für's Geld* usw., also Apostrophe, wo keine hingehören. Wo aber gehören sie hin? Allenfalls dahin, wo ein oder mehrere Buchstaben ausgelassen sind, und auch da nur in einigen Fällen.

Der Apostroph beim Genitiv von einfachen Eigennamen

Im Allgemeinen steht im Deutschen kein Apostroph vor dem Genitiv-*s* von einfachen Eigennamen: *die ätzende Diskussion um Angela Merkels Frisur, Albert Einsteins Relativitätstheorie, Hildes Titantretlager* usw.; auch nicht, wenn die Namen abgekürzt sind: *B.B.s* (Bertolt Brechts) *Lehrgedichte*, *E.s* (Einsteins) *politisches Engagement*, *A.M.s* (Angela Merkels) *politisches Programm* usw.

Endet allerdings ein Name auf einen Zischlaut, geschrieben meist *-s*, *-ss*, *-ß*, *-tz*, *-z*, *-x* oder *-ce*, erhält er einen nachgestellten Apostroph, wenn er keinen Begleiter wie einen Artikel oder ein anderes Artikelwort bei sich hat: *Miles Davis' geniales Trompetenspiel, Gottfried Wilhelm Leibniz' Monadenlehre, Linz' nationalsozialistische Geschichte* usw. Aber: *das geniale Trompetenspiel des Miles Davis, die Monadenlehre des Gottfried Wilhelm Leibniz*.

Diese Ausspracheregelung gilt auch für nichtdeutsche Namen, die lautlich auf einen der genannten Zischlaute enden: *Fritz' Social-Media-Sucht, Luka Jovic' Tore, Anatole France' Leben* usw.

Um zu verdeutlichen, von welcher Grundform ein Genitiv abgeleitet ist, kann man, wo Zweifel aufkommen könnten, ausnahmsweise einen Apostroph vor das Genitiv-*s* setzen. So schreibt man *Carlo's Kumpane*, wenn man die Kumpane von *Carlo* meint, aber *Carlos' Kumpane*, wenn die von *Carlos* gemeint sind. So ist auch zu unterscheiden zwischen: *Andrea's Notenschnitt* und *Andreas' Notenschnitt*, *Tara's wallendem Haar* und *Taras' wallendem Haar* usw.

Der Apostroph beim Ausfall von Buchstaben

Der Apostroph hat also im Allgemeinen nichts mit dem Genitiv zu tun. Seine Aufgabe ist vielmehr die, anzuzeigen, dass ein Buchstabe bzw. mehrere Buchstaben weggelassen worden sind. Allerdings wird der Apostroph nur dann eingesetzt, wenn es ohne den Hinweis auf den Ausfall schwierig würde, das Wort zu lesen bzw. zu verstehen. Die Faustregel lautet: Übliche Auslassungen ohne Apostroph, unübliche Auslassungen mit Apostroph.

So können etwa Buchstaben am Anfang eines Wortes weggelassen sein. Das ist eher unüblich, daher steht ein Apostroph, vor den ein Wortzwischenraum (Spatium) zu setzen ist: *So 'n Mist aber auch! Wie 's Wetter wird, kann man noch nicht sagen.*

Am Satzanfang werden die Wörter mit Anfangsapostroph übrigens unverändert kleingeschrieben: *'s ist dumm gelaufen.*

Der Apostroph wird in der Regel gesetzt, wenn ein *-i-* in Artikelwörtern oder Adjektiven ausgelassen ist, die auf *-ig* und *-isch* gebildet werden: *eil'ges Scharren, ein'ges Gute, anständ'ge Leut, altmärk'sches Zentrum* usw.

Bei gut lesbaren und unmissverständlichen Auslassungen schreibt man ohne Apostroph. Das trifft im Allgemeinen zu auf Auslassungen

- von unbetontem *-e-* im Wortinnern: *die offne* (= offene) *Ehe*, *in trocknen* (= trockenen) *Tüchern*, *ich wechsle* (= wechsele)
- des Schluss-*e* von bestimmten Verbformen: *Wes Brot ich ess* (= esse), *des Lied ich sing* (= singe). *Halt* (= Halte) *ein! Leg* (= Lege) *das sofort hin!*
- von Endungen bei Artikelwörtern: *manch Rittersmann, solch Trauerspiel, welch Ekstase*
- des Schluss-*e* bei Substantiven, Adjektiven, Adverbien u. a., die eine zwar verkürzte, aber allgemein geläufige Nebenform des Wortes ergeben: *Tür* (statt: *Türe*), *trüb* (statt: *trübe*), *gern* (statt: *gerne*)

Ebenfalls ohne Apostroph werden geschrieben

- die allgemein geläufigen Verschmelzungen von Präposition und Artikel: *ans, aufs, durchs, fürs, hinters, ins, übers, ums, unters, vors, am, beim, hinterm, im, überm, unterm, vorm, zum, hintern, übern, untern, vorn, zur* (Verschmelzungen mit ungeläufigen Konsonantenverbindungen werden dagegen meist mit Apostroph geschrieben: *Entscheidend iss auf'm Platz. Kurz nach'm Essen iss kurz vorm Essen. Der muss man nur ordentlich in'n Hintern treten.*)

- die mit *r-* beginnenden Kurzformen von Adverbien wie: *ran, rauf, rein, rüber, runter, raus* usw.
- die Kurzformen *mal* (= *einmal*) und *was* (= *etwas*)

Verschmelzungen von Verb oder Konjunktion mit dem Pronomen *es* können ohne, aber auch mit Apostroph (dann ohne Wortzwischenraum!) geschrieben werden: *Wie gehts/geht's? Gestern gings/ging's noch. Gibts/Gibt's denn nichts mehr zu trinken? Weils/Weil's einfach wahr ist!*

Ein Apostroph wird immer gesetzt bei längeren Auslassungen im Wortinneren: *D'dorf* (= *Düsseldorf*), *Ku'damm* (= *Kurfürstendamm*), *M'gladbach* (= *Mönchengladbach*).

Der Apostroph kann eingesetzt werden bei (umgangssprachlichen) Auslassungen am Ende eines Wortes: *Der Fürst, ich Tropf, // begehrt mein'* (= meinen) *Kopf. Schaun S'* (= *Sie*) *halt. Sant' Agata* (= *Santa Agata*) *liegt nicht unmittelbar bei Sant' Alberto* (= *Santo Alberto*).

Bei Adjektiven auf *-sche*, die von Eigennamen hergeleitet sind, hat man die Wahl, ob man einen Apostroph setzt oder nicht. Ohne Apostroph wird der Eigenname klein-, mit Apostroph großgeschrieben: *die einsteinschen/Einstein'schen Theorien, der hasencleversche/Hasenclever'sche Humor, das grimmsche/Grimm'sche Märchen.*

Einen Apostroph setzt man in diesen Fällen, wenn man die Grundform des Personennamens verdeutlichen will. Von einem Bedeutungsunterschied der beiden Formen ist in der offiziellen Regelung nicht die Rede.

Anmerkung: Der Apostroph im Wortinneren bleibt auch bei der Worttrennung am Zeilenende erhalten: *ew'-ge Liebe, Borussia M'-gladbach, Hasenclever'-scher Humor.*

Suchwortregister

Die Zahlen bezeichnen die Kapitel des Buches bzw. die Nummern der «Fehler». Fehler 101 ist noch untergliedert in 101 GZ: Getrennt- oder Zusammenschreibung, 101 GK: Groß- oder Kleinschreibung, 101 GZ/GK/BS: Getrennt- oder Zusammenschreibung, Groß- oder Kleinschreibung und Bindestrichschreibung kombiniert und 101 ZS: Zeichensetzung.

Grammatische Fachbegriffe

a. c. i. – accusativus cum infinitivo (Akkusativ mit Infinitiv, A. m. I.), ein Akkusativobjekt, das um eine Infinitivgruppe ohne *zu* erweitert ist: *Ulla hört* ***das Gras wachsen****. Die Landvermesser sahen* ***den Bauern noch schnell das Feld pflügen****.*

A. m. I. – siehe «a. c. i.»

Ablaut – regelmäßiger Wechsel des Stammvokals etymologisch zusammengehörender Wörter und Wortformen, etwa: *sitzen – saß – gesessen*

accusativus cum infinitivo – siehe «a. c. i.»

Adjektiv – Eigenschaftswort; Wortart, deklinierbar, besitzt die Steigerungsformen Komparativ und Superlativ, bezeichnet meist eine Eigenschaft des Bezugswortes: *rot*, *verwendbar*, *seiden*, *unsinnlich* usw.

Adjektivprädikat – Prädikat, das aus einem endungslosen Adjektiv und einer Form von *sein*, *werden*, *bleiben* o. Ä. besteht: *seid brav*, *wurdest furchtsam*, *sauber bleiben* usw.

adnominal – siehe «adsubstantivisch»

adsubstantivisch – adnominal; Verwendungsweise von Wörtern wie *die, dieser, jedes, manche* etc. Sie können einerseits als Pronomen, d. h. als syntaktischer Stellvertreter eines Substantivs, verwendet werden: ***Jeder*** *ist seines Glückes Schmied*, andererseits eben adsubstantivisch, d. h. als Begleiter des Substantivs: ***Jeder*** *Mensch ist zoologisch ein Säugetier.*

Adverb – Umstandswort; Wortart, ungebeugt, die einen örtlichen oder zeitlichen Umstand oder einen der Art und Weise, des Grundes usw. angibt: *dahin, hier, vorgestern, daher* usw.

adverbiale Bestimmung – Angabe; Satzglied: *damals, seinerzeit, aufgrund eurer zynischen Bemerkung, trotz Trotz* usw.

adverbialer Akkusativ – Satzglied im Akkusativ, das als Angabe dient: *Und du hast mich* ***all die Jahre*** *so sehr gehasst?*

adverbialer Genitiv – Satzglied im Genitiv, das als Angabe dient: *Ein solches Tor hast du* ***meines Wissens*** *in der Regionalliga noch nicht geschossen.*

Adverbialsatz – Nebensatz, der im übergeordneten Satz die Stelle einer Angabe besetzt: *Ein solches Tor hast du,* ***soviel ich weiß****, in der Regionalliga noch nicht geschossen.*

adversativ – entgegensetzend

Agens – Handelnder

Akkusativ – 4. Fall (Kasus), Wenfall: *den Liebling*

Akkusativ mit Infinitiv – siehe «a. c. i.»

Akkusativobjekt – Satzglied, traditionelle Bezeichnung für die Ergänzung 2, Ergänzung im Akkusativ

Aktionsart – Art und Weise des durch ein Verb ausgedrückten Geschehens; man unterscheidet die zeitliche Verlaufsweise, die Wiederholung, den Grad

Aktiv – ein Genus Verbi; täterbezogen: *sie untersuchen* (dagegen Passiv: *sie werden untersucht*), *du hast vernichtet* (dagegen Passiv: *du bist vernichtet worden*)

anaphorisch – zurückverweisend, Funktion etwa von Pronomen, auf ein anderes Wort oder Satzglied zurückzuverweisen und als dessen syntaktischer Stellvertreter aufzutreten: *Ich hatte Pech.* ***Das** klebt geradezu an mir.*

Angabe – adverbiale Bestimmung; Satzglied, das nicht zur Valenz (Wertigkeit) des Verbs gehört; man unterscheidet Raum-, Zeit-, Art-, Grundangaben u. a.: trotzdem, *aufgrund kurzweiliger Vorstellungen, so, auf jede andere Art, in elf Jahrhunderten, dann, über den Dingen, daneben* usw.

Apposition – substantivisches Attribut, das in der Regel mit dem Bezugswort im Kasus übereinstimmt

Artikel – Geschlechtswort; Wortart, deklinierbar, Begleiter des Substantivs; bestimmter A.: *der, die, das*, unbestimmter A.: *ein, eine, ein*

Artikelwort – umfasst Artikel (*der, die das; ein, eine, ein*) und Possesiva (*mein, unser, sein, ihr* etc.), Demonstrativa (*diese, dieser, diese, jene, jener, jenes* etc.), Interrogativa (*wer, was, welche* etc.), Indefinita (*alle, jeder* etc.), die in einer Nominalphrase vorkommen

Attribut – Beifügung; untergeordnetes Satzglied; Hinzufügung zu einem Satzglied

Attributsatz – Nebensatz, der die Stelle eines Attributs besetzt

Ausdruckspartikel – siehe «Interjektion»

Bestimmungswort – erster Bestandteil einer Wortzusammensetzung, in der der erste Teil dem zweiten, dem Grundwort, untergeordnet ist: ***Waden**krampf*, ***Wadenkrampf**behandlung*

Consecutio Temporum – Zeitenfolge (siehe dort)

Dativ – 3. Fall (Kasus), Wemfall: *dem Ross*

Dativobjekt – Satzglied, traditionelle Bezeichnung für die Ergänzung 3, Ergänzung im Dativ

Deklination – Beugung, das heißt Formabwandlung für die einzelnen Fälle (Kasus) und Numeri (Einzahl/Mehrzahl) von Substantiven, Adjektiven, Pronomen und Artikelwörtern

deklinieren – beugen von Substantiven, Adjektiven, Pronomen und Artikelwörtern

Demonstrativpronomen – hinweisendes Fürwort: *dieser, jene, das, derjenige, dasselbe, selbst* usw.

Determinativum – Artikelwort

Diminutiv – Verkleinerungsbildung: *Herzchen, bisschen, Mägdelein, Fräulein* usw.

Diphthong – Gleitlaut aus zwei Vokalen: *ai, ei, au, eu* usw.
Direktivum – Äußerung des Bittens, Befehlens, Warnens, Wünschens, Verbietens usw.
durativ – siehe «imperfektive Verben»
egressiv – siehe «resultative Verben»
Ellipse – Auslassung von Redeteilen: *Welcher Junge hat mich gerade so lieb geküsst? Der süße Punker dort!* (ausgelassen: *hat mich/dich gerade so lieb geküsst*)
Ergänzung – durch die Wertigkeit (Valenz) des Verbs bedingtes Satzglied; kann auf verschiedene Weise realisiert werden: als Nominalphrase in einem bestimmten Fall, als Nebensatz, als Infinitivgruppe u. a.; man unterscheidet Ergänzung 1 (Subjekt) als Nominalphrase im Nominativ (Frage: Wer?/Was?), Ergänzung 2 (Akkusativobjekt) als Nominalphrase im Akkusativ (Frage: Wen?/Was?), Ergänzung 3 (Dativobjekt) als Nominalphrase im Dativ (Frage: Wem?), Ergänzung 4 (Genitivobjekt) als Nominalphrase im Genitiv (Frage: Wessen?), Ergänzung 5 (Präpositionalobjekt) als Nominalphrase, die mit einer Präposition eingeleitet wird, Raumergänzung als einzelnes Adverb, meist aber als Nominalphrase, die durch eine Präposition eingeleitet wird, und weitere Ergänzungen.
Ergänzungssatz – Inhaltssatz; Nebensatz, der die Stelle einer Ergänzung besetzt, z. B. die des Subjekts (Subjektsatz), Objekts (Objektsatz) u. a., wird meist durch ein Fragepronomen (*wen, was, wem, wessen, welche* u. a.), ein undeklinierbares Fragewort (*warum, wozu* u. a.) oder durch Subjunktionen wie *dass, ob* u. a. eingeleitet; Subjektsatz (der Ergänzungssatz besetzt die Stelle des Subjekts): ***Ob Claudia nichts davon hat wissen können***, wird noch zu untersuchen sein; Objektsatz (hier wird die Stelle des Akkusativobjekts besetzt): *Claudia sagt aus,* ***dass sie nichts davon gewusst haben könne***. Möglich ist aber oft auch ein Anschluss ohne Einleitungswort in Form eines angeführten Satzes oder eines erweiterten Infinitivs mit *zu*. Angeführter Satz: *Claudia sagt aus,* ***sie habe nichts davon wissen können***. Infinitiv: Claudia sagt aus, ***nichts davon gewusst haben zu können***.
Expressivum – Äußerung von Gefühlen, Gemütsbewegungen usw.: *o weh, sapperlot, aua, o, boah, hm* usw.
Faktizität – Eigenschaft des Verbs; faktive Verben drücken aus, dass ein Sprecher vom Inhalt des vom faktiven Verb abhängigen dass-Satzes überzeugt ist, z. B.: *wissen, verstehen, vergessen*
Femininum – grammatisches Geschlecht; weiblich
Finalangabe – Angabe, die das Ziel oder den Zweck einer Handlung wiedergibt. Ein Beispiel in reinstem Amtsdeutsch: ***Zwecks Einrichtung einer Beratungsstelle*** *wird das Büro 203 zunächst geräumt.*

Finalsatz – Nebensatz, der die Stelle einer Finalangabe einnimmt: ***Damit eine Beratungsstelle eingerichtet werden kann****, wird das Büro 203 zunächst geräumt.*

finit – Verbform, die nach Person (1., 2. oder 3. Person), Numerus (Einzahl/Mehrzahl), Modus (Indikativ/Konjunktiv/Imperativ), Genus (Aktiv/Passiv) und Tempus (Präsens, Präteritum, Futur I, Perfekt, Plusquamperfekt, Futur II) bestimmt ist: *weht, bin gestoppt worden, hättet gesoffen, werden angefeuert worden sein* usw.

Finitum – finite Verbform bzw. finiter Teil des Verbalkomplexes: ***weht, bin*** *gestoppt worden,* ***hättet*** *gesoffen,* ***werden*** *angefeuert worden sein* usw.

Flexion – Beugung; Oberbegriff zu «Deklination», «Konjugation» und «Komparation»

Fokuspartikel – Partikel, die eine Hervorhebung wiedergibt, z. B.: *besonders, selbst, sogar, wenigstens, nur, allein, bloß* usw.

Frikativ – Reibelaut, Oberbegriff: Obstruent

Funktionsverbgefüge – Verbindung aus einem wenig aussagekräftigen Verb und einem bedeutungstragenden Substantiv: *Ausschau halten, Acht geben, Wert legen, zum Ausdruck kommen, Mitteilung machen, in Ordnung bringen, in die Mangel nehmen* usw.

Futur I – Zukunft; Tempus: *wir werden ableben, ich werde gereinigt werden* usw.

Futur II – vollendete Zukunft; Tempus: *sie werden verhandelt haben, man wird belagert worden sein* usw.

Genitiv – 2. Fall (Kasus), Wesfall: *des Grabens*

Genitivattribut – nachgestelltes, manchmal auch vorangestelltes Substantivattribut im Genitiv: *im Auge des Hurrikans, die Gnade der späten Geburt, mancher Frau Laster* usw.

Genitivobjekt – Satzglied, traditionelle Bezeichnung für die Ergänzung 4, Ergänzung im Genitiv: *Man soll in keinen Sarg sich legen, / will man nur kurz* ***der Ruhe*** *pflegen* (Heinz Erhardt).

Genus – grammatische Kategorie des Substantivs; Geschlecht; im Deutschen gibt es drei grammatische Genera: Neutrum (sächlich), Femininum (weiblich), Maskulinum (männlich)

Genus Verbi – Kategorie, mit der beim Verb zwischen Aktiv und Passiv unterschieden wird; Oberbegriff zu «Aktiv» und «Passiv»

Gesprächspartikel – Partikel, die der Steuerung eines Gespräches dient, z. B.: *hm, ja?, gell?, also, nicht wahr?, ja, nein, doch* (im Sinne von: *doch, das ist wohl wahr*) usw.

Gleichsetzungsakkusativ – Satzglied im Akkusativ, das keine Ergänzung, also kein Akkusativobjekt ist, sondern ein Teil des Verbgefüges, der sich aber auf das Akkusativobjekt bezieht. Da ein Verbgefüge meist als Prädikat auftritt, nennt man Satzglieder wie den Gleichsetzungsakkusativ auch prädikative Satzglieder: *Der Vikar schimpft den Pastor* ***einen miserablen Prediger.***

Gleichsetzungsnominativ – Satzglied im Nominativ, das keine Ergänzung, also kein Subjekt ist, sondern ein Teil des Verbgefüges, der sich aber auf das Subjekt bezieht. Da ein Verbgefüge meist als Prädikat auftritt, nennt man Satzglieder wie den Gleichsetzungsnominativ auch prädikative Satzglieder: *Der Professor bleibt* ***ein aufrichtiger Trottel.***

Gleichzeitigkeit – Zeitverhältnis in der Zeitenfolge von Haupt- und Nebensatz: Das Geschehen des Nebensatzes liegt in der gleichen Zeit wie dasjenige des Hauptsatzes.

Gradpartikel – Partikel, meist bei Adjektiven, aber auch bei Verben stehend, die einen Grad oder eine Intensität wiedergibt, z. B.: *sehr, ziemlich, gar, beileibe* usw. Umgangssprachlich werden bisweilen auch Adjektive als Gradpartikeln verwendet, z. B. *irre, echt: Das ist echt antörnend. Der Typ ist irre cool.*

Grammatik – Wissenschaft/Lehre von den sprachlichen Formen und deren Funktion in Satz und Text; meist untergliedert in Phonetik, Morphologie und Syntax

Grundwort – meist letzter Bestandteil einer Wortzusammensetzung, in welcher der erste Teil, das/die Bestimmungswort(e), dem letzten untergeordnet ist: *Waden**krampf**, Wadenkrampf**behandlung***

Handlungsverben – siehe «Tätigkeitsverben»

Hilfsverb – *haben, sein* oder *werden* als Teil einer zusammengesetzten Verbform: *du hast geleugnet, Willi war geschont worden, wir werden gehuldigt haben*

hypotaktisch – unterordnend: Ein oder mehrere Sätze werden einem anderen Satz als Nebensatz bzw. Nebensätze untergeordnet. Beispiel: ***Nachdem sie mich gehetzt hatten****, verrann allmählich die Zeit.* Gegenteil: parataktisch

Imperfekt – Präteritum, Vergangenheit; Tempus: *du dürstetest, es wurde limitiert* usw.

imperfektive Verben – durative Verben; Aktionsart von Verben, die eine zeitliche Dauer mit ausdrücken: *schwitzen, verdauen, wachsen* usw.

inchoative Verben – ingressive Verben; Untergruppe der perfektiven Verben, die den Beginn eines Geschehens ausdrückt: *angehen, losprasseln, erblühen* usw.

Indefinitpronomen – unbestimmtes Fürwort: *alle, etwas, jemand, niemand* usw.

Indikativ – Modus des Verbs, Wirklichkeitsform, z. B.: *sie zagt, wir hatten gekonnt* usw.

infinit – Verbform, die nicht nach der Person bestimmt ist: *gestoppt worden, gesoffen, angefeuert worden sein, anzufeuern* usw.

Infinitiv – Grundform des Verbs: *hören, harren, laufen, werden, sein, verdauen, meditieren, schlafen* usw.

Inflektive – auf den Stamm reduzierte Verben, die als Ausdruckspartikeln (Interjektionen) fungieren: *ächz, stöhn, krach, würg* usw.

ingressiv – siehe «inchoative Verben»

Inhaltssatz – siehe «Ergänzungssatz»

intensiv – Aktionsart des Verbs; Verben, welche die Intensität eines Vorgangs mit ausdrücken: *grinsen, schluchzen, schmollen* usw.

Interjektion – Ausdruckspartikel; Wort, das nicht gebeugt wird (unflektierbar) und eine Empfindung, eine Gemütsbewegung ausdrückt: *autsch, papperlapapp, auweia, hm* usw.

Interrogativadverb – Frageadverb, Frageumstandswort: *wann, wo, warum, wozu, wie, wodurch* usw.

Interrogativpronomen – Fragepronomen, Fragefürwort: *wer, was, wessen, wem, wen, welche, was für ein* usw.

intransitiv – nicht transitiv, d. h. nicht zielend; bezeichnet alle Verben, die keinen passivfähigen Akkusativ binden wie: *jubeln, gehorchen, laufen, blühen, nörgeln* usw.

iterative Verben – Aktionsart des Verbs; Verben, die eine Wiederholung gleichartiger Vorgänge mit ausdrücken: *schwingen, zittern, sticheln* usw.

Kardinalzahl – Grundzahl: *eins, zwei, drei, zwölf, hundert* usw.

Kasus – Fall; im Deutschen gibt es vier Kasus (Fälle): Nominativ, Genitiv, Dativ, Akkusativ

kataphorisch – vorausverweisend; Funktion etwa von Pronomen, auf ein anderes Wort oder Satzglied vorauszuverweisen und als dessen syntaktischer Stellvertreter aufzutreten: *Ich hatte* ***das****, was man eine Pechsträhne zu nennen pflegt.*

Kausalangabe – Angabe, die den Grund oder die Ursache von etwas angibt: ***Nur aufgrund eurer unermüdlichen Anfeuerungen / Nur weil ihr mich unermüdlich angefeuert habt****, habe ich schließlich diese neue Bestzeit geschafft.*

Kausalsatz – Nebensatz, der als Kausalangabe dient: *Kater Karlo wollte es,* ***da er nun schon einmal hier war****, der Mickymaus gehörig heimzahlen.*

Kernsatz – Satz mit dem Finitum an zweiter Stelle; Aussagesatz: *Das* ***habe*** *ich nicht gewollt.*

Kommutationsprobe – Austauschprobe; ein Satzglied wird durch ein anderes, meist einfacheres der gleichen Art ersetzt

Komparation – Steigerung; Flexionsart von Adjektiven; Bildung der drei verschiedenen Vergleichsformen des Adjektivs, der Grundstufe (Positiv): *ölig, groß, hoffnungsfroh,* der Mehrstufe (Komparativ): *öliger, größer, hoffnungsfroher* und der Höchststufe (Superlativ) am *öligsten, größten, hoffnungsfrohesten*

Komparativ – Vergleichsform des Adjektivs; Mehrstufe: *munterer, weiser, aufgeregter* usw.

Konditionalangabe – Angabe, welche die Bedingung für etwas angibt: ***Unter der Bedingung eines angemessenen Handgeldes*** *könnte ich mir durchaus vorstellen, zu Ihrem Verein zu wechseln.*

Konditionalsatz – Nebensatz, der die Stelle einer Konditionalangabe besetzt: ***Wenn erst einmal die Dämme brechen,*** *ja dann danke.*

Kongruenz – Abstimmung von Bestandteilen eines Satzes oder einer Nominalphrase hinsichtlich Numerus, Kasus, Genus und/oder Person

Konjugation – Flexion (Beugung) des Verbs; unterscheidet die finiten von den infiniten Formen des Verbs; Unterscheidung der finiten Formen nach Person (1., 2. und 3. Person), Numerus (Singular/Plural), Tempus (Präsens, Imperfekt/Präteritum, Futur I, Perfekt, Plusquamperfekt, Futur II), Modus (Indikativ, Konjunktiv, Imperativ) und Genus Verbi (Aktiv, Passiv)

Konjunktion – Bindewort; Wortart, unflektierbar, dient der Verknüpfung von Sätzen und Satzgliedern: *und, oder, sowohl – als auch, weder – noch, als, nachdem, wenn, falls, weil, da, obwohl, indem, dass* usw. Man unterscheidet nebenordnende Konjunktionen, die grammatisch Gleichrangiges verbinden, wie *und, oder, aber* usw. von unterordnenden Konjunktionen (Subjunktionen), die Nebensätze einleiten, wie *weil, obwohl, dass.*

Konjunktiv – Modus des Verbs; Möglichkeitsform, z.B.: *sie zage, wir hätten gekonnt*

Konsekutivangabe – Angabe, welche die Folge eines Zustandes, eines Geschehens oder einer Handlung angibt: *Die rigorose städtische Bauplanungspolitik wurde* ***mit der Folge mehr und mehr um sich greifenden illegalen Bauens*** *immer weiter vorangetrieben.*

Konsekutivsatz – Nebensatz, der als Konsekutivangabe dient: *Die Erregung der Fans steigerte sich immer mehr,* ***so dass bald alle Dämme zu brechen drohten.***

Konsonant – Mitlaut; Laut, bei dessen Artikulation der ausströmende Atem zeitweise eingeengt bzw. aufgehalten bis angehalten wird

Konzessivangabe – Angabe, die eine Einräumung ausdrückt: *Wir werden* ***trotz alledem*** *nicht aufgeben.*

Konzessivsatz – Nebensatz, der als Konzessivangabe dient: *Die Erregung der Fans steigerte sich immer mehr,* ***obwohl der Stadionsprecher und die Spieler beruhigend auf sie einzuwirken versuchten.***

Kopula – Verb, das Subjekt und Prädikative (Prädikatsadjektiv, Prädikatsnomen) verbindet wie *sein, werden, bleiben*

Korrelat – Bezugswort: *damit, darauf, darüber, deswegen, daher, darum, dadurch, daran* usw.

Lexik – Wortschatz

Maskulinum – grammatisches Geschlecht; männlich

Modalpartikel – Partikel, mit der eine Einstellung des Autors ausgedrückt wird; es sind Wörter, die auch als Vertreter anderer Wortklassen auftauchen: *aber, schon, denn, ja, doch, bloß, eben, eigentlich, etwa, halt, nur, wohl, vielleicht* usw. Man unterscheide aber die Verwendung als Partikel von anderen: *Das kann* ***doch*** *(Modalpartikel) nicht wahr sein?* ***Doch*** *(Konjunktion) genau dies ist wahr.*

Modalverb – im strengen Sinne Verben (es sind dies: *dürfen, können, mögen, müssen, sollen, wollen*), die sich dadurch auszeichnen, dass sie den Infinitiv ohne *zu* als Ergänzung nehmen können (*Das kann klappen* im Gegensatz zu: *Das scheint zu klappen*), nicht im Imperativ verwendet werden (**Müsse ins Bett gehen*! ist ungrammatisch im Gegensatz zu: *Beeil dich, ins Bett zu gehen*!), die zusammengesetzten Formen der Vergangenheit nicht mit dem Partizip II, sondern mit dem Infinitiv Präsens Aktiv bilden (*Ich habe ihn nicht um die Ecke bringen können* im Gegensatz zu: *Ich habe ihn nicht um die Ecke gebracht*) und das Präsens bilden wie starke Verben das Präteritum (*schwimmen – ich schwamm* → *dürfen – ich darf*). Im weiteren Sinne zählt man auch die Verben *brauchen, lassen, werden* zu den Modalverben. Diese weisen von den vier genannten Charakteristika das vierte nicht auf.

Modus – Oberbegriff für die drei Äußerungstypen des finiten Verbs; Indikativ, Konjunktiv und Imperativ

Morphologie – Teil der Grammatik, Wissenschaft/Lehre von der Wortbildung und den Flexionsformen (Letzteres auch: Flexionsmorphologie, Oberbegriff für «Deklination», «Komparation» und «Konjugation»)

Nachzeitigkeit – Zeitverhältnis in der Zeitenfolge von Haupt- und Nebensatz: Das Geschehen des Nebensatzes liegt zeitlich nach dem des Hauptsatzes.

Negation – Verneinung

Negationspartikel – Partikel, der der Verneinung dient: *nicht, keineswegs, weder – noch* usw.

Neutrum – grammatisches Geschlecht; sächlich

Nominalisierung – Substantivierung von Verben, Adjektiven, Präpositionen usw.: *das* ***Starren*** *auf die Kurse, die* ***Verführung*** *der Amazone, das* ***Schöne*** *an dem ganzen Unglück, das ewige* ***Hin und Her*** usw.

Nominalphrase, Nominalgruppe – Wendung, die als Kern ein Substantiv enthält

Nominativ – 1. Fall (Kasus), Werfall: *der Plan*

Numerus – Oberbegriff für «Singular (Einzahl)» und «Plural (Mehrzahl)»

Objekt – traditionelle Bezeichnung für bestimmte Ergänzungen, nicht aber für die Ergänzung 1 (Subjekt); man unterscheidet Genitiv-, Dativ-, Akkusativ- und Präpositionalobjekte

Objektsatz – Unterbegriff zu Ergänzungssatz (siehe dort)
Obstruent – Konsonant, bei dessen Erzeugung der Atemstrom zu einem Teil (Reibelaut, Frikativ, Spirant) oder völlig (Plosiv, Verschlusslaut) behindert ist
Ordinalzahl – Ordnungszahl: *das/der/die Erste, Zweite, Dritte* usw.
parataktisch – nebenordnend: Zwei Sätze werden gleichrangig hintereinander gereiht: *Sie hatten mich gehetzt, und allmählich verrann die Zeit.* Gegenteil: hypotaktisch
Partikel – Gesprächswort; Wort, das nicht gebeugt (flektiert) wird und einen Grad, eine innere Einstellung, eine Hervorhebung ausdrückt; man unterscheidet Gradpartikeln, Modalpartikeln, Fokuspartikeln, Gesprächspartikeln, Negationspartikeln; häufig wird der Ausdruck zusammenfassend für alle nicht beugbaren (unflektierbaren) Wörter verwendet, als Oberbegriff für Adverbien, Gesprächswörter, Interjektionen, Konjunktionen, Präpositionen usw.
Partizip – Mittelwort; Wortart, Adjektivierung eines Verbs; man unterscheidet zwei Arten: Partizip I und Partizip II
Partizip I – Mittelwort, traditionell als Partizip Präsens Aktiv (PPA) bezeichnet: *raufend, fügend, tretend* usw.
Partizip II – Mittelwort, traditionell als Partizip Perfekt Passiv (PPP) bezeichnet: *gerauft, gefügt, getreten* usw.
Passiv – ein Genus Verbi; täterabgewandt: *du wirst geohrfeigt, ihr seid geweckt worden, sie wäre befriedigt worden* usw.
Perfekt – Vorgegenwart; Tempus: *sie haben verantwortet, du bist geklommen, ich bin geehrt worden* usw.
perfektive Verben – terminative Verben; Aktionsart von Verben, die eine zeitliche Begrenztheit, einen Anfang oder eine Abgeschlossenheit mit ausdrücken: *ertrinken, vollenden, erklimmen* usw.; man unterscheidet inchoative (ingressive) und resultative (egressive) Verben.
Person – Bestimmung von Pronomen und finiten Verben; man unterscheidet drei Personen in Singular und Plural: 1. Person = Sprecher/Schreiber: ich/wir, 2. Person = Angesprochener/Angeschriebener: du/ihr, 3. Person = Besprochene(r), Besprochenes / Beschriebene(r), Beschriebenes: *er, sie, es / sie*
Personalpronomen – persönliches Fürwort: *ich, du, er, sie, es, wir, ihr, mir, dich, ihm, ihrer* usw.
Pertinenzdativ – Zugehörigkeitsdativ; bezeichnet als Dativobjekt, indirektes Objekt ein Lebewesen oder eine Sache, auf dessen/deren Ganzes ein Teil bezogen wird: *Hast du* ***dir*** *auch die Zähne geputzt?*
phorisch – verweisend; Funktion etwa von Pronomen, auf ein anderes Wort oder Satzglied zu verweisen und als dessen syntaktischer Stellvertreter aufzutreten: *Ich hatte Pech.* ***Das*** *klebt geradezu an mir.*

Plosiv – Verschlusslaut; Konsonant, bei dessen Erzeugung der Atemstrom völlig behindert ist; Obergriff: Obstruent

Plural – Mehrzahl; Unterbegriff zu «Numerus»

Pluraletantum – Wort, das nur im Plural auftritt: *Leute, Antillen, Finanzen* usw.

Plusquamperfekt – Vorvergangenheit; Tempus: *wir hatten gewatet, sie war geklommen, ihr wart verladen worden* usw.

Positiv – Vergleichsform des Adjektivs, Grundform: *munter, zukunftsweisend, zielorientiert*

Possessivum, possessives Artikelwort – besitzanzeigendes Artikelwort: *mein, dein, sein, ihr, unser, euer* usw.

Prädikat – das den Satz strukturierende ein- oder mehrteilige Satzglied, das mindestens aus einem finiten Verb besteht: *lädst, wäret untergegangen, wird gelesen sein, werdet gekitzelt, logst* usw.

prädikativ – zum Prädikat gehörend; man unterscheidet Prädikatsnomen und Prädikatsadjektive; darüber hinaus treten auch prädikative Infinitive mit zu, prädikative Partizipialgruppen, prädikative Nebensätze u. a. auf.

prädikative Partizipialgruppe – Partizipialgruppe, die zum Prädikat gehört: *Diese Geschichte scheint mir doch* ***sehr weit hergeholt****.*

prädikativer Infinitiv – Infinitiv, der zum Prädikat gehört: *Das ist* ***wie mit angezogener Handbremse den Großen Preis von Monaco gewinnen wollen****.*

prädikativer Nebensatz – Nebensatz, der zum Prädikat gehört: *Karl der Große war,* ***was er immer sein wollte****.*

Prädikativ(um) – etwas, das zum Prädikat gehört, aber kein Verb ist, z.B. ein Substantiv oder Adjektiv: *Man nennt ihn auch* ***Slowhand****. Das dünkt mich* ***weise****. Das ist aber* ***blöd****.* (Vgl. «prädikativ».)

Prädikatsadjektiv – Adjektiv, das zusammen mit einem (Kopula-)Verb ein Prädikat bildet: *Vera ist* ***genial****. Tom streicht den Zaun* ***weiß****.*

Prädikatsnomen – Substantiv (Nomen), das zusammen mit einem (Kopula-)Verb ein Prädikat bildet: *Vera ist ein* ***Genie****.*

Präfix – an den Anfang eines Wortes angefügtes unselbstständiges Morphem

Pragmatik – Wissenschaft/Lehre vom sprachlichen Handeln

Präposition – Verhältniswort; unflektiertes Wort, welches eine Beziehung zu einem anderen Satzglied oder dem ganzen Satz wiedergibt: *in, neben, nach, während, aufgrund, durch, mit, mittels, trotz, zwecks* usw. Präpositionen regieren den Kasus der folgenden Nominalausdrücke (Nominalphrasen, Substantivierungen, Pronomen u. a.).

Präpositionalattribut – nach-, selten auch vorangestelltes Substantivattribut: *Grammatik* ***ohne Grauen****, ein Mann* ***mit Humor****,* ***vom Speck*** *das Fette* usw.

Präpositionalobjekt – traditionelle Bezeichnung für die Ergänzung 5, die

Ergänzung, die durch eine Präposition eingeleitet wird, wie in: *Hier legte er sich rücklings nieder / und schloss den Deckel und die Lider – / nicht überlegend, dass im Off / es ihm gebrach* ***an Sauerstoff*** (Heinz Erhardt).

Präsens – Gegenwart; Tempus: *sie schwadroniert, es reicht, ihr werdet verkohlt* usw.

Präteritum – auch: Imperfekt, Vergangenheit; Tempus: *sie lochte, du wurdest gefördert* usw.

Pronomen – Fürwort; Wortart, deklinierbar, steht für das Substantiv: *ich, du, er, sie, es, wir, ihr, sie, welche, der, die, das, jenes, diese, solche* usw.

punktuelle Verben – Untergruppe der perfektiven Verben, die ein momentanes, punktuelles Geschehen ausdrückt: *töten, treffen, erblicken* usw.

reflexive Verben – Untergruppe von Verben; Verben, die ein Reflexivpronomen notwendig bei sich haben: *sich sputen, sich verdrücken, sich schämen* usw.

Reflexivpronomen – rückbezügliches Fürwort: *sich, mich, dich, uns, euch, mir, dir* usw.

Rektion – Potenz von Verben, Adjektiven, Substantiven, Präpositionen, die Form (z. B. den Kasus) eines abhängigen Satzgliedes zu bestimmen

Rektion, kategoriale – Rektion, die nicht vom einzelnen Wort abhängt, sondern von einer Kategorie, unter die ein Wort einzuordnen ist, z. B. von der Wortart. So regiert die Wortart «Verb» immer den Nominativ, denn jedes Verb verlangt einen Nominativ, während die anderen Kasus vom jeweiligen Verb, vom Wort selbst also, abhängen (vgl. «Rektion, lexikalische»; «Wortartrektion»).

Rektion, lexikalische – Wortrektion; Rektion, die nur vom jeweils verwendeten Wort abhängt, z. B. der Akkusativ vom Verb *sehen*: *Siehst du* ***das Licht am Ende des Tunnels****?*

Relativpronomen – bezügliches Fürwort; leitet einen Relativsatz ein: *der, die, das, denen, dessen, dem, welche, welchen* usw.

Relativsatz – Nebensatz, meist Attributsatz, der mit einem Relativpronomen eingeleitet wird: *Nun hat sich die rassige Grabungsleiterin doch auf den jungen Studenten eingelassen,* ***der ihr doch zunächst unsympathisch gewesen war.***

resultative Verben – egressive Verben; Untergruppe der perfektiven Verben, die den Abschluss eines Geschehens ausdrückt: *gelangen, vergeigen, aufbrauchen* usw.

Rezipientenpassiv – *bekommen/erhalten/kriegen*-Passiv; Passiv bei dem das Dativobjekt des Aktivsatzes in das Subjekt des entsprechenden Passivsatzes transformiert wird: *Der türkische Vorarbeiter macht der Werksleitung einen Verbesserungsvorschlag. → Die Werksleitung bekommt vom türkischen Vorarbeiter einen Verbesserungsvorschlag gemacht.*

reziproke Verben – Untergruppe von Verben; Verben mit Subjekt im Plural und Reflexivpronomen oder *einander* als Ergänzung, wobei sich das Reflexivpronomen auf jeden der beiden Subjektteile bezieht: *Sie **schlagen sich**. Die beiden Ganoven **stehen einander** in nichts **nach**.*

Rhema – im Satz das, was über etwas anderes (Thema) ausgesagt wird: *Die Kellerassel* (Thema) ***ereiferte sich über London*** (Rhema).

Rhetorik – Lehre/Wissenschaft von der guten öffentlichen Rede; Redekunst

rhetorisches Prinzip – Grundsatz, der auf der Rede basiert

Satz – Ausdruck einer selbstständigen sinnvollen Äußerung vermittels einer durch ein finites Verb strukturierten Folge von Wörtern

Satzglied – Wort oder Wortgruppe, die allein oder mit anderen Wörtern oder Wortgruppen einen Satz bildet. Wichtige Satzglieder sind Prädikat, Ergänzung und Angabe.

Semantik – Wissenschaft/Lehre von der Bedeutung sprachlicher Einheiten

semantisch – die Bedeutung betreffend

Singular – Einzahl; Unterbegriff zu «Numerus»

Singularetantum – Wort, das nur im Singular auftritt: *Zubehör, Obst, wer, jede* usw.

Spannsatz – Satz mit dem Finitum an letzter Stelle, Nebensatz: *Weil ich ein Mädchen **bin**, …*

Spatium – Zwischenraum, Leerschritt zwischen zwei Wörtern

Stirnsatz – Satz mit dem Finitum an erster Stelle; Aufforderungssatz und Entscheidungsfragesatz: ***Lass** ab von deinem Sinnen! **Warst** du das?*

Subjekt – traditionelle Bezeichnung der Ergänzung 1, die im Nominativ steht

Subjektsatz – Unterbegriff zu «Ergänzungssatz» (siehe dort)

Subjunktion – Unterart der Konjunktionen; leitet einen Nebensatz oder eine Infinitivgruppe ein: *weil, um, obwohl* usw.

Substantiv – auch: Nomen, Hauptwort; Wortart; dient der Kennzeichnung von Dingen, Personen, Sachverhalten usw.: *Kaffeesatz, Kuh, Konzertgitarre, Subjekt, Literaturbüro, Schreck, Lichtjahr, Atemnot, Abstraktionsvermögen* usw.

Suffix – Nachsilbe, hinten an ein Wort bzw. an einen Wortstamm angehängtes unselbstständiges Flexions- oder Wortbildungsmorphem

Superlativ – Vergleichsform des Adjektivs, Höchst-, Meistform: *am muntersten, am weisesten, am aufgeregtesten* usw.

syntaktisches Prinzip – Grundsatz, der auf der Syntax basiert

Syntax – Satzbildungslehre, Lehre vom Satzbau; Teil der Grammatik

Tätigkeitsverben – Handlungsverben; Verben, die eine Handlung, Tätigkeit ausdrücken: *Die kleine Lektoratsassistentin **stahl** ihrer Chefin eindeutig die Show.*

Temporalangabe – Angabe, die den Zeitpunkt oder Zeitraum eines Zustandes, eines Geschehens oder einer Handlung angibt: *Ich habe* ***geschlagene 1,5 Stunden*** *auf dich gewartet.*

Temporalsatz – Nebensatz, der die Stelle einer Temporalangabe besetzt: *Ich habe,* ***bis 1,5 Stunden vorübergegangen waren,*** *auf dich gewartet.*

Tempus – Zeit; eine der Bestimmungsgrößen des finiten Verbs; im Deutschen gibt es die Zeiten Präsens, Präteritum (Imperfekt), Futur I, Perfekt, Plusquamperfekt, Futur II

terminativ – siehe «perfektive Verben»

Thema – das, worüber in einem Satz etwas ausgesagt wird: ***Das Kartenspiel Skat*** (Thema) *wird von sehr vielen Menschen gern gespielt* (Rhema).

transitiv – zielend; bezeichnet Verben mit einem passivfähigen Akkusativ wie: *verehren, errichten, erschießen, kaufen* usw.

Umlaut – Bezeichnung für die Selbstlaute (Vokale) *ä, ö, ü*

Umstandsbestimmung – Angabe (siehe dort)

Valenz – Wertigkeit, die vom Verb ausgeht und bei der das regierte Satzglied eine Ergänzung ist; bestimmt, welche und wie viele Ergänzungen ein Wort in einer bestimmten Position fordert; für den Satz ist die Valenz des Verbs von entscheidender Bedeutung; von Anzahl und Art der Ergänzungen des Verbs hängt der Aufbau des entsprechenden Satzes ab; 1-Wertigkeit: ***Helmut*** (E1) *wächst*, 2-Wertigkeit: ***Klaus*** (E1) *liebt* ***Franziska*** (E2), 3-Wertigkeit: ***Die Kleine*** (E1) *trotzte* ***dem Vater*** (E3) ***ein Eis*** (E2) *ab*.

Verb – Tätigkeitswort; Wortart, konjugierbar: *stechen, fahren, überlassen, aufhalten, telefaxen, recyceln, parallelisieren* usw.

Verschiebeprobe – Elemente eines Satzes werden verschoben, damit aus der Grammatikalität und Bedeutung des entstandenen Satzes darauf geschlossen werden kann, was zu einem Satzglied gehört und was nicht.

Vokal – Selbstlaut; Laut, bei dessen Artikulation die Atemluft ungehindert aus dem Mund ausströmt

Vollverb – Verb, das eine lexikalische Bedeutung hat und allein als Prädikat auftreten kann: *rufen, erben, mobben* usw.

Vorgangspassiv – Art des Passivs, die einen Vorgang oder eine Handlung ausdrückt, wird mithilfe des Hilfsverbs *werden* gebildet: *Der Coup* ***wird*** *so und nicht anders* ***durchgeführt.***

Vorgangsverben – Verben, die einen Vorgang ausdrücken, eine Veränderung, die dem Subjekt widerfährt: *Doof* ***bleibt*** *doof, da* ***helfen*** *keine Pillen.*

Vorzeitigkeit – Zeitverhältnis in der Zeitenfolge von Haupt- und Nebensatz: Das Geschehen des Nebensatzes liegt zeitlich vor dem des Hauptsatzes.

Wertigkeit – siehe «Valenz»

Wortartrektion – kategoriale Rektion; Rektion, die sich aus der Wortart des regierenden Wortes ergibt. So regiert die Wortart «Substantiv» den Genitiv des Genitivattributs: *die Bank Ihres Vertrauens, das Ende der Fahnenstange* usw.

Wortstamm – Wort ohne Morpheme der Wortbildung und Flexion; bei Tätigkeitswörtern (Verben) legt man den Infinitiv zugrunde: Der Wortstamm ist hier der um die Infinitivendung *-en* verkürzte Wortteil: *leben – leb,* bei Substantiven den um die Deklinationsendung verminderten Wortteil: *Kindern – Kind,* bei Adjektiven ebenso, oft ist eine Komparationsendung wegzustreichen: *tief[e]ste – tief*

Wortzusammensetzung – Wortbildung aus selbstständigen Wörtern; das daraus entstandene Wort. Sind die Bestandteile gleichgeordnet, handelt es sich um eine Kopulativzusammensetzung; ist der erste Bestandteil (Bestimmungswort) dem zweiten (Grundwort) untergeordnet, handelt es sich um eine Determinativzusammensetzung.

Zeitenfolge – Consecutio Temporum; Verhältnis der Zeiten von Haupt- und Nebensatz. Man unterscheidet Vorzeitigkeit, Gleichzeitigkeit und Nachzeitigkeit.

Zustandspassiv – eine Art des Passivs, die weder Handlung noch Vorgang, sondern das Ergebnis ausdrückt, wird mithilfe des Hilfsverbs *sein* gebildet: *Der Coup* ***ist*** *perfekt* ***durchgeführt.*** *Das Greenhorn* ***war*** *schon fast* ***überredet gewesen.***

Zustandsverben – Verben, die einen Zustand, ein Sein, Beharren ausdrücken: *Kalkutta* ***liegt*** *am Ganges, Paris* ***liegt*** *an der Seine …*

Literaturhinweise

Bildhauer, Felix / Fuß, Eric / Hansen-Morath, Sandra / Münzberg, Franziska (2019): Starke und schwache Adjektivflexion in neuem korpuslinguistischen Licht. In: Eichinger, Ludwig M. / Plewnia, Albrecht (Hrsg.): Neues vom heutigen Deutsch. Empirisch – methodisch – theoretisch. Jahrbuch des Instituts für Deutsche Sprache 2018. Berlin / Boston: de Gruyter.

Bußmann, Hadumod (2008): Lexikon der Sprachwissenschaft. 4., durchgesehene und bibliographisch ergänzte Auflage unter Mitarbeit von Hartmut Lauffer. Stuttgart: Alfred Kröner.

Diewald, Gabriele / Steinhauer, Anja (2017): Richtig gendern. Wie Sie angemessen und verständlich schreiben. Berlin: Dudenverlag.

DIN Deutsches Institut für Normung e.V. (Hrsg.) (2020): Schreib- und Gestaltungsregeln für die Text- und Informationsverarbeitung. Unkommentierte Ausgabe der DIN 5008: 2020. Berlin: Beuth.

Duden, Bd. 1 (2020): Die deutsche Rechtschreibung. 28. Auflage. Berlin: Dudenverlag.

Duden, Bd. 4 (2016): Die Grammatik. 9., vollständig überarbeitete und erweiterte Auflage. Berlin: Dudenverlag.

Duden, Bd. 5 (2020): Das Fremdwörterbuch. 12., vollständig überarbeitete und erweiterte Auflage. Berlin: Dudenverlag.

Duden, Bd. 9 (2021): Das Wörterbuch der sprachlichen Zweifelsfälle. 9., überarbeitete und erweiterte Auflage. Berlin: Dudenverlag.

Eisenberg, Peter (1997): Das Versagen orthographischer Regeln: Über den Umgang mit dem Kuckucksei. In: Eroms, Hans-Werner / Munske, Horst Haider (Hrsg.): Pro und Kontra. Die Rechtschreibreform. Berlin: Erich Schmidt, S. 47–50.

Eisenberg, Peter / Fuhrhop, Nanna (2013): Grundriss der deutschen Grammatik. Bd. 1: Das Wort. Stuttgart, Weimar: Metzler.

Eisenberg, Peter / Thieroff, Rolf (2013): Grundriss der deutschen Grammatik. Bd. 2: Der Satz. Stuttgart, Weimar: Metzler.

Grün, Karl (2005): Der Geschäftsbrief. Gestaltung von Schriftstücken nach DIN 5008. 5., überarbeitete Auflage. Berlin, Wien, Zürich: Beuth.

Helbig, Gerhard / Buscha, Joachim (2013): Deutsche Grammatik. Ein Handbuch für den Ausländerunterricht. Stuttgart: Klett Sprachen.

Heuer, Walter / Flückiger, Max / Gallmann, Peter (2019): Richtiges Deutsch. Grammatik und Rechtschreiblehre. 33. Auflage. Zürich: Verlag Neue Zürcher Zeitung.

Mackowiak, Klaus (2011): Die 101 häufigsten Stilfehler – und wie man sie vermeidet. München: C.H.Beck.

Mackowiak, Klaus (2021): Gedankenspielerei: ein paar neben-Effekte. In: Leibniz-Institut für Deutsche Sprache, Mannheim: Sprachreport, Heft 3 / 2021, S. 30.

Olderdissen, Christine (2022): Genderleicht. Wie Sprache für alle elegant gelingt. Berlin: Dudenverlag.

Pospiech, Ulrike (2017): Wie schreibt man wissenschaftliche Arbeiten? Von der Themenfindung bis zur Abgabe. Berlin: Dudenverlag.

Stang, Christian / Steinhauer, Anja (2018): Komma, Punkt und alle anderen Satzzeichen. Berlin: Dudenverlag.

Steinhauer, Anja (2005): Das Wörterbuch der Abkürzungen. 5., vollständig überarbeitete und erweiterte Auflage. Mannheim, Leipzig, Wien, Zürich: Dudenverlag.

Turtschi, Ralf (2017): Zeichen setzen! Satz-, Begriffs- und Sonderzeichen richtig einsetzen. Thalwil: [Eigenverlag]

Weinrich, Harald (2005): Textgrammatik der deutschen Sprache. 3., revidierte Auflage. Hildesheim, Zürich, New York: Olms.

Witzer, Brigitte (Hrsg.) (2003): Satz und Korrektur. Mannheim, Leipzig, Wien, Zürich: Dudenverlag.

Zifonun, Gisela / Hoffmann, Ludger u. a. (1997): Grammatik der deutschen Sprache. Berlin, New York: de Gruyter.

Zifonun, Gisela (2021): Eine Linguistin denkt nach über den Genderstern. In: Leibniz-Institut für Deutsche Sprache, Mannheim: Sprachreport, Heft 2 / 2021, S. 46.

Internetveröffentlichungen

Münzberg, Franziska / Hansen-Morath, Sandra (2018): «Die Wucht und Strömung war immens» – wie stark ist der Ellipseneffekt? In: Fuß, Eric u. a. (Hrsg.): Grammar and Corpora 2016, Heidelberg: Heidelberg University Publishing, 2018. <https://doi.org/10.17885/heiup.361.509>.

Hilfreiche Internetadressen

Deutsche Rechtschreibung: Regeln und Wörterverzeichnis: <https://grammis.ids-mannheim.de/rechtschreibung>
Duden-Newsletter (2014 bis heute): <www.duden.de/Newsletterarchiv>.
Duden-Mentor-Textprüfung: <https://mentor.duden.de/?utm_source=duden_de&utm_medium=premium_int&utm_campaign=topnavi_service&utm_content=duden-mentor-textpruefung>
Gesellschaft für deutsche Sprache: <www.gfds.de>
Institut für Deutsche Sprache: <www.ids-mannheim.de>
Klaus Mackowiak: <www.klaus-mackowiak.de>
korrekturen.de: <www.korrekturen.de>
Rat für deutsche Rechtschreibung: <www.rechtschreibrat.com>